이야기 1편과 그림 1장으로 1800 한자 끝

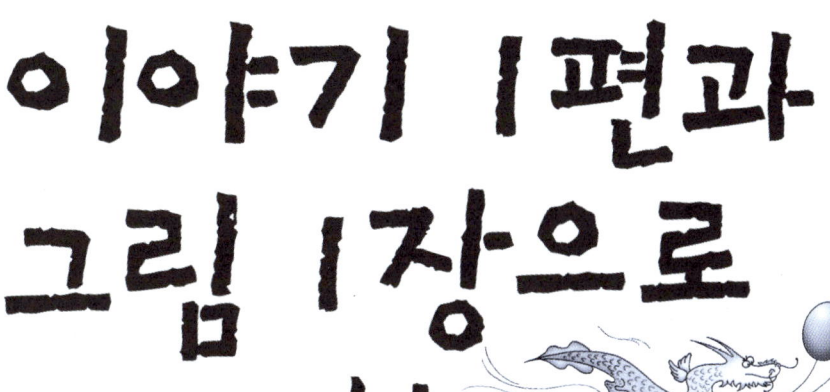

崔在盎 著

정진출판사

서 문

언어는

첫째, 외적으로는 사람들과의 의사 소통 역할을 하고,

둘째, 내적으로는 스스로의 생각을 정리, 확인하고 더 나아가서는 새로운 사상을 창조하는 도구로서의 역할을 하고,

셋째, 인류 문화적으로는 새롭게 창조된 문화 유산을 기록 축적하여 후대에 전하는 역할을 한다.

우리 한글은 자모의 수가 불과 24개밖에 되지 않지만 뛰어난 표음성을 지녀 의사 소통의 언어로서는 더할 나위 없이 우수하다. 그러나 추상적인 의미를 개념화하고 새로운 사상을 창출하는 도구로 사용하기 위해서는 언어의 습득에 많은 시간을 투자해야 한다.

다행히 우리 민족은 표의성이 뛰어난 한자를 일찍부터 사용함으로써 관념적인 의미를 쉽고 명확히 할 수 있어 우리의 언어 생활을 최상으로 만들 수 있었다. 그러나 우리말 속에 녹아 있는 수많은 한자어를 바르게 이해하고 활용하기 위해서는 교육용 기초 한자 1800자 정도는 반드시 익혀야 한다. 바로 이 점이 우리의 발전적인 언어 생활을 가로막는 장애이다.

항간에 떠도는 말로는 일부 대학생 중에 전공 서적에 쓰여 있는 한자의 뜻은 고사하고 음을 몰라 자전을 찾거나 물어 토를 단 다음 읽는다고 한다. 물론 모두가 그런 것은 아니겠지만 안타깝게도 이것이 우리가 당면한 언어 생활의 현실이다.

어휘는 상(像)을 인식하고 창조하는 재료다. 그것이 소금인지 설탕인지 제대로 구분도 못한 채 사용한다는 것은 곤란한 일이다.

어차피 우리말이 된 한자어, 이것을 바르게 알기 위해선 기본적인 한자를 효과적으로 익힐 수 있는 방법을 찾는 것이 선결 문제다. 필자는 30년 가까이 학생들을 지도하면서 이러한 문제점을 해결하고자 수도 없이 시행착오를 거듭했다.

주위의 권고도 있고 누군가는 이 일, 즉 기초 한자를 보다 쉽게 익히는 방법을 강구해야 한다고 생각하고 그 동안 학생들을 지도한 자료를

모아 한문 학습을 위한 한자 학습법이 아닌 **우리말을 잘 알기 위한** 한자 학습서로서 이 책을 쓰게 되었다.

이 책의 특징은

첫째, 제1장에서는 한자 학습의 기본이 되는 부수자를 6단원 24개의 장면으로 분류하고 각 장면마다 이야기를 꾸며 의미화하고 그림을 덧붙여 시각화했으며 최종적으로는 한 장의 종이 위에 24개의 상을 떠올리게 하여 쉽게 또 반영구적으로 기억하고 활용할 수 있게 꾸몄다.

둘째, 제2장에서는 우리말 자모순으로 8단원을 설정하여 각 단원마다 8내지 15장면을 두고 각 장면마다 8자씩 묶어 이야기와 그림으로 의미화, 시각화해 파지(把持)의 효과를 극대화했다. 그리고 최종적으로는 한 단원 전체 자의 **뜻과 음을 저절로 외워지게** 했다. 또 기본 자소(모)자를 **철자화해** 한자 학습의 가장 골칫거리였던 **쓰기를 읽기만 하면 저절로 쓸 수 있게** 꾸몄으며 부수적으로 필순의 문제까지도 해결할 수 있게 했다.

셋째, 제3장에서는 **교육부 지정 1800자를 뜻으로 분류**(2장 차례대로)하여 입체적인 학습이 되도록 했다.

넷째, 제4장 **압축 자료**에서는 **대표 그림 1장과 대표음과 그 이야기 1편**으로써 1800자 정도의 기초 한자를 쉽게 기억하게 함으로써 앞으로 있을 후속 학습을 효과적이고 체계적으로 할 수 있는 **기본틀**을 갖추게 했다.

다섯째, 각 단원의 그림 중 **핵**이 되는 부분만 **색칠**을 해 한 단원 전체를 쉽게 하나의 그림으로 상상할 수 있게 했다.

여섯째, 꼭 익혀두어야 할 수많은 정보들을 체계적이고 쉽게 인지할 수 있는 학습법을 스스로 개발할 수 있게 배려하였다.

구슬이 서 말이라도 꿰어야 보배라는 속담이 있듯 아무리 쉽고 효과적인 학습법이 있어도 스스로 노력하지 않으면 무용지물이다. 꾸준히 노력하여 도구에 불과한 글자를 익히는 데 진을 빼지 말고 확실히 마무리하여 우리말을 바르고 효과적으로 사용하고 남은 에너지를 보다 고차적인 고등정신 함양에 쏟았으면 좋겠다.

끝으로 이 책이 나오기까지 도와주신 많은 분들께 감사드리고 앞으로 보다 나은 책이 많이 출간되어 한자를 익히는 데 아까운 정열이 낭비되지 않기를 빈다.

2001년 6월 저자 씀

이 책의 특징

1. 이야기를 읽기만 하면 字의 뜻이 저절로 익혀진다.

2. 음을 외우면 그림과 이야기가 연상되어 한 장면의 字를 저절로 익힐 수 있다. (뜻과 음)

3. 의미가 있는 철자(자소·자모)를 읽기만 하면 字를 한글처럼 저절로 쓸 수 있고 필순도 익힐 수 있다.

4. 뜻이 유사한 자들을 함께 묶어 의미의 변별을 보다 명확히 할 수 있게 하고 학습의 효과를 더욱 높일 수 있게 꾸몄다.

5. 이 단계가 지나면 압축 자료로 된 한 장의 그림과 한 편의 이야기로 책 전체의 字를 연상하고 외울 수 있다.

6. 후속 학습 시 새로 익힌 字들이 기본의 틀(부수별, 가나다순, 의미별)에 정리되어 이 책 한 권으로 한자 학습을 끝낼 수 있다.

차 례

제1장 부수
  1. 지구(36자) ·· 10
  2. 생물(36자) ·· 17
  3. 사람(36자) ·· 24
  4. 성질·상태·사귐·무기(36자) ·· 31
  5. 행동(34자) ·· 38
  6. 일과 의식주(36자) ·· 45
  7. 총정리 ·· 52

제2장 기초 한자
  1. ㄱ(14장면) ·· 64
  2. ㄴ, ㄷ, ㄹ(11장면) ·· 87
  3. ㅁ, ㅂ(12장면) ·· 106
  4. ㅅ(15장면) ·· 126
  5. ㅇ(15장면) ·· 151
  6. ㅈ(13장면) ·· 176
  7. ㅊ, ㅋ, ㅌ, ㅍ(11장면) ·· 198
  8. ㅎ(8장면) ·· 217
  9. 총정리 ·· 230

제3장 뜻으로 분류한 1800자 ··· 249

제4장 압축 자료
  1. 대표음 ·· 268
  2. 대표 그림 ·· 269
  3. 기초 한자 대표음으로 꾸민 이야기 ···································· 270
  4. 축소 그림(부수자, 기초 한자) ·· 272
  5. 총 字 일람표 ·· 275

제 1 장

부 수

1. 지구(36자)	10
2. 생물(36자)	17
3. 사람(36자)	24
4. 성질·상태·사귐·무기(36자)	31
5. 행동(34자)	38
6. 일과 의식주(36자)	45
7. 총정리	52

이 책을 몇 번 읽은 후 아래 글을 보면 이미 학습한 그림과 이야기가 연상되어 한자(1800)를 부수 이야기 순으로 정리할 수 있고 또 영구적으로 기억할 수 있다.

1. **지구**가 생겨난 후
2. **생물**이 절로 생겨나
3. 만물의 영장인 **사람**이 지구를 지배하게 되었다.
4. 사람의 **성질**이 각각 다르고 자연의 **상태** 또한 제 각각이니 조화롭게 **사귀**는 것이 어려워 **무기**를 지니게 되고
5. 그로 인해 정복의 **행동**이 나타나게 되었다.
6. 누구나 **일**을 해서 **의식주**를 해결하려 한다면 더 이상의 다툼은 없지 않을까?

학습 방법

1. 먼저 그림을 보고 전체적인 내용을 상상하여 본다.
2. 자의 대상을 차례대로 머리 속에 그리면서 이야기를 집중적으로 읽어 본다.
3. 자의 음을 외우면 그림과 이야기가 저절로 떠오르니 음을 확실하게 외우도록 한다.
4. 머리 속에 그려진 그림을 떠올리며 글자를 뜻과 음을 외며 손가락으로 그려 본다.
5. 단원마다 마련된 확인과 연습을 이용해 확습 정도를 스스로 평가해 본다.
6. 이 장의 끝에 마련된 총정리로 자신의 학습 정도를 가늠해 본다.
7. 여섯 단원 총 24개의 색칠된 핵심 그림이 머리 속에서 상으로 잡히지 않으면 이 부분을 집중적으로 다시 학습한다.(24개의 그림을 한 장의 상으로 만든다.)
8. 부수자 214자의 음을 차례대로 외우지 못하면 2장으로 넘어가지 않는다.

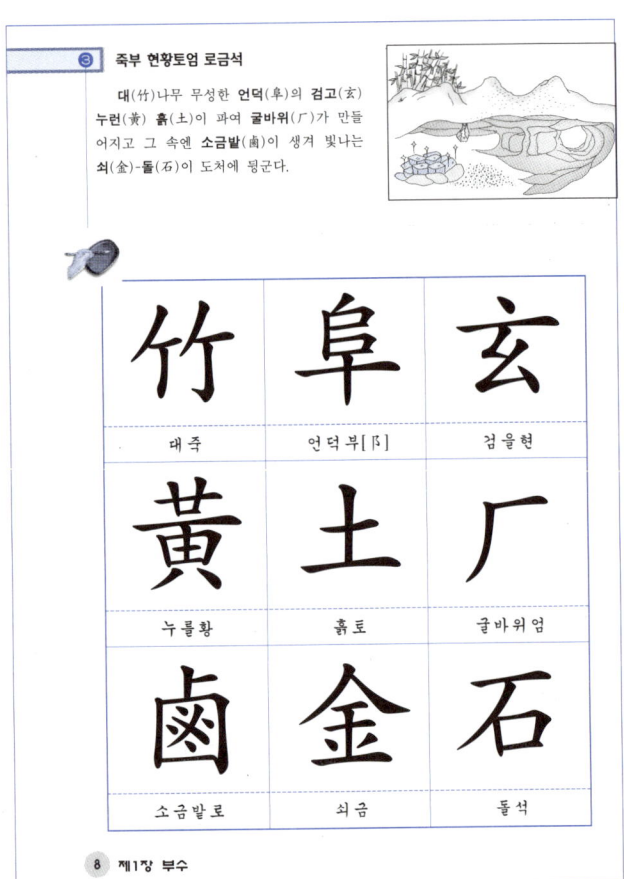

일러두기

- 이 장에서 가장 중요한 것은 부수의 음을 노래 부르듯 외우는 것이다.
- 이야기를 꾸미다 보니 부수자의 분류상 불합리한 부분이 있었음을 밝혀둔다.

부수 대표 그림

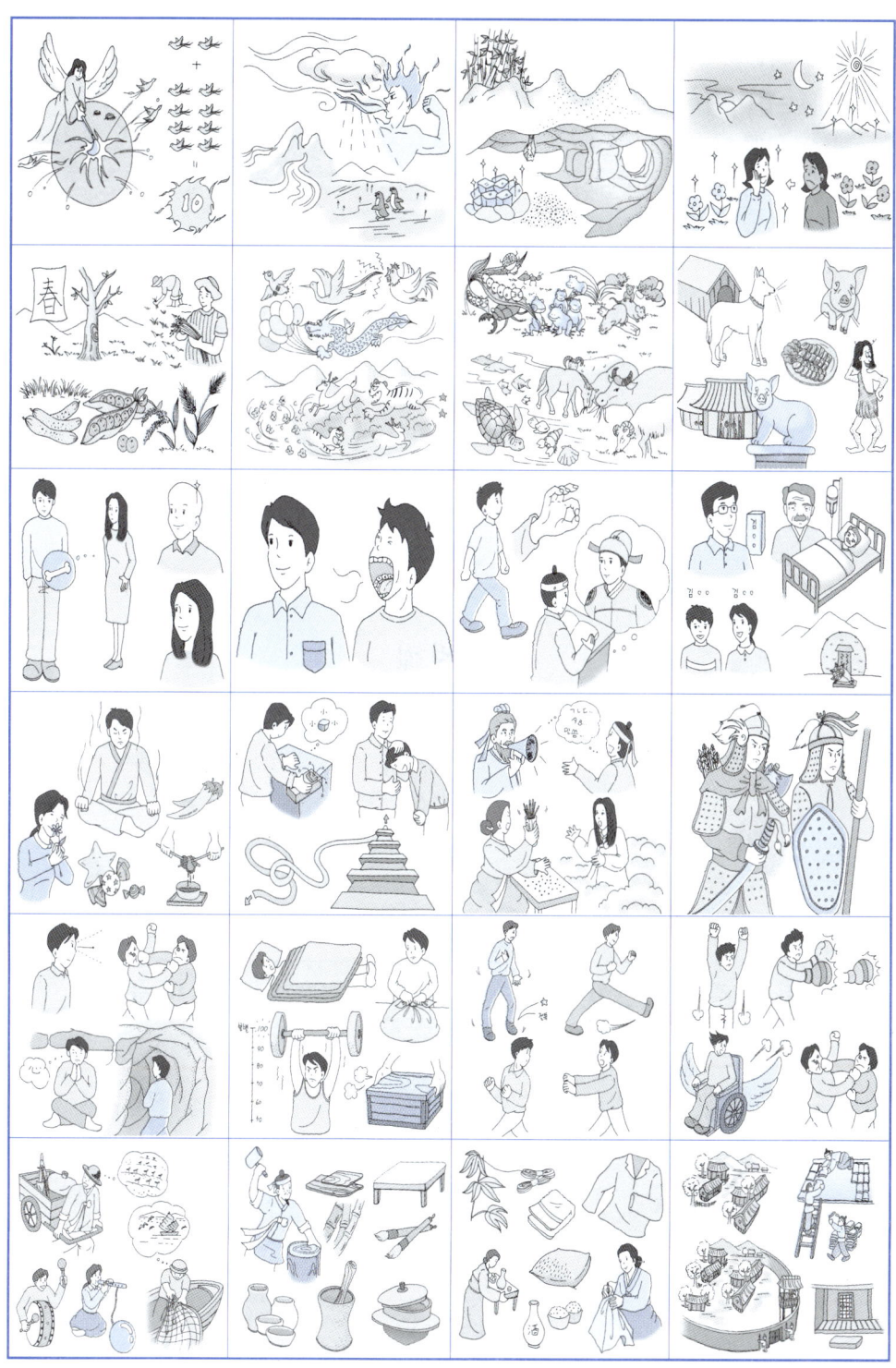

1. 지구

① 일귈곤 주별을 이팔십

신께서 거대한 **한**(一) 별을 **갈고리**(亅)로 찍어 **뚫으**(丨)시니, **불똥**(丶)이 사방으로 **삐치어**(丿) **새**(乙)처럼 날아가, 2(二) + 8(八) = 10(十)의 태양계가 되었다.

一	亅	丨
한 일	갈고리 궐	뚫을 곤
丶	丿	乙
불똥 주	삐칠 별	새 을
二	八	十
두 이	여덟 팔	열 십

② 풍화기 우수빙 산곡천

그중 하나인 지구에서는 **바람**(風)과 **불**(火)의 **기운**(气)에 의해, **비**(雨)가 내리고 그 **물**(水)이 **얼음**(冫)이 되어 녹고 증발하니, 지표에 변화가 와 **메**(山)와 **골**(谷)과 **내**(川)가 생겼다.

風	火	气
바람 풍	불 화 [灬]	기운 기
雨	水	冫
비 우	물 수 [氵氺]	얼음 빙
山	谷	川
메 산	골 곡	내 천

③ 죽부 현황토엄 로금석

대(竹)나무 무성한 **언덕**(阜)의, **검고**(玄) **누런**(黃) **흙**(土)이 파여 **굴바위**(厂)가 만들어지고, 그 속엔 **소금밭**(鹵)이 생겨 빛나는 **쇠**(金)-**돌**(石)이 도처에 뒹군다.

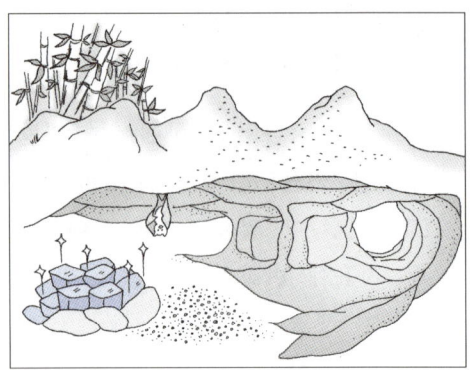

竹	阜	玄
대 죽	언덕부[阝]	검을 현
黃	土	厂
누를 황	흙 토	굴바위 엄
鹵	金	石
소금밭 로	쇠 금	돌 석

④ **일석월진 색 흑백청적**

날(日)이 저물어 **저녁**(夕)이 되니 하늘의 **달**(月)과 **별**(辰)만 반짝이다가, 새벽 **빛**(色)이 세상을 밝히니, **검던**(黑) 것들이 **희고**(白) **푸르고**(靑) **붉게**(赤) 제 모습을 찾는다.

日	夕	月
날 일	저녁 석	달 월
辰	色	黑
별 진	빛 색	검을 흑
白	靑	赤
흰 백	푸를 청	붉을 적

1. 지구

확인과 연습

1 음과 자를 생각하며 읽어 봅시다.

1. 일궐곤 주별을 이팔십 : 신께서 거대한 **한** 별을 **갈고리**로 찍어 **뚫**으시니, **불똥**이 사방으로 **삐치어 새**처럼 날아가, 2+8=10의 태양계가 되었다.

2. 풍화기 우수빙 산곡천 : 그중 하나인 지구에서는 **바람과 불**의 **기운**에 의해, **비**가 내리고 그 **물**이 **얼음**이 되어 녹고 증발하니, 지표에 변화가 와 **메**와 **골**과 **내**가 생겼다.

3. 죽부 현황토엄 로금석 : **대나무** 무성한 **언덕**의, **검고 누런 흙**이 파여 **굴바위**가 만들어지고, 그 속엔 **소금밭**이 생겨 빛나는 **쇠-돌**이 도처에 뒹군다.

4. 일석월진 색 흑백청적 : 날이 저물어 **저녁**이 되니 하늘의 **달**과 **별**만 반짝이다가, 새벽 **빛**이 세상을 밝히니, **검던** 것들이 **희고 푸르고 붉게** 제 모습을 찾는다.

2 한자의 뜻과 음을 외며 읽어 봅시다.

1. 일궐곤 주별을 이팔십 : 신께서 거대한 一 별을 亅로 찍어 丨하시니, 丶가 사방으로 丿하여 乙처럼 날아가, 二+八=十의 태양계가 되었다.
   (⇒ 신께서 거대한 **한일** 별을 **갈고리궐**로 찍어 **뚫을곤**하시니……)

2. 풍화기 우수빙 산곡천 : 그중 하나인 지구에서는 風과 火의 气로, 雨가 내려 그 水가 冫이 되어 녹고 증발하니, 지표에 변화가 와 山과 谷과 川이 생겼다.

3. 죽부 현황토엄 로금석 : 竹이 무성한 阜의, 玄하고 黃한 土가 파여 厂이 만들어지고, 그 속엔 鹵가 생겨 빛나는 金-石이 도처에 뒹군다.

4. 일석월진 색 흑백청적 : 日이 저물어 夕이 되니 하늘의 月과 辰만 반짝이다가, 새벽 色이 세상을 밝히니, 黑하던 것들이 白 靑 赤하게 제 모습을 찾는다.

3 첫 글자를 보고 나머지 자들을 생각해 봅시다.

 그림과 내용을 상상하고 뜻과 음을 외며 한자를 써 봅시다.

一	亅	丨	丶	丿	乙	二	八	十
한일	갈고리궐	뚫을곤	불똥주	삐칠별	새을	두이	여덟팔	열십
一	亅	丨	丶	丿	乙	二	八	十

風	火	气	雨	水	冫	山	谷	川
바람풍	불화[灬]	기운기	비우	물수[氵氺]	얼음빙	메산	골곡	내천
風	火	气	雨	水	冫	山	谷	川

1. 지구

 그림과 내용을 상상하고 뜻과 음을 외며 한자를 써 봅시다.

竹	阜	玄	黃	土	厂	鹵	金	石
대죽	언덕부[阝]	검을현	누를황	흙토	굴바위엄	소금밭로	쇠금	돌석
竹	阜	玄	黃	土	厂	鹵	金	石

日	夕	月	辰	色	黑	白	青	赤
날일	저녁석	달월	별진	빛색	검을흑	흰백	푸를청	붉을적
日	夕	月	辰	色	黑	白	青	赤

16 제1장 부수

2. 생물

① 초목철 화맥서두 과구

봄이 되니 **풀**(艹)과 **나무**(木)가 **싹트고**(屮), 논에는 **벼**(禾)가 밭에는 **보리**(麥)와 **기장**(黍)과 **콩**(豆)이 자라고, 텃밭에는 **오이**(瓜)와 **부추**(韭)가 한창이다.

艹	木	屮
풀 초[艹草]	나무 목	싹 틀 철
禾	麥	黍
벼 화	보리 맥	기장 서
豆	瓜	韭
콩 두	오이 과	부추 구

② 우추조 유룡 호각록유

하늘에는 꽁지깃(羽)이 짧은 새(隹)와 긴 새(鳥), 그리고 닭(酉)과 깃 없는 용(龍)이 날고, 산 속에는 범(虎)과 뿔(角) 달린 사슴(鹿)이 쫓고 쫓겨 짐승발자국(内)이 어지럽다.

羽	隹	鳥
깃 우	새 추	새 조
酉	龍	虎
닭 유	용 룡	범 호 [虎]
角	鹿	内
뿔 각	사슴 록	짐승발자국 유

③ 충맹서 우마양 어패귀

들에는 **벌레**(虫)와 **맹꽁이**(黽)와 **쥐**(鼠)들이 바글거리고, **소**(牛)와 **말**(馬)과 **양**(羊)들이 한가로이 풀을 뜯고, 바다에는 **고기**(魚)와 **조개**(貝)와 **거북**(龜)이 산다.

虫	黽	鼠
벌레 충	맹꽁이 맹	쥐 서
牛	馬	羊
소 우[牛]	말 마	양 양
魚	貝	龜
고기 어	조개 패	거북 귀

2. 생물

④ 견시 혈육피혁위 계치

개(犬)와 돼지(豕)를 길러, 개는 집을 지키게 하고 돼지는 피(血)와 고기(肉)를 먹고 가죽(皮)을 벗겨 그 가죽(革)을 잘 다루어 가죽(韋)옷을 해 입고, 돼지머리(크)를 한 해태(豸)로 집을 보호한다.

犬	豕	血
개 견 [犭]	돼지 시	피 혈
肉	皮	革
고기 육 [月]	가죽 피	가죽 혁
韋	彑	豸
다룬가죽 위	돼지머리 계 [彑彐]	해태 치

제1장 부수

확인과 연습

1 음과 자를 생각하며 읽어 봅시다.

1. 초목철 화맥서두 과구 : 봄이 되니 **풀**과 **나무**가 **싹트고**, 논에는 **벼**가 밭에는 **보리**와 **기장**과 **콩**이 자라고, 텃밭에는 **오이**와 **부추**가 한창이다.

2. 우추조 유룡 호각록유 : 하늘에는 꽁지**깃**이 짧은 **새**와 긴 **새**, 그리고 **닭**과 깃 없는 **용**이 날고, 산 속에는 **범**과 **뿔** 달린 **사슴**이 쫓고 쫓겨 **짐승발자국**이 어지럽다.

3. 충맹서 우마양 어패귀 : 들에는 **벌레**와 **맹꽁이**와 **쥐**들이 바글거리고, **소**와 **말**과 **양**들이 한가로이 풀을 뜯고, 바다에는 **고기**와 **조개**와 **거북**이 산다.

4. 견시 혈육피혁위 계치 : **개**와 **돼지**를 길러, 개는 집을 지키게 하고 돼지는 **피**와 **고기**를 먹고 **가죽**을 벗겨 그 **가죽**을 잘 다루어 **가죽옷**을 해 입고, **돼지머리**를 한 **해태**로 집을 보호한다.

2 한자의 뜻과 음을 외며 읽어 봅시다.

1. 초목철 화맥서두 과구 : 봄이 되니 艹와 木이 屮하고, 논에는 禾가 밭에는 麥과 黍와 豆가 자라고, 텃밭에는 瓜와 韭가 한창이다.

2. 우추조 유룡 호각록유 : 하늘에는 꽁지羽가 짧은 隹와 긴 鳥, 그리고 酉와 깃 없는 龍이 날고, 산 속에는 虎와 角 달린 鹿이 쫓고 쫓겨 內가 어지럽다.

3. 충맹서 우마양 어패귀 : 들에는 虫과 黽과 鼠들이 바글거리고, 牛와 馬와 羊들이 한가로이 풀을 뜯고, 바다에는 魚와 貝와 龜가 산다.

4. 견시 혈육피혁위 계치 : 犬과 豕를 길러, 개는 집을 지키게 하고 돼지는 血과 肉을 먹고 皮를 벗겨 그 革을 韋로 만들어 옷을 해 입고, 크를 한 彑로 집을 보호한다.

3 첫 글자를 보고 나머지 자를 생각해 봅시다.

 그림과 내용을 상상하고 뜻과 음을 외며 한자를 써 봅시다.

艹	木	屮	禾	麥	黍	豆	瓜	韭
풀초[艹草]	나무목	싹틀철	벼화	보리맥	기장서	콩두	오이과	부추구
艹	木	屮	禾	麥	黍	豆	瓜	韭

羽	隹	鳥	酉	龍	虍	角	鹿	内
깃우	새추	새조	닭유	용룡	범호[虎]	뿔각	사슴록	짐승발자국유
羽	隹	鳥	酉	龍	虍	角	鹿	内

제1장 부수

 그림과 내용을 상상하고 뜻과 음을 외며 한자를 써 봅시다.

虫	黽	鼠	牛	馬	羊	魚	貝	龜
벌레충	맹꽁이맹	쥐서	소우	말마	양양	고기어	조개패	거북귀
虫	黽	鼠	牛	馬	羊	魚	貝	龜

犬	豕	血	肉	皮	革	韋	彑	豸
개견[犭]	돼지시	피혈	고기육[月]	가죽피	가죽혁	다룬가죽위	돼지머리계[彐]	해태치
犬	豕	血	肉	皮	革	韋	彑	豸

2. 생물

3. 사람

1 신골기 인두 모혈표수

남자의 **몸**(身)에서 **뼈**(骨)를 꺼내어 여자의 **몸**(己)을 만들었다니 신기하다. **사람**(人)의 **머리부분**(亠)을 보면, **터럭**(毛)이 없는 대**머리**(頁)와 **머리늘어진**(彡) 장발의 **머리**(首)도 있다.

身	骨	己
몸신	뼈골	몸기
人	亠	毛
사람인[亻]	머리부분두	터럭모
頁	彡	首
머리혈	머리늘어질표	머리수

② 면 이목구비 흠설치아

사람의 낯(面)에는, 귀(耳) 눈(目) 입(口) 코(鼻)가 있고, 하품(欠)을 하니 혀(舌)와 이(齒)가 보이고 안쪽에는 이빨의 왕초인 어금니(牙)도 보인다.

面	耳	目
얼굴 면	귀 이	눈 목
口	鼻	欠
입 구	코 비	하품 흠
舌	齒	牙
혀 설	이 치	어금니 아

3. 사람 25

③ 인족소절 수촌조 사신

걷는사람(儿)은 오른발(足) 왼발(疋)과 무릎마디(卩)를 이용하고, 일하는 사람은 손(手)과 손마디(寸)와 손톱(爪)을 사용한다. 선비(士)는 그의 일인 공부를 열심히 하면 현명한 신하(臣)가 된다.

儿	足	疋
걷는사람인	발족	발소
卩	手	寸
마디절[㔾]	손수[扌]	마디촌
爪	士	臣
손톱조[爫]	선비사	신하신

26 제1장 부수

④ 부 자녀씨 생로녁사시

아버지(父)는, 아들(子)과 딸(女)에게 성씨(氏)를 물려주고, 나고(生) 늙고(耂) 병들고(疒) 죽는(死) 과정을 거쳐 주검(尸)에 이른다.

父	子	女
아비 부	아들 자	계집 녀
氏	生	耂
성씨 씨	날 생	늙을 로[老]
疒	歹	尸
병들 녁	죽을 사[歺]	주검 시

3. 사람

확인과 연습

1 음과 자를 생각하며 읽어 봅시다.

1. 신골기 인두 모혈표수 : 남자의 **몸**에서 **뼈**를 꺼내어 여자의 **몸**을 만들었다니 신기하다. **사람**의 **머리부분**을 보면, **턱**이 없는 대**머리**와 **머리늘어진** 장발의 **머리**도 있다.
2. 면 이목구비 흠설치아 : 사람의 **낯**에는, **귀 눈 입 코**가 있고, **하품**을 하니 **혀**와 **이**가 보이고 안쪽에는 이빨의 왕초인 **어금니**도 보인다.
3. 인족소절 수촌조 사신 : **걷는사람**은 오른**발** 왼**발**과 무릎**마디**를 이용하고, 일하는 사람은 **손**과 손**마디**와 **손톱**을 사용한다. **선비**는 그의 일인 공부를 열심히 하면 현명한 **신하**가 된다.
4. 부 자녀씨 생로녁사시 : **아버지**는, **아들**과 **딸**에게 **성씨**를 물려주고, **나고 늙고 병들고 죽는** 과정을 거쳐 **주검**에 이른다.

2 한자의 뜻과 음을 외며 읽어 봅시다.

1. 신골기 인두 모혈표수 : 남자의 身에서 骨을 꺼내어 여자의 己를 만들었다니 신기하다. 人의 亠를 보면, 毛가 없는 대頁과 髟한 장발의 首가 있다.
2. 면 이목구비 흠설치아 : 사람의 面에는, 耳 目 口 鼻가 있고, 欠하니 舌과 齒가 보이고 안쪽에는 이빨의 왕초인 牙도 보인다.
3. 인족소절 수촌조 사신 : 儿은 오른 足과 왼 疋와 무릎 卩을 이용하고, 일하는 사람은 手와 손 寸과 爪를 사용한다. 士는 그의 일인 공부를 열심히 하면 현명한 臣이 된다.
4. 부 자녀씨 생로녁사시 : 父는, 子와 女에게 氏를 물려주고, 生 耂 疒 死의 과정을 거쳐 尸에 이른다.

3 첫 글자를 보고 나머지 자를 생각해 봅시다.

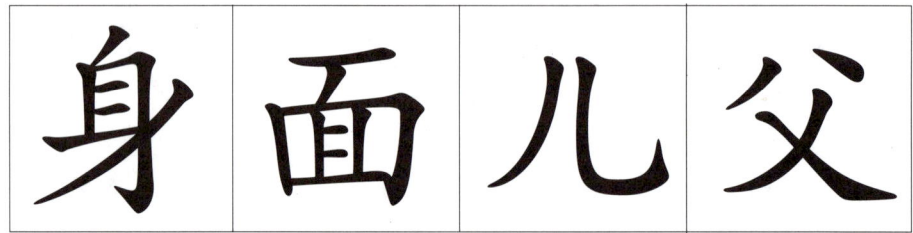

그림과 내용을 상상하고 뜻과 음을 외며 한자를 써 봅시다.

身	骨	己	人	亠	毛	頁	髟	首
몸신	뼈골	몸기	사람인[亻]	머리부분두	터럭모	머리혈	머리늘어질표	머리수
身	骨	己	人	亠	毛	頁	髟	首

面	耳	目	口	鼻	欠	舌	齒	牙
얼굴면	귀이	눈목	입구	코비	하품흠	혀설	이치	어금니아
面	耳	目	口	鼻	欠	舌	齒	牙

3. 사람

 그림과 내용을 상상하고 뜻과 음을 외며 한자를 써 봅시다.

儿	足	疋	卩	手	寸	爪	士	臣
걷는사람인	발족	발소	마디절[㔾]	손수[扌]	마디촌	손톱조[爫]	선비사	신하신
儿	足	疋	卩	手	寸	爪	士	臣

父	子	女	氏	生	耂	疒	歹	尸
아비부	아들자	계집녀	성씨씨	날생	늙을로	병들녁	죽을사[死歹]	주검시
父	子	女	氏	生	耂	疒	歹	尸

4. 성질·상태·사귐·무기

1 사비자제 신 감우향이

사사(厶)롭지 않기(非) 위해 스스로(自)를 가지런히(齊) 하면, 맵고(辛) 쓴 것이, 달고(甘) 또(又) 향기로운(香) 것으로 말이어지(而)듯 이어진다.

厶	非	自
사사사	아닐비	스스로자
齊	辛	甘
가지런히할제	매울신	달감
又	香	而
또우	향기향	말이을이

② 대방무소요 이간 고장

큰(大) 것을 모(方)가 없게(无) 작게(小) 작게(幺) 하여, 남 밑(隶)에 머물(艮)도록 처신하면, 남들이 나를 높게(高) 또 길게(長) 좋아한다.

大	方	无
큰대	모방	없을무
小	幺	隶
작을소	작을요	밑이
艮	高	長
머물간	높을고	긴장

③ **왈 문음언 귀복심감효**

성인이 **가로**(曰)되, 산 사람과는 **글월**(文)과 **소리**(音)로 **말씀**(言)을 만들어 소통하고, **귀신**(鬼)과는 **점**(卜)을 쳐 **마음**(心)을 **입벌리**(凵)듯 열고 **사귀라고**(爻) 하셨다.

曰	文	音
가로 왈	글월 문	소리 음
言	鬼	卜
말씀 언	귀신 귀	점 복
心	凵	爻
마음 심 [忄 㣺]	입 벌릴 감	사귈 효

4. 성질 · 상태 · 사귐 · 무기

④ 도비근 시궁익 간과모

장군은 **칼**(刀)과 **비수**(匕)와 **도끼**(斤)를 차고, **화살**(矢)과 **활**(弓)과 **주살**(弋)을 메고, **방패**(干)와 **창**(戈)과 **창**(矛) 두 자루를 들고 나라를 지킨다.

刀	匕	斤
칼 도	비수 비	도끼 근
矢	弓	弋
화살 시	활 궁	주살 익
干	戈	矛
방패 간	창 과	창 모

확인과 연습

1 음과 자를 생각하며 읽어 봅시다.

1. 사비자제 신 감우향이 : **사사**롭지 **않기** 위해 **스스로를 가지런히** 하면, **맵고 쓴** 것이, **달고 또 향기로운** 것으로 **말이어지**듯 이어진다.
2. 대방무소요 이간 고장 : **큰** 것을 **모**가 **없게 작게 작게** 하여, 남 **밑**에 **머물**도록 처신하면, 남들이 나를 **높게** 또 **길게** 좋아한다.
3. 왈 문음언 귀복심감효 : 성인이 **가로되**, 산 사람과는 **글월**과 **소리**로 **말씀**을 만들어 소통하고, **귀신**과는 **점**을 쳐 **마음**을 **입벌리**듯 열고 **사귀라**고 하셨다.
4. 도비근 시궁익 간과모 : 장군은 **칼**과 **비수**와 **도끼**를 차고, **화살**과 **활**과 **주살**을 메고, **방패**와 **창**과 **창** 두 자루를 들고 나라를 지킨다.

2 한자의 뜻과 음을 외며 읽어 봅시다.

1. 사비자제 신 감우향이 : 厶롭지 非하기 위해 自를 齊하면, 辛하고 쓴 것이, 甘하고 又香한 것으로 而하듯 이어진다.
2. 대방무소요 이간 고장 : 大한 것을 方이 无하게 小么하여, 남 隶에 艮하도록 처신하면, 남들이 나를 高하게 또 長하게 좋아한다.
3. 왈 문음언 귀복심감효 : 성인 曰, 산 사람과는 文과 音으로 言을 만들어 소통하고, 鬼와는 卜을 쳐 心을 凵하듯 열고 爻하라고 하셨다.
4. 도비근 시궁익 간과모 : 장군은 刀와 匕와 斤을 차고, 矢와 弓과 弋을 메고, 干과 戈와 矛 두 자루를 들고 나라를 지킨다.

3 첫 글자를 보고 나머지 자를 생각해 봅시다.

 그림과 내용을 상상하고 뜻과 음을 외며 한자를 써 봅시다.

厶	非	自	齊	辛	甘	又	香	而
사사사	아닐비	스스로자	가지런히할제	매울신	달감	또우	향기향	말이을이
厶	非	自	齊	辛	甘	又	香	而

大	方	无	小	幺	隶	艮	高	長
큰대	모방	없을무	작을소	작을요	밑이	머물간	높을고	긴장
大	方	无	小	幺	隶	艮	高	長

 그림과 내용을 상상하고 뜻과 음을 외며 한자를 써 봅시다.

曰	文	音	言	鬼	卜	心	口	爻
가로왈	글월문	소리음	말씀언	귀신귀	점복	마음[忄灬]심	입벌릴감	사귈효
曰	文	音	言	鬼	卜	心	口	爻

刀	匕	斤	矢	弓	弋	干	戈	矛
칼도	비수비	도끼근	화살시	활궁	주살익	방패간	창과	창모
刀	匕	斤	矢	弓	弋	干	戈	矛

4. 성질, 상태, 사귐, 무기

5. 행동

1 **시견 력비무 혈입**

보이는(示) 것만 보고(見), 힘(力)을 견주지(比) 말며(毋), 성질이 날 때에는 굴(穴)에 들어가(入) 마음을 다스려라.

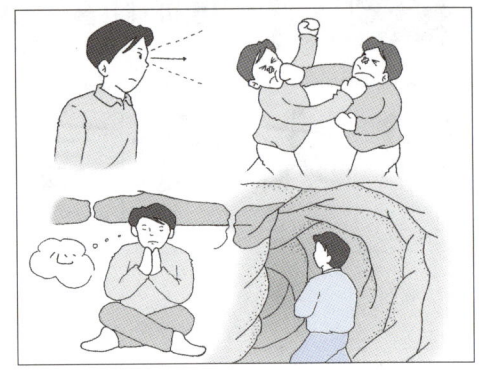

示	見	力
보일 시	볼 견	힘 력
比	毋	穴
견줄 비	말 무	굴 혈
入		
들 입		

제1장 부수

② 멱아포 방혜지 지변지

방자해지려는 마음을 **덮고**(冖) **덮고**(襾) 또 **싸**(勹), **상자**(匚) 속에 **감추기**(匸)를 **그치지**(止) 않으면, 스스로를 **지탱할**(支) 수 있는 **분별**(釆)의 경지에 **이른다**(至).

冖	襾	勹
덮을멱	덮을아	쌀포
匚	匸	止
상자방	감출혜	그칠지
支	釆	至
지탱할지	분별할변	이를지

③ 왕 천척발행 인착치쇠

절름발이(尢)는, 어겨지고(舛) 자축거리면서(彳) 걸어(癶) 다닐(行) 수밖에 없으니, 길게걸어(廴) 쉬엄쉬엄가고(辶) 뒤져올(夂) 만큼 천천히걷는(夊) 것을 이해해야 한다.

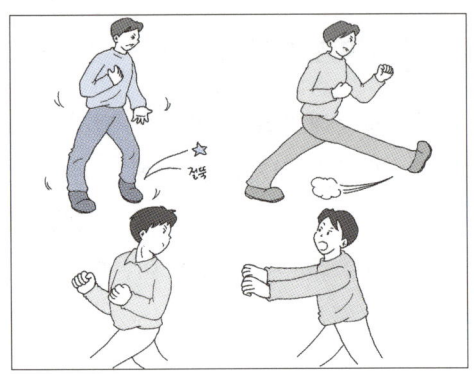

尢	舛	彳
절름발이왕[兀尣]	어겨질천	자축거릴척
癶	行	廴
걸을발	다닐행	길게걸을인
辶	夂	夊
쉬어쉬엄갈착[⻍]	뒤져올치	천천히걸을쇠

④ 공립 복수투 용삼비주

그러나 화가 나면 손을 **들고**(廾) 일어**서서**(立), **치고**(攴) **치고**(殳) **싸우다가**(鬪), 불리하면 휠체어를 **써서**(用) **터럭**(彡) 휘날리며 **날**(飛) 듯이 **달아난다**(走).

廾	立	攴
들공	설립	칠복[攵]
殳	鬪	用
칠수	싸울투	쓸용
彡	飛	走
터럭삼	날비	달아날주

확인과 연습

1. 음과 자를 생각하며 읽어 봅시다.

1. 시견 력비무 혈입 : **보이는** 것만 **보고**, **힘을 견주지 말며**, 성질이 날 때에는 **굴에 들어가** 마음을 다스려라.

2. 멱아포 방혜지 지변지 : 방자해지려는 마음을 **덮고 덮고** 또 **싸**, **상자** 속에 **감추기를** 그치지 않으면, 스스로를 **지탱할** 수 있는 **분별**의 경지에 **이른다**.

3. 왕 천척발행 인착치쇠 : **절름발이는, 어겨지고 자축거리면서 걸어 다닐** 수밖에 없으니, **길게걸어 쉬엄쉬엄가고 뒤져올** 만큼 **천천히걷는** 것을 이해해야 한다.

4. 공립 복수투 용삼비주 : 그러나 화가 나면 손을 **들고 일어서서**, **치고 치고 싸우다가**, 불리하면 휠체어를 **써서 터럭 휘날리며 날** 듯이 **달아난다**.

2. 한자의 뜻과 음을 외며 읽어 봅시다.

1. 시견 력비무 혈입 : 示한 것만 見하고, 力을 比하지 毋하며, 성질이 날 때에는 穴에 入하여 마음을 다스려라.

2. 멱아포 방혜지 지변지 : 방자해지려는 마음을 冖하고 襾하고 또 勹하여, 匚 속에 匸하기를 止하지 않으면, 스스로를 支할 수 있는 釆의 경지에 至한다.

3. 왕 천척발행 인착치쇠 : 尢은, 舛하고 彳하면서 癶 行할 수밖에 없으니, 廴하고 辶해서 夂할 만큼 夊하는 것을 이해해야 한다.

4. 공립 복수투 용삼비주 : 그러나 화가 나면 손을 廾하고 立해서, 攴하고 殳하며 鬥하다가, 불리하면 휠체어를 用해서 彡을 휘날리며 飛하듯이 走한다.

3. 첫 글자를 보고 나머지 자를 생각해 봅시다.

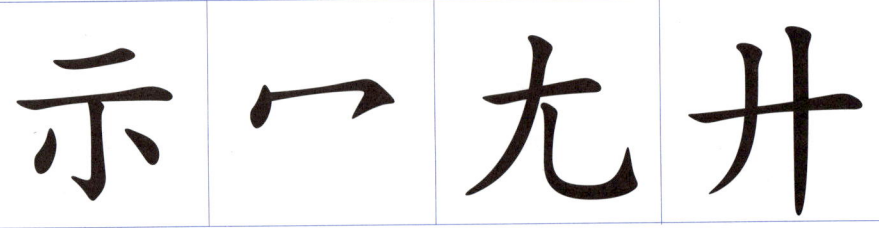

 그림과 내용을 상상하고 뜻과 음을 외며 한자를 써 봅시다.

示	見	力	比	母	穴	入		
보일 시	볼 견	힘 력	견줄 비	말 무	굴 혈	들 입		
示	見	力	比	母	穴	入		

冖	襾	勹	匚	匸	止	支	釆	至
덮을 멱	덮을 아	쌀 포	상자 방	감출 혜	그칠 지	지탱할 지	분별할 변	이를 지
冖	襾	勹	匚	匸	止	支	釆	至

5. 행동

 그림과 내용을 상상하고 뜻과 음을 외며 한자를 써 봅시다.

尢	舛	彳	癶	行	廴	辵	夂	夊
절름발이왕[兀允]	어겨질천	자축거릴척	걸을발	다닐행	길게걸을인	쉬엄쉬엄갈착[辶]	뒤져올치	천천히걸을쇠
尢	舛	彳	癶	行	廴	辵	夂	夊

廾	立	攴	殳	鬥	用	彡	飛	走
들공	설립	칠복[攵]	칠수	싸울투	쓸용	터럭삼	날비	달아날주
廾	立	攴	殳	鬥	用	彡	飛	走

6. 일과 의식주

뢰부거전 망주 옥약고

농부는 **쟁기**(耒)와 **장군**(缶)을 **수레**(車)에 싣고 **밭**(田)으로 가고, 어부는 **그물**(网)을 **배**(舟)에 싣고 바다로 가고, 예인은 **구슬**(玉)-**피리**(龠)를 불고 **북**(鼓)을 쳐 일하는 사람들의 힘을 북돋운다.

耒	缶	車
쟁기 뢰	장군 부	수레 거
田	网	舟
밭 전	그물 망 [㓁 冈]	배 주
玉	龠	鼓
구슬 옥	피리 약	북 고

② 공 장편궤율 정구명격

장인(工)은, 조각널(爿)과 대나무 조각(片)으로 책상(几)과 붓(聿)을, 대장장이는 솥(鼎)을 석공은 절구(臼)를 도공은 그릇(皿)과 오이지병(鬲)을 만들어 생활을 편리하게 해준다.

工	爿	片
장인공	조각널장	조각편
几	聿	鼎
책상궤	붓율	솥정
臼	皿	鬲
절구구	그릇명	오이지병격

③ 마사 건의치 미두식창

아낙은 **삼**(麻)에서 **실**(糸)을 뽑아, **수건**(巾)과 **옷**(衣)을 **바느질해**(黹) 만들고, **쌀**(米) 한 **말**(斗)로 **밥**(食)을 하고 **술**(酉)을 빚어 남편을 섬긴다.

麻	糸	巾
삼마	실사	수건건
衣	黹	米
옷의[衤]	바느질치	쌀미
斗	食	酉
말두	밥식	술창

6. 일과 의식주

④

리면엄 와호문 읍경위

남정네는 **마을**(里)의 **집**(宀)-**집**(广)마다, **기와**(瓦)를 얹고 **지게**(戶)-**문**(門)을 달고, **고을**(邑) 외곽 **멀리**(冂) 성을 **에워**(口)싸 부녀자를 보호한다.

里	宀	广
마을 리	집 면	집 엄
瓦	戶	門
기와 와	지게 호	문 문
邑	冂	口
고을 읍[阝]	멀 경	에울 위

확인과 연습

1. 음과 자를 생각하며 읽어 봅시다.

1. 뢰부거전 망주 옥약고 : 농부는 **쟁기**와 **장군**을 **수레**에 싣고 **밭**으로 가고, 어부는 **그물**을 **배**에 싣고 바다로 가고, 예인은 **구슬-피리**를 불고 **북**을 쳐 일하는 사람들의 힘을 북돋운다.
2. 공 장편궤율 정구명격 : **장인**은, **조각널**과 대나무 **조각**으로 **책상**과 **붓**을, 대장장이는 **솥**을 석공은 **절구**를 도공은 **그릇**과 **오이지병**을 만들어 생활을 편리하게 해준다.
3. 마사 건의치 미두식창 : 아낙은 **삼**에서 **실**을 뽑아, **수건**과 **옷**을 **바느질해** 만들고, **쌀** 한 **말**로 **밥**을 하고 **술**을 빚어 남편을 섬긴다.
4. 리면엄 와호문 읍경위 : 남정네는 마을의 **집-집**마다, **기와**를 얹고 **지게-문**을 달고, **고을** 외곽 **멀리** 성을 **에워**싸 부녀자를 보호한다.

2. 한자의 뜻과 음을 외며 읽어 봅시다.

1. 뢰부거전 망주 옥약고 : 농부는 耒와 缶를 車에 싣고 田으로 가고, 어부는 网을 舟에 싣고 바다로 가고, 예인은 玉-龠을 불고 鼓를 쳐 일하는 사람들의 힘을 북돋운다.
2. 공 장편궤율 정구명격 : 工은, 爿과 대나무 片으로 几와 聿을, 대장장이는 鼎을 석공은 臼를 도공은 皿과 鬲을 만들어 생활을 편리하게 해준다.
3. 마사 건의치 미두식창 : 아낙은 麻에서 糸를 뽑아, 巾과 衣를 黹해 만들고, 米 한 斗로 食을 하고 鬯을 빚어 남편을 섬긴다.
4. 리면엄 와호문 읍경위 : 남정네는 里의 宀-广마다, 瓦를 얹고 戶-門을 달고, 邑 외곽 冂에 성을 囗해서 부녀자를 보호한다.

3. 첫 글자를 보고 나머지 자를 생각해 봅시다.

| 耒 | 工 | 麻 | 里 |

 그림과 내용을 상상하고 뜻과 음을 외며 한자를 써 봅시다.

耒	缶	車	田	网	舟	玉	龠	鼓
쟁기뢰	장군부	수레거	밭전	그물[罒罓]망	배주	구슬옥	피리약	북고
耒	缶	車	田	网	舟	玉	龠	鼓

工	爿	片	几	聿	鼎	臼	皿	鬲
장인공	조각널장	조각편	책상궤	붓율	솥정	절구구	그릇명	오이지병격
工	爿	片	几	聿	鼎	臼	皿	鬲

 그림과 내용을 상상하고 뜻과 음을 외며 한자를 써 봅시다.

麻	糸	巾	衣	黹	米	斗	食	鬯
삼마	실사	수건건	옷의[衤]	바느질치	쌀미	말두	밥식	술창

里	宀	广	瓦	戶	門	邑	冂	囗
마을리	집면	집엄	기와와	지게호	문문	고을읍[阝]	멀경	에울위

6. 일과 의식주

7. 총정리

♣ 그림을 머리 속으로 상상하고 음과 자를 생각하며 정리해 봅시다.

1 지구

1. 일궐곤 주별을 이팔십   신께서 거대한 **한** 별을 **갈고리**로 찍어 **뚫**으시니, **불똥**이 사방으로 **삐치어 새**처럼 날아가, 2+8=**10**의 태양계가 되었다.

2. 풍화기 우수빙 산곡천   그중 하나인 지구에서는 **바람**과 **불**의 **기운**에 의해, **비**가 내리고 그 **물**이 **얼음**이 되어 녹고 증발하니, 지표에 변화가 와 **메**와 **골**과 **내**가 생겼다.

3. 죽부 현황토엄 로금석   **대나무** 무성한 **언덕**의, **검고 누런 흙**이 파여 **굴바위**가 만들어지고, 그 속엔 **소금밭**이 생겨 빛나는 **쇠-돌**이 도처에 뒹군다.

4. 일석월진 색 흑백청적   **날**이 저물어 **저녁**이 되니 하늘의 **달**과 **별**만 반짝이다가, 새벽 **빛**이 세상을 밝히니, **검던** 것들이 **희고 푸르고 붉게** 제 모습을 찾는다.

2 생물

1. 초목철 화맥서두 과구   봄이 되니 **풀**과 **나무**가 싹트고, 논에는 **벼**가 밭에는 **보리**와 **기장**과 **콩**이 자라고, 텃밭에는 **오이**와 **부추**가 한창이다.

2. 우추조 유룡 호각록유   하늘에는 꽁지**깃**이 짧은 **새**와 긴 **새**, 그리고 **닭**과 깃 없는 **용**이 날고, 산 속에는 **범**과 **뿔** 달린 **사슴**이 쫓고 쫓겨 **짐승발자국**이 어지럽다.

3. 충맹서 우마양 어패귀   들에는 **벌레**와 **맹꽁이**와 **쥐**들이 바글거리고, **소**와 **말**과 **양**들이 한가로이 풀을 뜯고, 바다에는 **고기**와 **조개**와 **거북**이 산다.

4. 견시 혈육피혁위 계치   **개**와 **돼지**를 길러, 개는 집을 지키게 하고 돼지는 **피**와 **고기**를 먹고 **가죽**을 벗겨 그 **가죽**을 잘 다루어 **가죽옷**을 해 입고, **돼지머리**를 한 **해태**로 집을 보호한다.

3 사람

1. 신골기 인두 모혈표수
   남자의 **몸**에서 **뼈**를 꺼내어 여자의 **몸**을 만들었다니 신기하다. **사람**의 **머리**부분을 보면, **턱**이 없는 대**머리**와 **머리**늘어진 장발의 **머리**도 있다.

2. 면 이목구비 흠설치아
   사람의 **낯**에는, **귀 눈 입 코**가 있고, **하품**을 하니 **혀**와 **이**가 보이고 안쪽에는 이빨의 왕초인 **어금니**도 보인다.

3. 인족소절 수촌조 사신
   걷는사람은 오른**발** 왼**발**과 무릎**마디**를 이용하고, 일하는 사람은 **손**과 손**마디**와 **손톱**을 사용한다. **선비**는 그의 일인 공부를 열심히 하면 현명한 **신하**가 된다.

4. 부 자녀씨 생로녁사시
   아버지는, **아들**과 **딸**에게 **성씨**를 물려주고, **나고 늙고 병들고 죽는** 과정을 거쳐 **주검**에 이른다.

4 성질 · 상태 · 사귐 · 무기

1. 사비자제 신 감우향이
   사사롭지 않기 위해 **스스로를 가지런히** 하면, **맵고 쓴** 것이, **달고** 또 **향기로운** 것으로 **말이어지듯** 이어진다.

2. 대방무소요 이간 고장
   큰 것을 **모가 없게 작게 작게** 하여, 남 **밑**에 **머물**도록 처신하면, 남들이 나를 **높게** 또 **길게** 좋아한다.

3. 왈 문음언 귀복심감효
   성인이 **가로되**, 산 사람과는 **글월**과 **소리**로 **말씀**을 만들어 소통하고, **귀신**과는 **점**을 쳐 마음을 **입벌리듯** 열고 **사귀**라고 하셨다.

4. 도비근 시궁익 간과모
   장군은 **칼**과 **비수**와 **도끼**를 차고, **화살**과 **활**과 **주살**을 메고, **방패**와 **창**과 **창** 두 자루를 들고 나라를 지킨다.

5 행동

1. 시견 력비무 혈입
   보이는 것만 **보고**, 힘을 **견주지 말며**, 성질이 날 때에는 **굴에 들어가** 마음을 다스려라.

2. 멱아포 방혜지 지변지
   방자해지려는 마음을 **덮고 덮고** 또 **싸**, **상자** 속에 **감추기**를 그치지 않으면, 스스로를 **지탱**할 수 있는 **분별**의 경지에 **이른다**.

3. 왕 천척발행 인착치쇠   **절름발이는, 어겨지고 자축거리면서 걸어 다닐** 수밖에 없으니, **길게걸어 쉬엄쉬엄가고 뒤져올** 만큼 **천천히걷는** 것을 이해해야 한다.

4. 공립 복수투 용삼비주   그러나 화가 나면 손을 들고 일어서서, **치고 치고 싸우다가**, 불리하면 휠체어를 **써서 터럭** 휘날리며 **날** 듯이 **달아난다**.

6 일과 의식주

1. 뢰부거전 망주 옥약고   농부는 **쟁기**와 **장군**을 **수레**에 싣고 **밭**으로 가고, 어부는 **그물**을 **배**에 싣고 바다로 가고, 예인은 **구슬-피리**를 불고 **북**을 쳐 일하는 사람들의 힘을 북돋운다.

2. 공 장편궤율 정구명격   **장인**은, **조각널**과 대나무 **조각**으로 **책상**과 **붓**을, 대장장이는 **솥**을 석공은 **절구**를 도공은 **그릇**과 **오이지병**을 만들어 생활을 편리하게 해준다.

3. 마사 건의치 미두식창   아낙은 **삼**에서 **실**을 뽑아, **수건과 옷**을 **바느질해** 만들고, **쌀** 한 **말**로 **밥**을 하고 **술**을 빚어 남편을 섬긴다.

4. 리면엄 와호문 읍경위   남정네는 **마을**의 **집-집**마다, **기와**를 얹고 **지게-문**을 달고, **고을** 외곽 **멀리** 성을 **에워싸** 부녀자를 보호한다.

♣ 그림을 머리 속에 그리며 음과 뜻을 정리해 봅시다.

1 지 구

1. 일궐곤 주별을 이팔십   신께서 거대한 一 별을 丨로 찍어 丨하시니, 丶가 사방으로 丿하여 乙처럼 날아가, 二+八=十의 태양계가 되었다.

2. 풍화기 우수빙 산곡천   그중 하나인 지구에서는 風과 火의 气로, 雨가 내려 그 水가 冫이 되어 녹고 증발하니, 지표에 변화가 와 山과 谷과 川이 생겼다.

3. 죽부 현황토엄 로금석   竹이 무성한 阜의, 玄하고 黃한 土가 파여 厂이 만들어지고, 그 속엔 鹵가 생겨 빛나는 金-石이 도처에 뒹군다.

4. 일석월진 색 흑백청적   日이 저물어 夕이 되니 하늘의 月과 辰만 반짝이다가, 새벽 色이 세상을 밝히니, 黑하던 것들이 白 靑 赤하게 제 모습을 찾는다.

2 생물

1. 초목철 화맥서두 과구   봄이 되니 艹와 木이 屮하고, 논에는 禾가 밭에는 麥과 黍와 豆가 자라고, 텃밭에는 瓜와 韭가 한창이다.

2. 우추조 유룡 호각록육   하늘에는 꽁지羽가 짧은 隹와 긴 鳥, 그리고 酉와 깃 없는 龍이 날고, 산 속에는 虎와 角 달린 鹿이 쫓고 쫓겨 肉가 어지럽다.

3. 충맹서 우마양 어패귀   들에는 虫과 黽과 鼠들이 바글거리고, 牛와 馬와 羊들이 한 가로이 풀을 뜯고, 바다에는 魚와 貝와 龜가 산다.

4. 견시 혈육피혁위 계치   犬과 豕를 길러, 개는 집을 지키게 하고 돼지는 血과 肉을 먹고 皮를 벗겨 그 革을 韋로 만들어 옷을 해 입고, 크를 한 彑로 집을 보호한다.

3 사람

1. 신골기 인두 모혈표수   남자의 身에서 骨을 꺼내어 여자의 己를 만들었다니 신기하다. 人의 二를 보면, 毛가 없는 頁과 彡한 首가 있다.

2. 면 이목구비 흠설치아   사람의 面에는, 耳 目 口 鼻가 있고, 欠하니 舌과 齒가 보이고 안쪽에는 이빨의 왕초인 牙도 보인다.

3. 인족소절 수촌조 사신   儿은 오른足과 왼 疋와 무릎 卩을 이용하고, 일하는 사람은 手와 손寸과 爪를 사용한다. 士는 그의 일인 공부를 열심히 하면 현명한 臣이 된다.

4. 부 자녀씨 생로녁사시   父는, 子 女에게 氏를 물려주고, 生 耂 疒 死의 과정을 거쳐 尸에 이른다.

4 성질·상태·사귐·무기

1. 사비자제 신 감우향이   厶룹지 非하기 위해 自를 齊하면, 辛하고 쓴 것이, 甘하고 又 香한 것으로 而하듯 이어진다.

2. 대방무소요 이간 고장   大한 것을 方이 无하게 小厶하여, 남 隶에 艮하도록 처신하면, 남들이 나를 高하게 또 長하게 좋아한다.

3. 왈 문음언 귀복심감효   성인 曰, 산 사람과는 文과 音으로 言을 만들어 소통하고, 鬼와는 卜을 쳐 心을 凵하듯 열고 爻하라고 하셨다.

4. 도비근 시궁익 간과모   장군은 刀와 匕와 斤을 차고, 矢와 弓과 弋을 메고 干과 戈와 矛 두 자루를 들고 나라를 지킨다.

5 행동

1. 시견 력비무 혈입   示한 것만 見하고, 力을 比하지 毋하며, 성질이 날 때에는 穴에 入하여 마음을 다스려라.

2. 멱아포 방혜지 지변지   방자해지려는 마음을 冖하고 襾하고 또 勹하여, 匚 속에 匸하기를 止하지 않으면, 스스로를 支할 수 있는 釆의 경지에 至한다.

3. 왕 천척발행 인착치쇠   尢은, 舛하고 彳하면서 癶 行할 수밖에 없으니, 廴하고 辵해서 夂할 만큼 夂하는 것을 이해해야 한다.

4. 공립 복수투 용삼비주   그러나 화가 나면 손을 廾하고 立해서, 攴하고 殳하며 鬥하다가, 불리하면 휠체어를 用해서 彡을 휘날리며 飛하듯이 走한다.

6 일과 의식주

1. 뢰부거전 망주 옥약고   농부는 耒와 缶를 車에 싣고 田으로 가고, 어부는 网을 舟에 싣고 바다로 가고, 예인은 玉-龠을 불고 鼓를 쳐 일하는 사람들의 힘을 북돋운다.

2. 공 장편궤율 정구명격   工은, 爿과 대나무 片으로 几와 聿을, 대장장이는 鼎을 석공은 臼를 도공은 皿과 鬲을 만들어 생활을 편리하게 해준다.

3. 마사 건의치 미두식창   아낙은 麻에서 糸를 뽑아, 巾과 衣를 黹해 만들고, 米 한 斗로 食을 하고 鬯을 빚어 남편을 섬긴다.

4. 리면엄 와호문 읍경위   남정네는 里의 宀-广마다, 瓦를 얹고 戶-門을 달고, 邑 외곽 冂에 성을 囗해서 부녀자를 보호한다.

♣ 뜻을 생각하며 읽고 음만은 차례대로 반드시 외워 다음 장으로 넘어갑시다.

1 지구

1. 一丨丨 丶丿乙 二八十   일궐곤 주별을 이팔십
2. 風火气 雨水氵 山谷川   풍화기 우수빙 산곡천
3. 竹阜 玄黃土厂 鹵金石   죽부 현황토엄 로금석
4. 日夕月辰 色 黑白青赤   일석월진 색 흑백청적

2 생물

1. 艹木中 禾麥黍豆 瓜韭   초목철 화맥서두 과구
2. 羽隹鳥 酉龍 虍角鹿内   우추조 유룡 호각록유
3. 虫黽鼠 牛馬羊 魚貝龜   충맹서 우마양 어패귀
4. 犬豕 血肉皮革韋 彐彑   견시 혈육피혁위 계치

3 사람

1. 身骨己 人亠 毛頁彡首   신골기 인두 모혈표수
2. 面 耳目口鼻 欠舌齒牙   면 이목구비 흠설치아
3. 儿足疋尸 手寸爪 士臣   인족소절 수촌조 사신
4. 父 子女氏 生耂疒死尸   부 자녀씨 생로녁사시

4 성질·상태·사귐·무기

1. 厶非自齊 辛 甘又香而   사비자제 신 감우향이
2. 大方无小么 隶艮 高長   대방무소요 이간 고장
3. 曰 文音言 鬼卜心口爻   왈 문음언 귀복심감효
4. 刀匕斤 矢弓弋 干戈矛   도비근 시궁익 간과모

5 행동

1. 示見 力比毋 穴入   시견 력비무 혈입
2. 冖襾勹 匸匚止 支釆至   멱아포 방혜지 지변지
3. 尢 舛彳癶行 夂走辵夊   왕 천척발행 인착치쇠
4. 廾立 攴殳鬥 用彡飛走   공립 복수투 용삼비주

6 일과 의식주

1. 耒缶車田 网舟 玉龠鼓   뢰부거전 망주 옥약고
2. 工 爿片几聿 鼎臼皿鬲   공 장편궤율 정구명격
3. 麻糸 巾衣黹 米斗食鬯   마사 건의치 미두식창
4. 里宀广 瓦戶門 邑冂囗   리면엄 와호문 읍경위

♣ 첫 자를 보고 모든 부수자의 음과 뜻을 외워 봅시다.

一	風	竹	日
艹	羽	虫	犬
身	面	儿	父
厶	大	曰	刀
示	冖	九	廾
耒	工	麻	里

♣ 다음 자를 차례로 외워 봅시다.(띄어 읽기를 확실히)

1 지구

1. 一□□ □□□ □□□
2. 風□□ □□□ □□□
3. 竹□ □□□ □□□
4. 日□□□ □ □□□□

2 생물

1. 艹□□ □□□□ □□
2. 羽□□ □□ □□□□
3. 虫□□ □□□ □□□
4. 犬□ □□□□□ □□

3 사람

1. 身□□ □□ □□□□
2. 面□□□□ □□□□
3. 儿□□□ □□ □□
4. 父□□□ □□□□□

4 성질 · 상태 · 사귐 · 무기

1. 厶□□□ □ □□□□
2. 大□□□□ □□ □□
3. 日□□□ □□□ □□□
4. 刀□□ □□□ □□□□

5 행동

1. 示□ □□□ □□
2. 宀□□ □□□ □□□
3. 尢□□□□ □□□
4. 廾□ □□□ □□□□

6 일과 의식주

1. 耒□□□ □□ □□□
2. 工□□□ □□□ □□
3. 麻□ □□□ □□□
4. 里□□ □□□□ □□

제 2 장

기초 한자

ㄱ-ㅎ의 훈으로 꾸민 이야기

1. ㄱ	64
2. ㄴ, ㄷ, ㄹ	87
3. ㅁ, ㅂ	106
4. ㅅ	126
5. ㅇ	151
6. ㅈ	176
7. ㅊ, ㅋ, ㅌ, ㅍ	198
8. ㅎ	217
9. 총정리	230

아래의 '기초 한자 대표음 이야기'를 익혀 두면,
1800자 이상의 자를 국어 사전 순서로 정리할 수 있고 또 영구적으로 기억할 수 있다.
아울러 후속 학습으로 익힌 자들도 저절로 정리된다.

<4장 압축 자료 1.ㄱ의 보기>

街各江	**가**자 **각**각 **강**변으로, 그리고 달리고 또 달려
更堅慶	**갱**신하자 **견**고한 10분대 벽을 그리고 **경**축하자. (마라토너)
鷄曲果	**계곡과**
廣久權	**광구권**은
根其	**끈기**의 상징(지표가 파여 계곡이 되기까지, 시추에서 원유를 생산하기까지)

학습 방법

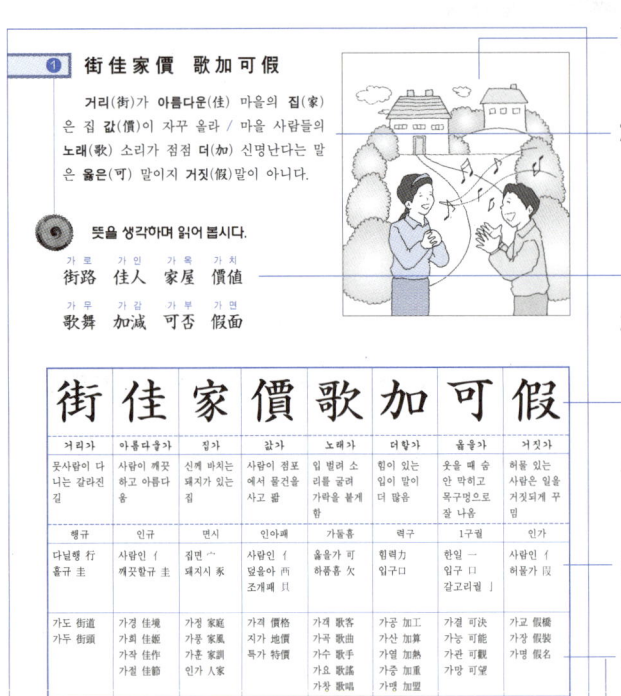

1. 먼저 그림을 보고 내용을 짐작해 본다.
2. 내용을 읽고 굵게 쓴 8자와 연관된 그림을 머리 속에 그려 본다. (색칠한 부분의 그림이 잡히지 않으면 다음 단계로 가지 않는다.)
3. **대표 어휘**(뜻을 익히는 데 도움이 됨)는 두 번째 읽을 때부터 학습한다.
4. 음과 뜻을 외며 한자를 몇 차례 읽어 본다.
5. 자소(모)자를 외며 손가락으로 한자를 써 본다.
6. 자원과 관련된 어휘는 참고로 하고 맨 아랫줄의 자는 꼭 익히도록 한다. (제3장을 익히는 데 도움이 됨)

일러두기

- 부수자의 음을 철저히 익힌 다음에 학습한다.
- 이 단원에서는 字를 한글처럼 쓰기 위해 부수자와 자소(모)자를 활용했다. 그 과정에서 필자 임의로 정한 것이 있음을 밝혀 둔다.
- 학습의 효과를 높이기 위해 필자 임의로 정한 것은 굵은 고딕체로 표기했다.
- 관련 있는 자들을 함께 모아 익히면 학습의 효과를 한층 더 높일 수 있다.(제3장 뜻으로 분류한 1800자 참고)
- 같은 방법으로 **세 번 이상** 읽어 본다.
- 최소한 한 단원의 그림이 한번에 떠오르도록 학습한다. (예를 들면 ㄱ 단원 14개의 그림을 머리 속에서 **한 장의 종이**에 차례대로 그릴 수 있어야 한다.)
- 각 단원의 확인과 연습 부분과 총정리 부분을 활용하여 **스스로를 평가**해 본다.

기초 한자 대표 그림

기초 한자 대표음
1. 가갱계광근
2. 난덕락례
3. 막무배복
4. 사상성수습
5. 아어영우육
6. 자전제좌지
7. 차청쾌폐
8. 하현환

① ㄱ

① 街佳家價 歌加可假

거리(街)가 아름다운(佳) 마을의 집(家)은 집 값(價)이 자꾸 올라 / 마을 사람들의 노래(歌) 소리가 점점 더(加) 신명난다는 말은 옳은(可) 말이지 거짓(假)말이 아니다.

뜻을 생각하며 읽어 봅시다.

가로	가인	가옥	가치
街路	佳人	家屋	價值

가무	가감	가부	가면
歌舞	加減	可否	假面

街	佳	家	價	歌	加	可	假
거리가	아름다울가	집가	값가	노래가	더할가	옳을가	거짓가
뭇사람이 다니는 갈라진 길	사람이 깨끗하고 아름다움	신께 바치는 돼지가 있는 집	사람이 점포에서 물건을 사고 팖	입 벌려 소리를 굴려 가락을 붙게 함	힘이 있는 입이 말이 더 많음	웃을 때 숨 안 막히고 목구멍으로 잘 나옴	허물 있는 사람은 일을 거짓되게 꾸밈
행규	인규	면시	인아패	가둘홈	력구	1구궐	인가
다닐행 行 홀규 圭	사람인 亻 깨끗할규 圭	집면 宀 돼지시 豕	사람인 亻 덮을아 襾 조개패 貝	옳을가 可 하품흠 欠	힘력 力 입구 口	한일 一 입구 口 갈고리궐 亅	사람인 亻 허물가 叚
가도 街道 가두 街頭	가경 佳境 가희 佳姬 가작 佳作 가절 佳節	가정 家庭 가풍 家風 가훈 家訓 인가 人家	가격 價格 지가 地價 특가 特價	가객 歌客 가곡 歌曲 가수 歌手 가요 歌謠 가창 歌唱	가공 加工 가산 加算 가열 加熱 가중 加重 가맹 加盟	가결 可決 가능 可能 가관 可觀 가망 可望	가교 假橋 가장 假裝 가명 假名
					시렁가 架		겨를가 暇

❷ 各 脚 間 看 渴 減 感 敢

오아시스를 발견하고 서로 뛰어들려는 **각각(各)**의 **다리(脚) 사이(間)**로 **보니(看)** 시궁창 물은 양반이라. / **목마름(渴)**을 **덜(減)**고자 허덕이던 조금 전까지의 **느낌(感)**이 **감히(敢)** 되살아나지 않는구나.

 뜻을 생각하며 읽어 봅시다.

각종　　각광　　간식　　간수
各種　　脚光　　間食　　看守

갈망　　감소　　감각　　감행
渴望　　減少　　感覺　　敢行

各	脚	間	看	渴	減	感	敢
각각각	다리각	사이간	볼간	목마를갈	덜감	느낄감	감히,용감할감
앞과 뒤에서 온 사람의 말이 서로 다름	몸에서 앞뒤로 나갈 수 있는 부분	문틈으로 빛이 들어옴	손을 눈 위에 대어 멀리 봄	물이 말라 그침	물이 줄어 다 되어 감	모두 다 마음속으로 고 마음을 느낌	어른 앞에 나가 두 손으로 받음
치구	월거절	문일	수목	수갈	수술구	함심	공이복
뒤져올치 夂 입구 口	육달월 月 갈거 去 마디절 卩	문문 門 날일 日	손수 手 눈목 目	물수 氵 그칠갈 曷	물수 氵 개술 戌 입구 口	다할 咸 마음심 心	장인공 工 귀이 耳 칠복 攵
각파 各派 각항 各項 각양 各樣 각처 各處 각개 各個	각기 脚氣 실각 失脚	간격 間隔 간접 間接 간첩 間諜	간과 看過 간병 看病 간호 看護 간산 看山	갈구 渴求 갈증 渴症 갈수 渴水	감군 減軍 감산 減産 감속 減速 감수 減收 감축 減縮	감읍 感泣 감사 感謝 감명 感銘 감상 感想 감정 感情	감투 敢鬪 감청 敢請
다락각 閣	새길각 刻 깨달을각 覺 물리칠각 却	편지간 簡 간절할간 懇 간사할간 姦	새길간 刊 간간 肝 줄기간 幹			볼감 監 거울감 鑑	

❸ 江降講强 開個皆客

뜻한 바 있어 **강(江)**가로 **내려(降)**가 오두막을 짓고 학문을 **익히(講)**고 몸을 **굳세(强)**게 단련하니 / 심신이 바다같이 **열리(開)**고 맺힌 원한이 **낱(個)**낱이 **다(皆)** 풀려 이제는 원수도 **손(客)**으로 맞겠다.

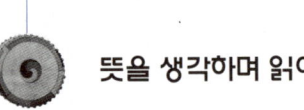 뜻을 생각하며 읽어 봅시다.

강호	승강	강습	강약
江湖	昇降	講習	强弱

개척	개별	개근	주객
開拓	個別	皆勤	主客

江	降	講	强	開	個	皆	客
강강	내릴강	익힐강	굳셀강	열개	낱개	다개	손객
양자강을 뜻함	언덕 위에서 아래로 내려 옴	말을 짜맞추는 일	큰 동물이 힘이 셈	양손으로 빗장을 올리고 문을 엶	사람과 물건을 세는 단위	많은 사람이 견주어서 말함	다른 곳에서 온 사람을 붙들어 둠
수공	부치과	언구	궁구충	문견	인고	비백	면각
물수 氵 장인공 工	언덕부 阜,阝 뒤져올치 夂 걸을과 牛	말씀언 言 어긋매겨쌓을구 冓	활궁 弓 입구 口 벌레충 虫	문문 門 평평할견 幵	사람인 亻 굳을고 固	견줄비 比 흰백 白	집면 宀 각각각 各
강변 江邊 강산 江山 강촌 江村	강우 降雨 강하 降下 강등 降等 항복 降伏	강의 講義 강평 講評 강구 講究 강화 講和	강세 强勢 강화 强化 강행 强行 강력 强力	개방 開放 개표 開票 개학 開學 개화 開花 개안 開眼	개성 個性 개수 個數 개인 個人	개기일식 皆旣日蝕	객석 客席 객실 客室 객차 客車 객고 客苦 객기 客氣
		편안할강 康	메강 岡 굳셀강 剛 벼리강 綱 강철강 鋼		대개개 概 슬퍼할개 慨	낄개 介 고칠개 改 덮을개 蓋	

④ 更去巨居 擧建劍格

나라를 되찾자 **다시(更)** 고향으로 돌아**가(去) 커서(巨)** 조국의 앞날을 짊어질 새싹들과 함께 **살(居)**며 / 그들을 위해 쌍수를 **들(擧)**어 찬성하는 주민들과 함께 학교를 **세우(建)**고 **칼(劍)**을 뽑아 뜻이 하늘에 **이르도록(格)** 빌었다.

 뜻을 생각하며 읽어 봅시다.

갱신	거래	거물	거주
更新	去來	巨物	居住

거수	건설	검술	자격
擧手	建設	劍術	資格

更	去	巨	居	擧	建	劍	格
다시갱	갈거	클거	살거	들거	세울건	칼검	이를격
회초리를 들고 가르쳐 고침	사람이 밥을 먹고 떠남	가운데 손잡이가 달린 커다란 자막대기	몸(尸)이 오래 머묾	가마를 여러 사람이 손으로 들어올림	법을 붓으로써 먼 곳까지 알려 기강을 세움	여럿이 모인 곳에 갈 때 지니는 무기	나무의 가지가 일정하게 각각 뻗음
1월별을 한일 一 가로왈 曰 삐칠별 / 굽을을 ╲	토사 흙토 土 사사사 厶	거	시고 주검시 尸 예고 古	여수 줄여 與 손수 手	율인 붓율 聿 길게걸을인 廴	첨도 여럿첨 僉 칼도 刂	목각 나무목 木 각각각 各
갱정 更正 경질 更迭	거취 去就 거세 去勢 제거 除去 과거 過去	거대 巨大 거두 巨頭 거부 巨富 거금 巨金	거실 居室 거소 居所 거처 居處	거사 擧事 거행 擧行 거국 擧國 선거 選擧	건국 建國 건축 建築 건물 建物	검도 劍道 검무 劍舞 검객 劍客	격하 格下 인격 人格 가격 價格
		막을거 拒 떨어질거 距		의지할거 據	굳셀건 健 사건건 件 하늘건 乾 뛰어날걸 傑 (준 俊)	검소할검 儉 검사할검 檢 쉴게 憩	부딪칠격 激 칠격 擊

⑤ 堅決結潔　景耕輕經

인연을 **굳게**(堅) **정하**(決)여 **맺으**(結)려면 몸과 마음을 **깨끗이**(潔) 닦아야 한다. / 그러기 위해 **볕**(景) 바른 땅을 구해 낮에는 **밭갈**(耕)고 밤에는 **가벼운**(輕) **책**(經)을 읽도록 하라.

 뜻을 생각하며 읽어 봅시다.

견고	결정	결혼	결백
堅固	決定	結婚	潔白

경치	경작	경박	경위
景致	耕作	輕薄	經緯

堅	決	結	潔	景	耕	輕	經
굳을견	정할결	맺을결	깨끗할결	볕경	밭갈경	가벼울경	책경
단단한 흙	물이 흐르도록 둑을 터놓기로 결정	좋은 일의 약속으로서 실을 맺음	삼 한 단에서 뽑은 실을 물에 빪	궁중을 비추는 해	쟁기로 밭이랑을 가지런하게 갊	수레가 물줄기처럼 똑바로 달림	베를 짤 때 물줄기 같은 날줄이 중심이 됨
신우토	수쾌	사길	수갈사	일경	뢰정	차경	사경
신하신 臣 또우 又 흙토 土	물수 氵 터놓을쾌 夬	실사 糹 길할길 吉	물수 氵 새길갈 㓞 실사 糹	날일 日 서울경 京	쟁기뢰 耒 우물정 井	수레차 車 물줄기경 巠 (1천공)	실사 糹 물줄기경 巠
견지 堅持	결연 決然 결행 決行 결산 決算 결심 決心	결성 結成 결실 結實 결합 結合 결론 結論 결말 結末	순결 純潔	경관 景觀 경승 景勝 경모 景慕	경운 耕耘 농경 農耕	경망 輕妄 경멸 輕蔑 경솔 輕率	경국 經國 경과 經過 경력 經歷 경험 經驗 불경 佛經
어깨견 肩 비단견 絹 보낼견 遣	이지러질결 缺		검할겸 兼 겸손할겸 謙				지름길경 徑

⑥ 慶競驚敬 溪季計界

석봉의 집에 **경사(慶)**가 **다투(競)**어 일어나니 모두들 **놀라(驚)**고 **공경하(敬)**더라. / 효성이 **시냇(溪)**물같이 **끝(季)** 없어 세속의 셈으로는 **셈할(計)** 수 없는 **지경(界)**이더라.

 뜻을 생각하며 읽어 봅시다.

경사	경기	경탄	공경
慶事	競技	驚歎	恭敬

계곡	계절	계획	경계
溪谷	季節	計劃	境界

慶	競	驚	敬	溪	季	計	界
경사경	다툴경	놀랄경	공경할경	시내계	끝계	셈할계	지경계
경사에 사슴을 데리고 가 축하함	두 사람이 말로 승부를 냄	말이 놀라 앞발을 들고 서 있음	회초리를 들고 성심껏 가르치는 사람	골짜기(奚)에서 흐르는 물	곡식의 싹(子)은 어리니 끝을 말함	십을 단위로 외쳐 헤아림	경계나 간격이 있는 밭
록심쇠	립형둘	경마	구복	수해	화자	언십	전개
사슴록 鹿 마음심 心 천천히걸을 쇠 夊	설립 立 맏형 兄	말마 馬	진실로구 苟 (초구) 칠복 攵	물수 氵 큰배해 奚 (조요대)	벼화 禾 아들자 子	말씀언 言 열십 十	밭전 田 낄개 介
경연 慶宴 경축 慶祝	경영 競泳 경쟁 競爭 경주 競走	경이 驚異	경건 敬虔 경례 敬禮 경로 敬老 경애 敬愛 경외 敬畏	계류 溪流	계씨 季氏 계간 季刊	계량 計量 계산 計算 계교 計巧	시계 視界 한계 限界
벼슬경 卿	마침내경 竟 지경경 境 거울경 鏡 (감 鑑)	잠깐경 頃 기울어질경 傾	경계할경 警		계수나무계 桂	열계 啓 층계계 階	이을계 繼 이을계 系 걸릴계 係

1. ㄱ 69

7 鷄古孤苦 故固考告

닭(鷄)은 예(古)로부터 주인이 외롭(孤)고 괴로울(苦) 때 대신 울어 그 심정을 위로했다. / 그런 연고(故)로 동화에선 주인의 굳은(固) 결심을 헤아려(考) 모두에게 알리(告)는 전령사로 표현되기도 한다.

 뜻을 생각하며 읽어 봅시다.

계관　　고금　　고독　　고민
鷄冠　古今　孤獨　苦悶

고향　　고수　　고려　　고백
故鄕　固守　考慮　告白

鷄	古	孤	苦	故	固	考	告
닭계	예고	외로울고	괴로울고	연고고	굳을고	헤아릴고	알릴고
배가 큰 새	10대에 걸쳐 입으로 전해 온 오래된 일	단 하나 남겨진 오이 같은 외톨이	씀바귀(艹)가 오래되면 씀	옛일을 들추어 까닭을 캠	옛것을 지킴	노인은 매사에 깊이 헤아림	소를 제물로 바쳐 신께 아룀
해조	십구	자과	초고	고복	위고	로고	우구
큰배해 奚 (조요대) 새조 鳥	열십 十 입구 口	아들자 子 오이과 瓜	풀초 艹 예고 古	예고 古 칠복 攵	에울위 囗 예고 古	늙을로 耂 숨막힐고 丂	소우 牛 입구 口
계란 鷄卵 계명 鷄鳴	고가 古家 고궁 古宮 고전 古典 고가 古歌 고아 古雅	고아 孤兒	고난 苦難 고역 苦役 고전 苦戰 고심 苦心	고인 故人 고의 故意 무고 無故	고질 固質 고집 固執 고착 固着 고정 固定	고찰 考察 고안 考案 고사 考查 선고 先考	고별 告別 고발 告發 통고 通告
경계할계 戒 기계계 械	마를고 枯 시어미고 姑						창고고 庫 볏집고 稿 돌아볼고 顧

⑧ 曲穀困坤 功空共公

벼의 머리가 **굽을**(曲) 때까지 **곡식**(穀)을 키우기에 **곤했**(困)던 **땅**(坤)은 / 추수가 끝나자 그 **공**(功)으로 한 상 잘 대접받으니 **비었**(空)던 가슴이 채워졌다. 그러니 땅도 농부도 모두 **함께**(共) **공평하**(公)구나.

 뜻을 생각하며 읽어 봅시다.

曲直　穀食　困難　乾坤
곡직　곡식　곤란　건곤

功勞　空虛　共同　公正
공로　공허　공동　공정

曲	穀	困	坤	功	空	共	公
굽을곡	곡식곡	곤할곤	땅곤	공공	빌공	함께공	공평할공
대를 구부려 만든 광주리 모양	껍질을 가진 모든 곡식	사방이 막힌 나무의 모습	만물을 길러 자라게 하는 땅	연장으로 힘 들여 일한 결과	굴은 속이 비어 있음	많은 사람이 두 손을 맞잡고 받듦	사사로움과 등짐
곡	사멱1화수	위목	토신	공력	혈공	육8	8사
	선비사 士 덮을멱 冖 벼화 禾 칠수 殳	에울위 囗 나무목 木	흙토 土 납신 申	장인공 工 힘력 力	굴혈 穴 장인공 工	쌓을육 坴 여덟팔 八	여덟팔 八 사사사 厶
곡절 曲折 곡조 曲調	곡가 穀價 곡물 穀物 곡주 穀酒 곡창 穀倉	곤경 困境 곤궁 困窮 춘곤 春困	곤전 坤殿	공과 功過 공덕 功德 공명 功名 공신 功臣 공력 功力	공간 空間 공기 空器 공백 空白 공중 空中 공론 空論	공모 共謀 공범 共犯 공용 共用 공유 共有 공학 共學	공중 公衆 공개 公開 공고 公告 공금 公金
울곡 哭				칠공 攻 두려울공 恐 바칠공 貢		이바지할공 供 공손할공 恭	구멍공 孔

⑨ 果 課 科 過　官 觀 關 光

과실(果)의 수확에 세금을 매기(課)는 문제를 과거의 시험 과목(科)에 넣은 것은 지나가(過)는 일시적인 일인가? / 아니면 벼슬(官)의 속성으로 볼(觀) 때 부패하기 쉬우니 뇌물에 대한 마음의 빗장(關)과 사심에 대한 경계의 빛(光)으로 삼고자 함인가?

 뜻을 생각하며 읽어 봅시다.

과실　과세　과목　과로
果實　課稅　科目　過勞

관리　관람　관계　광채
官吏　觀覽　關係　光彩

果	課	科	過	官	觀	關	光
과실과	매길과	과목과	지날과	벼슬관	볼관	빗장관	빛광
나무에 과일이 달린 모양	학업의 결과(果)를 말로 물음	곡식을 말로 됨	입이 삐뚜러진 사람의 말이 잘못 나감	많은 사람들의 일을 다스리는 집	황새가 먹이를 찾으려고 자세히 봄	베틀의 북에 실꿰듯 문을 걸어잠금	사람이 햇불을 든 모습
일목	언과	화두	쾌착	면퇴	관견	문관	광
날일 日 나무목 木	말씀언 言 과실과 果	벼화 禾 말두 斗	입삐뚜러질 쾌 咼 쉬엄쉬엄갈 착 辶	집면 宀 쌓일퇴 𠂤	황새관 雚 (초구둘추) 볼견 見	문문 門 북에실꿸관 丱	
과감 果敢 과연 果然 과수원 果樹園	과업 課業 과정 課程 과제 課題 부과 賦課	과객 科客 과장 科場 죄과 罪科	과분 過分 과식 過食 과오 過誤 과대 過大	관계 官界 관민 官民 관청 官廳 고관 高官	관객 觀客 관찰 觀察 관념 觀念 관광 觀光	관건 關鍵 관련 關聯 관여 關與 관문 關門	광경 光景 광복 光復 광채 光彩 광택 光澤 광음 光陰
		자랑할과 誇 적을과 寡	외성곽 郭	대롱관 管 집관 館 갓관 冠	꿸관 貫 익숙할관 慣 용서할관 寬		

⑩ 廣交校教 橋究救求

사람을 **넓게**(廣) **사귀**(交)라고 **학교**(校)에선 **가르치고**(敎) / 군에선 **다리**(橋)를 잘 **연구**(究)하면 위기에 처한 아군을 **구원할**(救) 수 있는 방법을 **구할**(求) 수 있다고 가르친다.

 뜻을 생각하며 읽어 봅시다.

광대	교제	교실	교사
廣大	交際	校室	敎師

교량	연구	구원	구직
橋梁	硏究	救援	求職

廣	交	校	敎	橋	究	救	求
넓을광	사귈교	학교교	가르칠교	다리교	연구할구	구원할구	구할구
땅처럼 큰 집	사람이 걸을 때 두 발이 교차하는 모양	나무를 바로 잡듯 그릇된 곳을 고쳐줌	회초리를 쳐 가르쳐 인도함	개울 위에 높게 나무를 걸쳐놓은 것	구불구불한 굴 속을 끝 까지 살핌	나쁜 길로 가는 자를 쳐서라도 구함	모피로 만든 덧옷 모양
엄황	두부	목교	교복	목교	혈구	구복	1수주
집엄 广 누를황 黃	머리부분두 亠 아비부 父	나무목 木 사귈교 交	인도할교 攵 칠복 攵	나무목 木 큰키나무교 喬	굴혈 穴 아홉구 九	구할구 求 칠복 攵	한일 一 물수 水 불똥주 丶
광고 廣告 광야 廣野 광의 廣義 광장 廣場 광활 廣闊	교분 交分 교우 交友 교류 交流 교착 交錯 교역 交易	교가 校歌 교기 校旗 교류 校舍 교정 校庭 교훈 校訓	교과 敎科 교리 敎理 교육 敎育 교훈 敎訓	교각 橋脚	구명 究明 탐구 探究	구국 救國 구급 救急 구조 救助 구호 救護	구도 求道 구애 求愛 구직 求職 구걸 求乞 구형 求刑
쇠돌광 鑛 괴이할괴 怪 덩어리괴 塊 부끄러워할 괴 愧	무너질괴 壞 걸괘 掛	들교 郊 비교할교 較		공교로울교 巧 바로잡을교 矯			공구 球

⑪ 久舊句國　君軍郡卷

　오래(久)된 옛(舊) 글귀(句)에 나라(國)가 흥하려면 / 임금(君)은 군사(軍)를 잘 훈련시켜 고을(郡)을 튼튼히 지키며 책(卷)을 많이 편찬하여 백성의 심성을 맑게 해야 한다고 했다.

 뜻을 생각하며 읽어 봅시다.

유구　구식　구절　국가
悠久　舊式　句節　國家

군신　군인　군수　권수
君臣　軍人　郡守　卷數

久	舊	句	國	君	軍	郡	卷
오랠구	예구	글귀구	나라국	임금군	군사군	고을군	책권
사람을 뒤에서 당기는 모양	머리에 털이 있는 갈대 같은 절구 모양	말할 때 입김이 얽힌 듯이 구부러짐	국민들이 거주하는 일정한 범위	백성을 다스리기 위해 명령하는 사람	전차의 주위를 둘러싼 모양	임금의 명을 받고 다스리는 고을	대쪽을 꿰어 두루마리처럼 만든 책
구	초추구	포구	위혹	윤구	멱차	군읍	권절
	풀초 艸 새추 隹 절구구 臼	쌀포 勹 입구 口	에울위 囗 혹혹 或 (과구1)	다스릴윤 尹 입구 口	덮을멱 冖 수레차 車	임금군 君 고을읍 阝	움켜쥘권 龹 마디절 卩
구원 久遠	구면 舊面 구정 舊情	명구 名句 어구 語句	국기 國旗 국력 國力 국민 國民	군림 君臨 군자 君子 낭군 郎君	군기 軍旗 군기 軍紀 군복 軍服	군정 郡政 군청 郡廳	권두 卷頭 권말 卷末
언덕구 丘 두려워할구 懼 얽을구 構	나눌구 區 몰구 驅 갈매기구 鷗	진실로구 苟 잡을구 拘 개구 狗 갖출구 具 함께구 俱	판국 局 국화국 菊	무리군 群		굽을굴 屈 집궁 宮 몸궁 躬 궁할궁 窮	문서권 券 주먹권 拳

제2장 기초 한자

⑫ 權勸貴歸 均極近勤

권세(權) 잡기를 권하(勸)는 것은 내게 귀한(貴) 것이 돌아오(歸)길 바래서가 아니라, / 너라면 사람을 고르게(均) 뽑고 서로를 지극히(極) 가깝게(近) 모두를 부지런히(勤) 일하게 할 수 있으리라 믿기 때문이다.

 뜻을 생각하며 읽어 봅시다.

권세 권장 귀천 귀향
權勢 勸獎 貴賤 歸鄕

균등 극진 근래 근면
均等 極盡 近來 勤勉

權	勸	貴	歸	均	極	近	勤
권세권	권할권	귀할귀	돌아올귀	고를균	지극할극	가까울근	부지런할근
황새가 먹이를 찾듯이 저울대 눈을 살핌	황새처럼 착한 행동을 하길 권함	삼태기에 돈을 담아 소중히 간직함	친가에 머물었던 여자가 시댁으로 감	땅을 평평하게 고름	용마루 올리는 작업을 빨리 해야 함	물건의 무게를 달 때 눈금을 조금씩 이동	진흙밭은 더욱 힘들여 일해야 함
목관	관력	궤패	퇴지추	토균	목극	근착	근력
나무목 木 황새관 雚 (초구둘추)	황새관 雚 힘력 力	삼태기궤 凷 조개패 貝	쌓일퇴 自 그칠지 止 비추 帚	흙토 土 고를균 勻	나무목 木 빠를극 亟 (고구우1)	도끼근 斤 쉬엄쉬엄갈 착 辶	노란진흙 근 堇 힘력 力
권리 權利 권익 權益 권좌 權座 권모 權謀	권고 勸告 권농 勸農 권유 勸誘 권선 勸善	귀중 貴重 귀중 貴中 귀하 貴下	귀가 歸家 귀순 歸順 귀결 歸結 귀화 歸化	균일 均一 균형 均衡	극도 極度 극심 極甚 극치 極致 남극 南極	근교 近郊 근린 近隣 근처 近處 근친 近親 근사 近似	근검 勤儉 근로 勤勞 근무 勤務
	그럴 厥		부르짖을규 叫 법규 規 안방규 閨	버섯균 菌	이길극 克 심할극 劇		겨우근 僅 삼갈근 謹

⑬ 根今禁急 給及起記

 뿌리(根)내린 자식에 대한 후원을 **이제**(今)는 **금하고**(禁) 더 **급한**(急) 곳을 찾자. / 그리하여 앞으로 **줄**(級) 도움이 바르게 **미치**(及)도록 **일어나**(起) 직접 소년 소녀 가장을 찾아 낱낱의 사정을 **기록해**(記) 두자.

 뜻을 생각하며 읽어 봅시다.

<u>근 원</u>　<u>금 시</u>　<u>금 지</u>　<u>완 급</u>
根源　今時　禁止　緩急

<u>공 급</u>　<u>급 제</u>　<u>기 상</u>　<u>기 록</u>
供給　及第　起床　記錄

根	今	禁	急	給	及	起	記
뿌리근	이제금	금할금	급할급	줄급	미칠급	일어날기	기록할기
나무의 아래 끝 부분에 그친 것	세월이 쌓여 지금에 이름	신(示)을 모신 수풀 근처에는 못 들어감	빨리 따라가려고 서두르는 마음	실을 이어 길게 해줌	앞사람을 뒤 따라잡음	달리기 위해 몸을 일으킴	말의 실마리를 정리함
목간	인1격	목둘시	도계심	사합	별격우	주기	언기
나무목 木 머물간 艮	사람인 人 한일 一 기역격 ㄱ	나무목 木 보일시 示	칼도 刀 돼지머리계 ㅋ 마음심 心	실사 糸 합할합 合	뼈칠별 丿 기역격 ㄱ 또우 又	달아날주 走 몸기 己	말씀언 言 몸기 己
근간 根幹 근절 根絶 근성 根性 근치 根治	금년 今年 금명간 今明間 고금 古今	금기 禁忌 금연 禁煙 금주 禁酒	급구 急求 급류 急流 급조 急造 급증 急增 급파 急派	급유 給油 월급 月給	보급 普及	기동 起動 기립 起立 기복 起伏 기점 起點	기명 記名 기사 記事 기억 記憶
	거문고금 琴	비단금 錦 (백 帛) 날짐승금 禽			등급급 級 즐길긍 肯	벼리기 紀 꺼릴기 忌	

제2장 기초 한자

⑭ 其基期幾 氣技旣吉

양지 바른 땅을 구해 **그**(其) **터**(基)에 실버타운을 짓길 **바라고**(期) **몇**(幾) 십 년을 준비했다. / 온 **기운**(氣)을 쏟고 정성과 **재주**(技)를 **이미**(旣) 다 했으니 이제는 **길한**(吉) 일만 남았을 거다.

 뜻을 생각하며 읽어 봅시다.

기간	기초	기대	기일
其間	基礎	期待	幾日

기운	기예	기존	길흉
氣運	技藝	旣存	吉凶

其	基	期	幾	氣	技	旣	吉
그기	터기	바랄기	몇기	기운기	재주기	이미기	길할길
상 위에 둔 키의 모양	키로 흙을 날라 터를 닦음	달이 해를 정면으로 만나 보름이 되는 때	적은 수로 막음	밥을 지을 때 나는 연기	손으로 가려 내는 재주	고소한 음식을 숨막히게 먹어 배부름	선비의 입에서 나온 말은 좋은 말
기	기토	기월	요둘술	기미	수지	흡기	사구
	그기 其 흙토 土	그기 其 달월 月	작을요 幺 개술 戌	기운기 气 氣 쌀미 米	손수 扌 지탱할지 支	밥고소할흡 皀 목멜기 旡	선비사 士 입구 口
기중 其中 기타 其他	기금 基金 기반 基盤 기본 基本 기준 基準	기약 期約 무기 無期 소년기 少年期	기미 幾微 기하 幾何 기사 幾死	기색 氣色 기류 氣流 기화 氣化 기관 氣管	기교 技巧 기능 技能 기사 技師 기술 技術	기간 旣刊 기결 旣決 기득 旣得 기왕 旣往	길운 吉運 길조 吉兆 길일 吉日 길조 吉鳥 대길 大吉
기기 旗 속일기 欺 (사 詐)	어찌기 豈		경기기 畿 베틀기 機 그릇기 器 주릴기 飢	버릴기 棄 빌기 祈 꾀할기 企	기이할기 奇 부칠기 寄 말탈기 騎	긴요할긴 緊	

확인과 연습

1 뜻과 음을 외며 내용을 머리 속에 그려 봅시다.

1. 街佳家價　歌加可假
2. 各脚間看　渴減感敢
3. 江降講强　開個皆客
4. 更去巨居　擧建劍格
5. 堅決結潔　景耕輕經
6. 慶競驚敬　溪季計界
7. 鷄古孤苦　故固考告
8. 曲穀困坤　功空共公
9. 果課科過　官觀關光
10. 廣交校敎　橋究救求
11. 久舊句國　君軍郡卷
12. 權勸貴歸　均極近勤
13. 根今禁急　給及起記
14. 其基期幾　氣技旣吉

2 자의 모양을 생각하며 읽어 봅시다.

1. **거리**가 **아름다운** 마을의 **집**은 집 **값**이 자꾸 올라 / 마을 사람들의 **노래** 소리가 점점 **더** 신명난다는 말은 **옳은** 말이지 **거짓**말이 아니다.

2. 오아시스를 발견하고 서로 뛰어들려는 **각각**의 **다리 사이**로 **보니** 시궁창 물은 양반이라. / **목마름**을 덜고자 허덕이던 조금 전까지의 **느낌**이 **감히** 되살아나지 않는구나.

3. 뜻한 바 있어 **강(江)**가로 **내려**가 오두막을 짓고 학문을 **익히**고 몸을 **굳세**게 단련하니 / 심신이 바다같이 **열리**고 맺힌 원한이 **낱낱**이 **다** 풀려 이제는 원수도 **손**으로 맞겠다.

4. 나라를 되찾자 **다시** 고향으로 돌아**가 커**서 조국의 앞날을 짊어질 새싹들과 함께 **살며** / 그들을 위해 쌍수를 들어 찬성하는 주민들과 함께 학교를 **세우**고 **칼**을 뽑아 뜻이 하늘에 **이르**도록 빌었다.

5. 인연을 **굳게 정하여 맺으려면** 몸과 마음을 **깨끗이** 닦아야 한다. / 그러기 위해 **볕** 바른 땅을 구해 낮에는 **밭갈고** 밤에는 **가벼운 책**을 읽도록 하라.

6. 석봉의 집에 **경사**가 **다투어** 일어나니 모두들 **놀라고 공경**하더라. / 효성이 **시냇물같이 끝**없어 세속의 셈으로는 **셈할** 수 없는 **지경**이더라.

7. **닭**은 **예**로부터 주인이 **외롭고 괴로울** 때 대신 울어 그 심정을 위로했다. / 그런 **연고**로 동화에선 주인의 **굳**은 결심을 **헤아려** 모두에게 **알리**는 전령사로 표현되기도 한다.

8. 벼의 머리가 **굽을** 때까지 **곡식**을 키우기에 **곤했던 땅**은 / 추수가 끝나자 그 **공**으로 한 상 잘 대접받으니 **비었던** 가슴이 채워졌다. 그러니 땅도 농부도 모두 **함께 공평하**구나.

9. **과실**의 수확에 세금을 **매기**는 문제를 과거의 시험 **과목**에 넣은 것은 **지나가**는 일시적인 일인가? / 아니면 **벼슬**의 속성으로 볼 때 부패하기 쉬우니 뇌물에 대한 마음의 **빗장**과 사심에 대한 경계의 **빛**으로 삼고자 함인가?

10. 사람을 **넓게 사귀**라고 학교에선 **가르치고** / 군에선 **다리**를 잘 **연구**하면 위기에 처한 아군을 **구원할** 수 있는 방법을 **구할** 수 있다고 가르친다.

11. **오래된 옛 글귀**에 **나라**가 흥하려면 / **임금**은 **군사**를 잘 훈련시켜 **고을**을 튼튼히 지키며 **책**을 많이 편찬하여 백성의 심성을 맑게 해야 한다고 했다.

12. **권세** 잡기를 **권하**는 것은 내게 **귀한** 것이 **돌아오**길 바래서가 아니라. / 너라면 사람을 **고르게 뽑**고 서로를 **지극히 가깝게** 모두를 **부지런히** 일하게 할 수 있으리라 믿기 때문이다.

13. **뿌리**내린 자식에 대한 후원을 **이제**는 **금하**고 더 **급한** 곳을 찾자. / 그리하여 앞으로 **줄** 도움이 바르게 **미치도록 일어나** 직접 소년 소녀 가장을 찾아 낱낱의 사정을 **기록해** 두자.

14. 양지 바른 땅을 구해 **그 터**에 실버타운을 짓길 **바라고 몇** 십 년을 준비했다. / 온 **기운**을 쏟고 정성과 **재주**를 **이미** 다 했으니 이제는 **길한** 일만 남았을 거다.

 그림과 내용을 상상하고 뜻과 음을 외며 한자를 써 봅시다.

街	佳	家	價	歌	加	可	假
거리가	아름다울가	집가	값가	노래가	더할가	옳을가	거짓가
街	佳	家	價	歌	加	可	假
행규	인규	면시	인아패	가둘흠	력구	1구궐	인가

各	脚	間	看	渴	減	感	敢
각각각	다리각	사이간	볼간	목마를갈	덜감	느낄감	감히,용감할감
各	脚	間	看	渴	減	感	敢
치구	월거절	문일	수목	수갈	수술구	함심	공이복

80 제2장 기초 한자

 그림과 내용을 상상하고 뜻과 음을 외며 한자를 써 봅시다.

江	降	講	强	開	個	皆	客
강강	내릴강	익힐강	굳셀강	열개	낱개	다개	손객
江	降	講	强	開	個	皆	客
수공	부치과	언구	궁구충	문견	인고	비백	면각

更	去	巨	居	擧	建	劍	格
다시갱	갈거	클거	살거	들거	세울건	칼검	이를격
更	去	巨	居	擧	建	劍	格
1월별을	토사	거	시고	여수	율인	첨도	목각

 그림과 내용을 상상하고 뜻과 음을 외며 한자를 써 봅시다.

堅	決	結	潔	景	耕	輕	經
굳을견	정할결	맺을결	깨끗할결	별경	밭갈경	가벼울경	책경
堅	決	結	潔	景	耕	輕	經
신우토	수쾌	사길	수갈사	일경	뢰정	차경	사경

慶	競	驚	敬	溪	季	計	界
경사경	다툴경	놀랄경	공경할경	시내계	끝계	셈할계	지경계
慶	競	驚	敬	溪	季	計	界
록심쇠	립형둘	경마	구복	수해	화자	언십	전개

 그림과 내용을 상상하고 뜻과 음을 외며 한자를 써 봅시다.

鷄	古	孤	苦	故	固	考	告
닭계	예고	외로울고	괴로울고	연고고	굳을고	헤아릴고	알릴고
鷄	古	孤	苦	故	固	考	告
해조	십구	자과	초고	고복	위고	로고	우구

曲	穀	困	坤	功	空	共	公
굽을곡	곡식곡	곤할곤	땅곤	공공	빌공	함께공	공평할공
曲	穀	困	坤	功	空	共	公
곡	사먹1화수	위목	토신	공력	혈공	육8	8사

 그림과 내용을 상상하고 뜻과 음을 외며 한자를 써 봅시다.

果	課	科	過	官	觀	關	光
과실과	매길과	과목과	지날과	벼슬관	볼관	빗장관	빛광
果	課	科	過	官	觀	關	光
일목	언과	화두	패착	면퇴	관견	문관	광

廣	交	校	敎	橋	究	救	求
넓을광	사귈교	학교교	가르칠교	다리교	연구할구	구원할구	구할구
廣	交	校	敎	橋	究	救	求
엄황	두부	목교	교복	목교	혈구	구복	1수주

그림과 내용을 상상하고 뜻과 음을 외며 한자를 써 봅시다.

久	舊	句	國	君	軍	郡	卷
오랠구	예구	글귀구	나라국	임금군	군사군	고을군	책권
久	舊	句	國	君	軍	郡	卷
구	초추구	포구	위혹	윤구	먹차	군읍	권절

權	勸	貴	歸	均	極	近	勤
권세권	권할권	귀할귀	돌아올귀	고를균	지극할극	가까울근	부지런할근
權	勸	貴	歸	均	極	近	勤
목관	관력	궤패	퇴지추	토균	목극	근착	근력

1. ㄱ

그림과 내용을 상상하고 뜻과 음을 외며 한자를 써 봅시다.

根	今	禁	急	給	及	起	記
뿌리근	이제금	금할금	급할급	줄급	미칠급	일어날기	기록할기
根	今	禁	急	給	及	起	記
목간	인1격	목둘시	도계심	사합	별격우	주기	언기

其	基	期	幾	氣	技	旣	吉
그기	터기	바랄기	몇기	기운기	재주기	이미기	길할길
其	基	期	幾	氣	技	旣	吉
기	기토	기월	요둘술	기미	수지	흡기	사구

② ㄴ, ㄷ, ㄹ

1 暖難男年 念怒農能

따뜻한(暖) 여름에는 살기가 어렵지(難) 않겠지만 지혜로운 사내(男)라면 해(年)를 넘길 준비를 한다. / 즉, 겨우살이를 생각(念)하고 미리 준비하면 춥고 배고파 성내(怒)는 가족들의 애처로움과 내년 농사(農)의 걱정을 능히(能) 떨칠 수 있다.

뜻을 생각하며 읽어 봅시다.

난방 곤란 남녀 연월
暖房 困難 男女 年月

염려 분노 농업 능력
念慮 憤怒 農業 能力

暖	難	男	年	念	怒	農	能
따뜻할난	어려울난	사내남	해년	생각념	성낼노	농사농	능할능
햇볕이 내리쬐어 어깨죽지가 축 늘어짐	진흙밭에 앉은 새는 날기 어려움	논에서 힘써 일하는 사람	곡식이 자라서 익는 기간	오늘에 이르기까지의 마음	학대받는 종(奴)의 얼굴에 나타난 마음	새벽부터 밭에 나가 일하는 것	곰을 뜻한 자. 곰은 발재주가 능함
일원	근추	전력	인과	금심	노심	곡진	사월비둘
날일 日 당길원 爰 (조1우)	진흙근 堇 새추 隹	밭전 田 힘력 力	사람인 人 걸을과 夊	이제금 今 마음심 心	종노 奴(녀우) 마음심 心	굽을곡 曲 별진 辰	사사사 厶 달월 月 비수비 匕
난대 暖帶 난로 暖爐	난관 難關 난망 難望 난제 難題 난처 難處 재난 災難	남매 男妹 남편 男便 득남 得男 장남 長男 미남 美男	연공 年功 연봉 年俸 연령 年齡 연상 年上 연례 年例	염원 念願	노기 怒氣 노호 怒號 노도 怒濤	농경 農耕 농촌 農村 농한기 農閑期	능율 能率 능수 能手
어찌나 那 대답할낙 諾		남녘남 南 들일납 納 각시낭 娘	견딜내 耐 곧내 乃 어찌내 奈 안내 內	편안할녕 寧	힘쓸노 努	짙을농 濃 뇌뇌 腦 괴로워할뇌 惱	진흙니 泥

❷ 多丹旦但 單短端斷

많은(多) 사람들은 새해가 되면 붉은(丹) 아침(旦) 해를 다만(但) 자신의 복을 빌러 맞으러 간다. / 그러나 광부는 달동네의 서민을 위해 홀(單)로 짧은(短) 곡괭이를 들고 막장의 끝(端)에서 석탄 덩어리를 끊어낸다(斷).

🌀 뜻을 생각하며 읽어 봅시다.

다소　　단풍　　원단　　단지
多少　丹楓　元旦　但只

단독　　장단　　단정　　단절
單獨　長短　端正　斷絶

多	丹	旦	但	單	短	端	斷
많을다	붉을단	아침단	다만단	홀단	짧을단	끝단	끊을단
어젯밤과 오늘밤이 거듭되면 날이 많음	채광을 위해 판 땅(一)의 갱도(冂)의 붉은 광석(丶)	지평선 위로 해가 떠오르는 모습	아침에 일어나면 사람은 단지 알몸뿐임	수레바퀴를 굴대에 하나로 묶은 모양	화살을 짧은 것을 재는 도구로 사용함	끝에 똑바로 섬	이어진 실을 자름
석둘	단	일1	인단	구둘갑1	시두	립단	계근
저녁석 夕		날일 日 한일 一	사람인 亻 아침단 旦	입구 口 갑옷갑 甲 한일 一	화살시 矢 콩두 豆	설립 立 실끝단 耑	이을계 㡭 도끼근 斤
다독 多讀 다량 多量 다복 多福 다각 多角 다망 多忙	단순 丹脣 단심 丹心	단모 旦暮	단서 但書 비단 非但	단가 單價 단수 單數 단색 單色 단신 單身	단발 短髮 단편 短篇 단거리 短距離 단점 短點	단아 端雅 단말 端末 단서 端緒 상단 上端	단교 斷交 단면 斷面 단수 斷水 단식 斷食 단안 斷案
차다 茶				층계단 段 (계階)		둥글단 團 큰단 亶 단단 壇 박달나무단 檀	

③ 達談答堂 當代待對

예절에 **통달한**(達) 사람은 윗분의 **말씀**(談)에 **대답하는**(答) 소리가 **집**(堂) 밖으로 나가지 않게 하고 / **마땅히**(當) 대신해야(代) 할 일을 할 때 **기다림**(待) 없이 **대답**(對)과 동시에 행동한다.

 뜻을 생각하며 읽어 봅시다.

통달	담화	답변	당숙
通達	談話	答辯	堂叔

당연	대신	대접	대답
當然	代身	待接	對答

達	談	答	堂	當	代	待	對
통달할달	말씀담	대답할답	집당	마땅할당	대신할대	기다릴대	대답할대
새끼양이 어미에게 걸어감	모닥불 곁에 둘러앉아 말함	대쪽에 쓴 글의 내용에 맞게 말함	높이 돋운 흙 위에 지은 집	밭의 값이 비슷하면 맞바꾸기 알맞음	주살로 잡은 짐승을 다른 사람이 주움	관청(寺)에 일보러 가서 서성거림	사람들이 촘촘히 앉아 법도에 따라 묻고 대답함
토양착	언화둘	죽합	상토	상전	인익	척사	착1촌
흙토 土 양양 羊 쉬엄쉬엄갈 辶	말씀언 言 불화 火	대죽 竹 합할합 合	높을상 尙 흙토 土	높을상 尙 밭전 田	사람인 亻 주살익 弋	자축거릴척 彳 절사, 관청시 寺	무성할착 丵 한일 一 마디촌 寸
달관 達觀 통달 通達 영달 榮達	담판 談判 담소 談笑 대담 對談	답사 答辭 답신 答信 답장 答狀 답례 答禮	당당 堂堂 당숙 堂叔 의사당 議事堂 불당 佛堂	당위 當爲 당국 當局 전당 典當	대독 代讀 대서 代書 대체 代替 대금 代金 고대 古代	대기 待機 대망 待望 대령 待令 대피 待避 환대 歡待	대면 對面 대좌 對坐 대항 對抗 대비 對比 대조 對照
	묽을담 淡 못담 潭 멜담 擔	논답 畓 밟을답 踏	당나라당 唐 엿당 糖	무리당 黨	빌릴대 貸 대대 臺	띠대 帶	떼대 隊

❹ 德到度道 島徒都圖

큰(德) 덕에 이른(到) 사람은 법도(度)에 어긋난 길(道)을 걸을까 경계하고, / 자신만의 섬(島) 속에서 허우적거리는 속된 무리(徒)들을 큰 도읍(都)으로 인도하여 스스로의 운명을 개척할 수 있는 밑 그림(圖)을 그리게 이끌어 준다.

 뜻을 생각하며 읽어 봅시다.

덕망　　도착　　도량　　도로
德望　到着　度量　道路

도서　　폭도　　도읍　　도서
島嶼　暴徒　都邑　圖書

德	到	度	道	島	徒	都	圖
큰덕	이를도	법도도	길도	섬도	무리도	도읍도	그림도
거동이 단정하고 마음이 곧음을 뜻함	무기를 지니고 목적지에 무사히 이름	여러 사람이 손(又)으로 헤아려 정함	사람(首)이 마땅이 가야 할 길	바다 위에 새가 앉는 곳	땅 위를 걷는 사람이 필요에 따라 무리를 지음	고을 중에서 많은 사람이 사는 곳	어려운 나라 일을 계획함
척직심	지도	엄입우	수착	조산	척주	자읍	위모회
자축거릴척 彳 곧을직 直 마음심 心	이를지 至 칼도 刂	집엄 广 이십입 廾 또우 又	머리수 首 쉬엄쉬엄갈 착 辶	새조 鳥 메산 山	자축거릴척 彳 달아날주 走	놈자 者 고을읍 阝	에울위 囗 한글모 母 돌회 回
덕행 德行 덕담 德談	도달 到達 도래 到來 도처 到處	도외 度外 도량형 度量衡	도덕 道德 도중 道中 도장 道場 도의 道義	반도 半島	도당 徒黨 낭도 郎徒	도심 都心 도매 都買 도회지 都會地 도합 都合	도시 圖示 도해 圖解 의도 意圖 지도 地圖
달아날도 逃 (주 走) 복숭아도 桃	집적거릴도 挑 뛸도 跳 거꾸로도 倒	건널도 渡 (제 濟, 섭 涉)	길도 途 이끌도 導	질그릇도 陶 벼도 稻	도둑도 盜		

⑤ 讀獨毒督 突洞童同

많은 책을 **읽고**(讀) **홀로**(獨) 사색하기를 즐기면 세속의 **독한**(毒) 기운이 정화되어 스스로를 **살필**(督) 수 있고 / **갑자기**(突) 하는 일이 없어져 **산골**(洞)의 **아이**(童)와 **한가지**(同)로 순박한 삶을 살 수 있다.

 뜻을 생각하며 읽어 봅시다.

독서 독립 독약 감독
讀書 獨立 毒藥 監督

돌격 동굴 동화 동감
突擊 洞窟 童話 同感

讀	獨	毒	督	突	洞	童	同
읽을독	홀로독	독할독	살필독	갑자기돌	골동	아이동	한가지동
장사꾼이 소리내어 물건을 팔듯 소리내어 책을 읽음	개와 닭은 잘 싸우므로 따로 둠	사람을 음란하게 만드는 풀	어린아이는 잘 보살펴야 함	개가 구멍에서 갑자기 튀어나옴	물이 있는 곳에 함께 모여 삶	마을이 서면 아이가 생김	사람의 입은 기능이 같음
언매	견촉	툐무	숙우목	혈견	수동	립리	경1구
말씀언 言 팔매 賣(사망패)	개견 犬 큰닭촉 蜀 (망포충)	흙토 主 말무 母	콩숙 未 또우 又 눈목 目	굴혈 穴 개견 犬	물수 氵 한가지동 同	설립 立 마을리 里	멀경 冂 한일 一 입구 口
낭독 朗讀 이두 吏讀	독자 獨自 독상 獨床 독신 獨身	독부 毒婦 독살 毒殺 독성 毒性 독기 毒氣 독종 毒種	독찰 督察 독려 督勵 독촉 督促	돌변 突變 돌연 突然 돌출 突出 돌진 突進 돌파 突破	동구 洞口 동장 洞長 공동 空洞 통찰 洞察	동심 童心 동안 童顔 동요 童謠	동의 同意 동등 同等 동족 同族 동지 同志 동행 同行
			도타울독 篤 도타울돈 敦 돼지돈 豚				구리동 銅 오동나무동 棟

⑥ 冬動頭鈍　得等登燈

명나라를 응징하는 것이 마땅하나 **겨울**(冬)에는 몸을 **움직이는**(動) 것도 불편하고 **머리**(頭)의 회전도 **둔해**(鈍)진다. / 그래서 **얻는**(得) 것이 별로 없을 듯하니 토벌의 **무리**(等)를 이끌고 원정에 **오르기**(登) 전에 **등잔**(燈)을 밝혀놓고 숙고해 봄이 옳다.

🌀 뜻을 생각하며 읽어 봅시다.

동면　동작　두각　둔탁
冬眠　動作　頭角　鈍濁

득실　등급　등산　등잔
得失　等級　登山　燈盞

冬	動	頭	鈍	得	等	登	燈
겨울동	움직일동	머리두	둔할둔	얻을득	무리등	오를등	등잔등
맨 뒤에 오는 물이 어는 계절	힘을 들여 무거운 물건을 옮김	제기처럼 높은 곳에 있는 소중한 머리	쇠붙이를 모아 만든 칼날이 잘 들지 않음	걸어다니다 재물을 손에 넣음	관청에서 대쪽으로 된 서류를 정리함	제기는 높은 곳에 있어 걸어올라가 꺼냄	불을 켜서 높은 곳에 올려 밝게 비춤
치빙	중력	두혈	금둔	척일1촌	죽사	발두	화등
뒤져올치 夂 얼음빙 冫	무거울중 重 힘력 力	콩두 豆 머리혈 頁	쇠금 金 두꺼울둔 屯	자축거릴척 彳 날일 日 한일 一 마디촌 寸	대죽 竹 절사 寺	걸을발 癶 콩두 豆	불화 火 오를등 登
동기 冬期 동복 冬服 동지 冬至 월동 越冬	동력 動力 동요 動搖 동란 動亂	두건 頭巾 두발 頭髮 두통 頭痛 두령 頭領 두서 頭緖	둔감 鈍感 둔기 鈍器 둔재 鈍才 둔화 鈍化 우둔 愚鈍	득점 得點 득표 得票 득의 得意 득도 得道	등수 等數 등외 等外 등위 等位 등가 等價	등극 登極 등기 登記 등록 登錄 등교 登校	등대 燈臺 등유 燈油 등화가친 燈火可親 등촉 燈燭
동녘동 東 얼동 凍							

7 落樂亂卵　浪郎來冷

과거에 **떨어진**(落) 울적함을 달래려고 **즐길**(樂) 거리를 찾아 나선 사내는 마음만 더 **어지러워**(亂) 강가를 찾아갔다가 큰 **알**(卵) 하나를 발견했다. / **물결**(浪)에 밀리는 알을 주운 **사내**(郎)는 그것을 집으로 가져 **오니**(來) **차갑던**(冷) 가슴이 따뜻해졌다.

 뜻을 생각하며 읽어 봅시다.

타락	오락	혼란	산란
墮落	娛樂	混亂	産卵

낭비	낭군	내일	냉동
浪費	郎君	來日	冷凍

落	樂	亂	卵	浪	郎	來	冷
떨어질락	즐길락	어지러울란	알란	물결랑	사내랑	올래	찰랭
초목의 잎이 물방울 떨어지듯 떨어짐	많은 악기로 연주하는 음악	어지럽게 얽힌 실을 풀고 정리함	물고기 알집 둘 모양	물이 조용히 찰랑거림	마을에서 어진 일을 하는 사람	보리 이삭이 열려 있는 모양	명령이 얼음처럼 참
초수각	요백요목	란을	묘주둘	수량	량읍	목인둘	빙령
풀초 艹 물수 氵 각각각 各	작을요 幺 흰백 白 작을요 幺 나무목 木	다스릴란 𤔔 (조절경사우) 새을 乙	토끼묘 卯 불똥주 丶	물수 氵 어질량 良	어질량 良 고을읍 阝	나무목 木 사람인 人	얼음빙 冫 명령할령 令
낙마 落馬 낙상 落傷 낙선 落選 낙하 落下 낙성 落成	낙원 樂園 악대 樂隊 악성 樂聖 요산요수 樂山樂水	난국 亂局 난립 亂立 난맥 亂脈 난무 亂舞 난조 亂調	난생 卵生 난형 卵形 계란 鷄卵	낭인 浪人 낭설 浪說 맹랑 孟浪	낭자 郎子 시랑 侍郎	내객 來客 내도 來到 내력 來歷 내방 來訪 내년 來年	냉각 冷却 냉기 冷氣 냉대 冷待 냉소 冷笑 냉방 冷房
벌일라 羅 물락 洛 이을락 絡		난초란 蘭 난간란 欄 빛날란 爛	쪽람 藍 물넘칠람 濫 볼람 覽		밝을랑 朗 행랑랑 廊		

2. ㄴ, ㄷ, ㄹ

⑧ 略良量兩 凉旅麗歷

복잡한 것을 **간략하게**(略) 악한 것을 어질게(良) 헤아릴(量) 수 있는 두(兩) 가지의 장점만 갖춘다면 / 서늘한(凉) 가을 들판에 홀로 선 나그네(旅)에게도 곱게(麗) 지낼(歷) 수 있는 여유가 생길 것이다.

뜻을 생각하며 읽어 봅시다.

| 간략 | 양호 | 계량 | 양반 |
| 簡略 | 良好 | 計量 | 兩班 |

| 청량 | 여객 | 고려 | 이력 |
| 淸凉 | 旅客 | 高麗 | 履歷 |

略	良	量	兩	凉	旅	麗	歷
간략할략	어질량	헤아릴량	두량	서늘할량	나그네려	고울려	지낼력
밭의 경계를 발걸음 수로 적당히 정함	곡식을 체로 가려내는 모양	물건의 무게를 잼	칸막이를 한 양쪽 칸에 물건이 든 모양	물가의 높은 언덕	군기 밑에 많은 사람이 따름	사슴들이 나란히 떼지어 가는 모습	긴 세월에 걸쳐 발자취를 남김
전각	주간	일1리	1건입둘	수경	방인씨	1경주둘록	엄화둘지
밭전 田 각각각 各	불똥주 丶 머물간 艮	날일 日 한일 一 마을리 里	한일 一 수건건 巾 들입 入	물수 氵 서울경 京	모방 方 사람인 人 성씨씨 氏	한일 一 멀경 冂 불똥주 丶 사슴록 鹿	굴바위엄 厂 벼화 禾 그칠지 止
약도 略圖 약력 略歷 약식 略式 계략 計略	양서 良書 양호 良好 양민 良民 양순 良順 양식 良識	양산 量産 사량 思量 대량 大量	양가 兩家 양면 兩面 양친 兩親	납량 納凉 처량 凄凉	여행 旅行 여관 旅館 여비 旅費	미려 美麗 산고수려 山高秀麗	역사 歷史 역대 歷代 역임 歷任 역역 歷歷
노략질할략 掠		양식량 糧		들보량 梁 살필량 諒		힘쓸려 勵 생각할려 慮	책력력 曆

⑨ 連練列烈 裂劣令領

전통 검법의 맥을 **잇고**(連) 비법을 **익히기**(練) 위한 피나는 수련 끝에 **벌여둔**(列) 일을 감당할 **매운**(烈) 솜씨를 익혔다. / 가슴을 **찢을**(裂) 듯한 훈련을 견딘 덕분에 **용렬했**(劣)던 성품도 만인을 **명령할**(令) 수 있는 **우두머리**(領)의 자질로 바뀌었다.

뜻을 생각하며 읽어 봅시다.

연속	연습	열거	맹렬
連續	練習	列擧	猛烈

파열	졸렬	명령	두령
破裂	拙劣	命令	頭領

連	練	列	烈	裂	劣	令	領
이을련	익힐련	벌일렬	매울렬	찢을렬	용렬할렬	명령할령	우두머리령
수레가 잇달아 줄지어 감	실을 골라서 분별해 내는 일을 계속함	칼로 짐승의 살을 발라내어 벌려놓음	불이 번져 연기가 매움	옷을 벌려 갈가리 찢음	힘이 적음	사람을 모아 무릎을 꿇려 명령함	명령은 좋은 머리에서 나옴
차착	사간	사도	렬화	렬의	소력	인1절	령혈
수레차 車 쉬엄쉬엄갈 착辶	실사 糸 분별할간 柬	죽을사 歹 칼도 刂	벌일렬 列 불화 灬	벌일렬 列 옷의 衣	젊을소 少 힘력 力	사람인 人 한일 一 마디절 卩	명령할령 令 머리혈 頁
연결 連結 연패 連敗	수련 修練 조련 調練	열도 列島 열전 列傳 열강 列强	열광 烈光 열화 烈火 열녀 烈女	열상 裂傷 결렬 決裂	열세 劣勢 열위 劣位 열등 劣等 열악 劣惡	영부인 令夫人 영애 令愛 영식 令息 군령 軍令	영수 領袖 영도 領導 영토 領土 영수 領收
잇다을련 聯 사모할련 戀 연련 蓮	불상히여길련 憐 단련할련 鍊				청렴할렴 廉	떨어질령 零	재령 嶺 신령령 靈

⑩ 例禮勞路 露綠論料

궁중에 들어와 **법식**(例)대로 **예절**(禮)을 지키며 산다는 것이 이렇게 **수고롭고**(勞) 힘든 **길**(路)인 줄 진작 알았더라면 / 곱단이의 **이슬**(露) 맺힌 **푸른**(綠) 눈을 뒤에 두고 **말할**(論) 곳 하나 없고 마음 **헤아려**(料) 주는 이 하나 없는 이곳에 오지는 않았으리라.

 뜻을 생각하며 읽어 봅시다.

예외　예절　노고　노상
例外　禮節　勞苦　路上

감로　초록　논의　요금
甘露　草綠　論議　料金

例	禮	勞	路	露	綠	論	料
법식례	예절례	수고로울로	길로	이슬로	푸를록	말할론	헤아릴료
사람이 질서 있게 줄을 서 본보기가 됨	음식을 차려 놓고 신께 제사 지내는 법	등을 밝히고 힘껏 일함	저마다 걸어 다님	길가 풀잎에 빗방울같이 맺혀 엉긴 것	산나무 껍질을 깎았을 때 속껍질의 빛깔	많은 책을 읽고 주장을 묶어 조리 있게 말함	말(斗)로서 쌀을 됨
인렬	시풍	화둘멱력	족각	우로	사록	언륜	미두
사람인 亻 벌일렬 列	보일시 示 풍성할풍 豊 (곡두)	불화 火 덮을멱 冖 힘력 力	발족 足 각각각 各	비우 雨 길로 路	실사 糸 나무깎을록 彔	말씀언 言 뭉치륜 侖 (인1책)	쌀미 米 말두 斗
예문 例文 범례 凡例 관례 慣例 특례 特例 차례 次例	예물 禮物 예식 禮式 예방 禮訪 예불 禮佛	노고 勞苦 노사 勞使 노임 勞賃 노곤 勞困 피로 疲勞	노독 路毒 노면 路面 노변 路邊 노정 路程 노자 路資	노출 露出 노숙 露宿 노골적 露骨的 노천 露天	녹색 綠色 녹수 綠水 녹음 綠陰 상록수 常綠樹	논문 論文 논술 論述	요량 料量 요리 料理 수업료 授業料
				화로 爐	녹록 祿 기록할록 錄	희롱할롱 弄 우뢰뢰 雷 의지할뢰 賴	마칠료 了

⑪ 柳留流陸　倫律理利

　수양**버들**(柳) 늘어선 강가에 **머물**(留)며 **흐르는**(流) 물을 굽어보니 섬을 떠나 **뭍**(陸)으로 온 세월이 까마득하구나. / **인륜**(倫)과 **법률**(律)만으로 세상을 **다스릴**(理) 수 있다는 믿음이 점점 사라져 가니 변호사로 남아 있는 것이 **이로운**(利) 길일까?

 뜻을 생각하며 읽어 봅시다.

양류　유학　유배　육지
楊柳　留學　流配　陸地

윤리　법률　이치　이익
倫理　法律　理致　利益

柳	留	流	陸	倫	律	理	利
버들류	머무를류	흐를류	뭍륙	인륜륜	법률률	다슬릴리	이로울리
잘 자라고 줄기와 잎이 무성하게 늘어진 나무	사립문을 닫아 걸고 밭에 나가 일함	아기가 태어날 때 양수와 함께 흐르는 물	언덕이 높고 낮게 연이어 있음	사람이 뭉쳐(侖) 살아갈 때 지켜야 할 질서	사람이 마땅히 걸어가야 할 바를 붓으로 기록해 둠	구슬의 무늬가 잘 나타나도록 닦음	낫으로 벼를 수확하니 이롭다
목묘	씽도전	수돌천	부륙	인륜	척율	왕리	화도
나무목 木 토끼묘 卯	성씨씽 乚 칼도 刀 밭전 田	물수 氵 아이돌 厶 내천 川	언덕부 阝 큰흙덩이륙 坴	사람인 亻 뭉치륜 侖	자축거릴척 彳 붓율 聿	임금왕 王 마을리 里	벼화 禾 칼도 刂
유미 柳眉	유숙 留宿 유임 留任 유의 留意 보류 保留	유랑 流浪 유행 流行	육군 陸軍 육로 陸路 대륙 大陸 상륙 上陸 착륙 着陸	인륜 人倫	율법 律法 율동 律動 자율 自律	이재 理財 이치 理致 이해 理解 이상 理想	이기 利器 이점 利點 이권 利權
눈물루 淚 셀루 漏 여러루 累 자주루 屢 다락루 樓		무리류 類		바퀴륜 輪	밤률 栗 비율률 率 무덤, 언덕릉 陵 높을릉 隆	속리 裏 밟을리 履 떠날리 離 아전리 吏 오얏나무리 李	배리 梨 이웃린 隣 임할림 臨 수풀림 林

확인과 연습

1 뜻과 음을 외며 내용을 머리 속에 그려 봅시다.

1. 暖難男年   念怒農能
2. 多丹旦但   單短端斷
3. 達談答堂   當代待對
4. 德到度道   島徒都圖
5. 讀獨毒督   突洞童同
6. 冬動頭鈍   得等登燈
7. 落樂亂卵   浪郞來冷
8. 略良量兩   凉旅麗歷
9. 連練列烈   裂劣令領
10. 例禮勞路   露綠論料
11. 柳留流陸   倫律理利

2 자의 모양을 생각하며 읽어 봅시다.

1. **따뜻한** 여름에는 살기가 **어렵지** 않겠지만 지혜로운 **사내**라면 **해**를 넘길 준비를 한다. / 즉, 겨우살이를 **생각**하고 미리 준비하면 춥고 배고파 **성내**는 가족들의 애처로움과 내년 **농사**의 걱정을 **능히** 떨칠 수 있다.

2. **많은** 사람들은 새해가 되면 **붉은 아침** 해를 **다만** 자신의 복을 빌러 맞으러 간다. / 그러나 광부는 달동네의 서민을 위해 **홀로 짧은** 곡괭이를 들고 막장의 **끝**에서 석탄 덩어리를 **끊어** 낸다.

3. 예절에 **통달한** 사람은 윗분의 말씀에 **대답**하는 소리가 **집** 밖으로 나가지 않게 하고 / **마땅히 대신**해야 할 일을 할 때 **기다림** 없이 **대답**과 동시에 행동한다.

4. 큰 덕에 **이른** 사람은 **법도**에 어긋난 **길**을 걸을까 경계하고, / 자신만의 **섬** 속에서 허우적거리는 속된 **무리**들을 큰 **도읍**으로 인도하여 스스로의 운명을 개척할 수 있는 밑 **그림**을 그리게 이끌어 준다.

5. 많은 책을 **읽고 홀로** 사색하기를 즐기면 세속의 **독한** 기운이 정화되어 스스로를 **살필** 수 있고 / **갑자기** 하는 일이 없어져 산골의 **아이**와 **한가지**로 순박한 삶을 살 수 있다.

6. 명나라를 응징하는 것이 마땅하나 **겨울**에는 몸을 **움직이는** 것도 불편하고 **머리**의 회전도 **둔해**진다. / 그래서 **얻는** 것이 별로 없을 듯 하니 토벌의 **무리**를 이끌고 원정에 **오르기** 전에 **등잔**을 밝혀놓고 숙고해봄이 옳다.

7. 과거에 **떨어진** 울적함을 달래려고 **즐길** 거리를 찾아 나선 사내는 마음만 더 **어지러워** 강가를 찾아갔다가 큰 **알** 하나를 발견했다. / **물결**에 밀리는 알을 주운 **사내**는 그것을 집으로 가져**오니 차갑던** 가슴이 따뜻해졌다.

8. 복잡한 것을 **간략하게** 악한 것을 **어질게 헤아릴** 수 있는 **두** 가지의 장점만 갖춘다면 / 서늘한 가을 들판에 홀로 선 **나그네**에게도 **곱게 지낼** 수 있는 여유가 생길 것이다.

9. 전통 검법의 맥을 **잇고** 비법을 **익히기** 위한 피나는 수련 끝에 **벌여둔** 일을 감당할 **매운** 솜씨를 익혔다. / 가슴을 **찢을** 듯한 훈련을 견딘 덕분에 **용렬했던** 성품도 만인을 **명령할** 수 있는 **우두머리**의 자질로 바뀌었다.

10. 궁중에 들어와 **법식**대로 **예절**을 지키며 산다는 것이 이렇게 **수고롭고** 힘든 **길**인 줄 진작 알았더라면 / 곱단이의 **이슬** 맺힌 **푸른** 눈을 뒤에 두고 **말할** 곳 하나 없고 마음 **헤아려** 주는 이 하나 없는 이곳에 오지는 않았으리라.

11. 수양**버들** 늘어선 강가에 **머물며 흐르는** 물을 굽어보니 섬을 떠나 **뭍**으로 온 세월이 까마득하구나. / **인륜**과 **법률**만으로 세상을 **다스릴** 수 있다는 믿음이 점점 사라져 가니 변호사로 남아 있는 것이 **이로운** 길일까?

 그림과 내용을 상상하고 뜻과 음을 외며 한자를 써 봅시다.

暖	難	男	年	念	怒	農	能
따뜻할난	어려울난	사내남	해년	생각념	성낼노	농사농	능할능
暖	難	男	年	念	怒	農	能
일원	근추	전력	인과	금심	노심	곡진	사월비둘

多	丹	旦	但	單	短	端	斷
많을다	붉을단	아침단	다만단	홀단	짧을단	끝단	끊을단
多	丹	旦	但	單	短	端	斷
석둘	단	일1	인단	구둘갑1	시두	립단	계근

그림과 내용을 상상하고 뜻과 음을 외며 한자를 써 봅시다.

達	談	答	堂	當	代	待	對
통달할달	말씀담	대답할답	집당	마땅할당	대신할대	기다릴대	대답할대
達	談	答	堂	當	代	待	對
토양착	언화둘	죽합	상토	상전	인익	척사	착1촌

德	到	度	道	島	徒	都	圖
큰덕	이를도	법도도	길도	섬도	무리도	도읍도	그림도
德	到	度	道	島	徒	都	圖
척직심	지도	엄입우	수착	조산	척주	자읍	위모회

2. ㄴ, ㄷ, ㄹ

그림과 내용을 상상하고 뜻과 음을 외며 한자를 써 봅시다.

讀	獨	毒	督	突	洞	童	同
읽을 독	홀로 독	독할 독	살필 독	갑자기 돌	골 동	아이 동	한가지 동
讀	獨	毒	督	突	洞	童	同
언매	견촉	됴무	숙우목	혈견	수동	립리	경1구

冬	動	頭	鈍	得	等	登	燈
겨울 동	움직일 동	머리 두	둔할 둔	얻을 득	무리 등	오를 등	등잔 등
冬	動	頭	鈍	得	等	登	燈
치빙	중력	두혈	금둔	척일1촌	죽사	발두	화등

 그림과 내용을 상상하고 뜻과 음을 외며 한자를 써 봅시다.

落	樂	亂	卵	浪	郞	來	冷
떨어질락	즐길락	어지러울란	알란	물결랑	사내랑	올래	찰랭
落	樂	亂	卵	浪	郞	來	冷
초수각	요백요목	란을	묘주둘	수량	량읍	목인둘	빙령

略	良	量	兩	凉	旅	麗	歷
간략할략	어질량	헤아릴량	두량	서늘할량	나그네려	고울려	지날력
略	良	量	兩	凉	旅	麗	歷
전각	주간	일1리	1건입둘	수경	방인씨	1경주둘록	엄화둘지

2. ㄴ, ㄷ, ㄹ

 그림과 내용을 상상하고 뜻과 음을 외며 한자를 써 봅시다.

連	練	列	烈	裂	劣	令	領
이을련	익힐련	벌일렬	매울렬	찢을렬	용렬할렬	명령할령	우두머리령
連	練	列	烈	裂	劣	令	領
차착	사간	사도	렬화	렬의	소력	인1절	령혈

例	禮	勞	路	露	綠	論	料
법식례	예절례	수고로울로	길로	이슬로	푸를록	말할론	헤아릴료
例	禮	勞	路	露	綠	論	料
인렬	시풍	화둘멱력	족각	우로	사록	언륜	미두

 그림과 내용을 상상하고 뜻과 음을 외며 한자를 써 봅시다.

柳	留	流	陸	倫	律	理	利
버들 류	머무를 류	흐를 류	뭍 륙	인륜 륜	법률 률	다스릴 리	이로울 리
柳	留	流	陸	倫	律	理	利
목묘	씽도전	수돌천	부륙	인륜	척율	왕리	화도

2. ㄴ, ㄷ, ㄹ

③ ㅁ, ㅂ

① 莫晚滿末 亡忙忘望

불빛 하나 **없는**(莫) **늦은**(晚) 밤에 바람 가득 **찬**(滿) **끝**(末) 없는 바다를 바라보며 공을 다투는 동지들을 생각해 본다. / **망한**(亡) 조국을 찾으려고 **바쁘게**(忙), 끼니도 **잊은**(忘) 채 띈 것은 대가를 **바란**(望) 것이 아니었는데.

 뜻을 생각하며 읽어 봅시다.

막강　　만종　　만원　　말단
莫強　　晚鐘　　滿員　　末端

패망　　망한　　망실　　망향
敗亡　　忙閑　　忘失　　望鄕

莫	晚	滿	末	亡	忙	忘	望
없을막	늦을만	찰만	끝말	망할망	바쁠망	잊을망	바랄망
숲속에서 해가 저물어 없어짐	해가 서산에 저묾	그릇의 물이 사면으로 평평하게 넘쳐 흐름	나무 위에 一을 그어 끝을 표시함	숨어서 보이지 않음	마음에 새겨둔 일을 잃어버릴 정도	마음에서 없어짐	북녘의 달을 쳐다보며 떠난 님이 돌아오길 기다림
초일대	일면	수만	일목	두은	심망	망심	망월임
풀초 ⺿ 날일 日 큰대 大	날일 日 면할면 免	물수 氵 평평할만 㒼 (입건입둘)	한일 一 나무목 木	머리부분두 亠 니은은 乚	마음심 忄 망할망 亡	망할망 亡 마음심 心	망할망 亡 달월 月 북방임 壬
막론 莫論 막상막하 莫上莫下 막대 莫大	만성 晚成 만추 晚秋 만학 晚學 만찬 晚餐	만기 滿期 만면 滿面 만발 滿發 만족 滿足	말년 末年 말기 末期 말로 末路 말미 末尾	망명 亡命 망령 亡靈 망부 亡夫	망중한 忙中閑 황망 慌忙	망년회 忘年會 건망증 健忘症	희망 希望 대망 大望 삭망 朔望
갈마 磨 장막막 幕 (휘장장 帳) 사막막 漠		터질만 曼 거만할만 慢 물질펀할만 漫		망령될망 妄 망망할망 茫			없을망 罔

106　제2장 기초 한자

② 妹每買賣 免勉眠名

집안 사정도 모르고 **손아래누이**(妹)는 **매양**(每) 옷을 **사기**(買) 위해 무엇을 **팔**(賣)까 궁리만 하고 / 아버지는 부도를 **면하**(免)려고 **힘쓰**(勉)는데 하나뿐인 아들은 잠만 **자**(眠)면서 합격자 명단에 **이름**(名)이 들어 있기를 바란다.

 뜻을 생각하며 읽어 봅시다.

매부	매양	매수	매도
妹夫	每樣	買收	賣渡

면제	면학	수면	명성
免除	勉學	睡眠	名聲

妹	每	買	賣	免	勉	眠	名
손아래누이매	매양매	살매	팔매	면할면	힘쓸면	잠잘면	이름명
아직 철이 들지 않은 누이	풀의 싹이 포기에서 잇달아 나옴	돈을 주고 산 물건을 망태에 담음	산 물건을 다시 내어 놓음	태아가 모태로부터 힘겹게 태어남	가난을 면하려고 힘써 일함	모든 백성들이 눈을 감고 잠	어두운 곳에서 소리를 질러 자신을 알림
녀미	인모	망패	사매	도구인	면력	목민	석구
계집녀 女 아닐미 未	사람인 人 어미모 母	그물망 罒 조개패 貝	선비사 士 살매 買	칼도 刀 입구 口 걷는사람인 儿	면할면 免 힘력 力	눈목 目 백성민 民	저녁석 夕 입구 口
매부 妹夫 매씨 妹氏 자매 姉妹	매사 每事 매번 每番 매주 每週	매점 買占 매입 買入 구매 購買	매각 賣却 매점 賣店 매진 賣盡 경매 競賣 발매 發賣	면세 免稅 면역 免疫 면죄 免罪 면책 免責 면허 免許	근면 勤勉 권면 勸勉	동면 冬眠 숙면 熟眠 불면증 不眠症 휴면 休眠	명사 名士 명가 名家 명의 名醫 명작 名作 본명 本名
	매화매 梅 중매할매 媒	묻을매 埋 맥맥 脈	사나울맹 猛 맹세할맹 盟 맏맹 孟 소경맹 盲			솜면 綿 멸망할멸 滅	새길명 銘

③ 命明鳴母 暮妙苗墓

목숨(命)을 바쳐 조국의 앞날을 **밝게(明)** 한 아들의 전사 통지서를 받고 **울(鳴)**며 지새던 **어미(母)**는 / 아들이 보고 파 저물(暮) 무렵 국립묘지를 찾았더니 **묘하게(妙)**도 그가 좋아하던 석류나무 싹(苗)이 무덤(墓) 가에 돋아나 있었다.

 뜻을 생각하며 읽어 봅시다.

생명 명암 비명 모자
生命　明暗　悲鳴　母子

세모　교묘　묘목　능묘
歲暮　巧妙　苗木　陵墓

命	明	鳴	母	暮	妙	苗	墓
목숨명	밝을명	울명	어미모	저물모	묘할묘	싹묘	무덤묘
하늘의 명에 의해 받은 목숨	해와 달이 합쳐져 더욱 밝음	새가 입을 벌려 옮	아기를 키울 젖꼭지가 생긴 여자	해가 풀숲에 숨음	젊은 여자가 묘하게 예쁨	밭에서 돋아난 작은 풀	해가 저물듯 사람이 죽어서 들어가는 곳
령구	일월	구조	모	막일	녀소	초전	막토
명령할령 令 입구 口	날일 日 달월 月	입구 口 새조 鳥		없을막 莫 날일 日	계집녀 女 젊을소 少	풀초 艹 밭전 田	없을막 莫 흙토 土
명맥 命脈 명령 命令 숙명 宿命 수명 壽命	명도 明度 명확 明確 명백 明白 명시 明示 명년 明年	공명 共鳴	모녀 母女 모성 母性 모친 母親 모교 母校	모춘 暮春	묘미 妙味 묘법 妙法 묘기 妙技	묘판 苗板 묘포 苗圃 종묘 種苗	묘막 墓幕 묘비 墓碑 묘역 墓域 묘지 墓地 분묘 墳墓
	어두울명 冥	아무모 某 꾀할모 謀	본모 模 모을모 募 사모할모 慕 머리감을목 沐	화목할목 睦 칠목 牧 빠질몰 沒 꿈몽 夢 어릴몽 蒙			

④ 茂武務無 舞默問聞

무성한(茂) 숲 속에서 한 **호반**(武)이 **힘써**(務) 무술을 연마하기에 여념이 **없고**(無) / 그 곁엔 그의 충견이 **춤추**(舞)는 듯한 모습을 **말없이**(默) 지켜보며 마음으로 주인의 뜻을 **묻고**(問) **듣고**(聞) 하더라.

 뜻을 생각하며 읽어 봅시다.

무성 　 　무기 　 　의무 　 　유무
茂盛　武器　義務　有無
무용 　 　묵념 　 　문답 　 　청문
舞踊　默念　問答　聽聞

茂	武	務	無	舞	默	問	聞
무성할무	호반무	힘쓸무	없을무	춤출무	말없을묵	물을문	들을문
풀이 무성함	무기로서 전쟁을 그치게 함	힘든 일을 더욱 힘써 함	나무가 무성한 큰 숲도 불이 나면 없어짐	발을 엇갈아 디디며 춤추는 모양	밤이 깊어 어두워져도 개가 짖지 않음	문을 들어서면서 안부를 물음	귀는 소리가 들어오는 문
초무	1익지	모복력	인삽화	인삽천	흑견	문구	문이
풀초 ㅐ 다섯째천간 무 戊	한일 一 주살익 弋 그칠지 止	창모 矛 칠복 攵 힘력 力	사람인 人 사십삽 卅 불화 ⺣	사람인 人 사십삽 卅 어겨질천 舛	검을흑 黑 개견 犬	문문 門 입구 口	문문 門 귀이 耳
무림 茂林	무공 武功 무관 武官 무력 武力 무장 武裝 무용 武勇	격무 激務 휴무 休務	무죄 無罪 무리 無理 무시 無視 무궁 無窮	무희 舞姬 가무 歌舞 고무 鼓舞	묵계 默契 묵과 默過 묵살 默殺 묵시 默示	문의 問議 문안 問安 문책 問責 문병 問病	풍문 風聞 소문 所聞
		안개무 霧		무역할무 貿	먹묵 墨		

3. ㅁ, ㅂ 109

⑤ 勿物未味 美尾民密

마마 길이 아니면 가지를 **말고(勿)** 만물**(物)**의 이치를 깨닫지 **아니(未)**하고서는 인생의 참 **맛(味)**을 모르나니 / 고로 **아름다운(美)** 임금은 마음의 **꼬리(尾)**에 **백성(民)**들의 소망을 **빽빽이(密)** 달고 있어야 하나이다.

 뜻을 생각하며 읽어 봅시다.

물론	물질	미래	미각
勿論	物質	未來	味覺

미추	수미	관민	밀림
美醜	首尾	官民	密林

勿	物	未	味	美	尾	民	密
말물	만물물	아닐미	맛미	아름다울미	꼬리미	백성민	빽빽할밀
금지를 나타낸 깃발 모양	깃발에 잡힌 주름 같은 얼룩무늬의 소	가지가 무성함은 과일이 덜 익은 표시	익지 않은 과일을 먹어 봄	양이 크면 보기 좋음	몸의 꽁무니에 털이 달린 것	여인이 낳은 모든 사람을 뜻함	나무가 빽빽한 산 속에서 한 일
물	우물	1목	구미	양대	시모	병씨	면필산
	소우 牛 말물 勿	한일 一 나무목 木	입구 口 아닐미 未	양양 羊 큰대 大	주검시 尸 터럭모 毛	상자병 匚 성씨씨 氏	집면 宀 반드시필 必 메산 山
물경 勿驚	물가 物價 물색 物色 물정 物情	미개 未開 미결 未決 미완성 未完成 미혼 未婚	가미 加味 무미건조 無味乾燥	미인 美人 미남 美男 미담 美談 미덕 美德 미풍 美風	미골 尾骨 미행 尾行 대미 大尾	민족 民族 민의 民意 민권 民權 민주 民主	밀도 密度 밀집 密集 밀착 密着 밀담 密談
				눈썹미 眉 작을미 微	쌀미 米 미혹할미 迷	민첩할민 敏 민망할민 閔 불쌍히여길민 憫	꿀밀 蜜

❻ 反飯半發 房防放訪

힘 빠진 군사들을 진영으로 **돌이켜**(反)와 **밥**(飯)을 배불리 먹이니 다시 **반**(半)쯤은 사기가 **피어**(發)오르는구나. / 병사의 **방**(房)마다 적을 **막을**(防) 철책을 쳐**놓고**(放) 대장군의 막사로 **찾아가**(訪) 다시 작전을 의논하리라.

뜻을 생각하며 읽어 봅시다.

반복	반찬	절반	발전
反復	飯饌	折半	發展

방문	방충	방학	방문
房門	防蟲	放學	訪問

反	飯	半	發	房	防	放	訪
돌이킬반	밥반	반반	필발	방방	막을방	놓을방	찾을방
넓쩍한 돌을 손으로 엎었다 뒤집었다 함	밥을 혀로 뒤치며 씹음	소를 잡아 반으로 나눔	두 발로 풀밭을 힘껏 딛고 서서 활을 쏨	집의 한쪽에 연결된 방	물이 넘치는 쪽의 언덕에 쌓은 둑	회초리로 쳐서 먼 곳으로 내쫓음	좋은 방도를 마련하기 위해 사람을 찾아가 애기함
엄우	식반	팔꾼	발궁수	호방	부방	방복	언방
굴바위엄 厂 또우 又	밥식 食 돌이킬반 反	나눌팔 八 이끈 十	걸을발 癶 활궁 弓 칠수 殳	지게호 戶 모방 方	언덕부 阝 모방 方	모방 方 칠복 攵	말씀언 言 모방 方
반문 反問 반성 反省 반기 反旗 반전 反轉 반사 反射	반주 飯酒 조반 朝飯	반경 半徑 반숙 半熟 반신반의 半信半疑 반절 半切	발달 發達 발병 發病 발차 發車 발화 發火 발착 發着	주방 廚房 독방 獨房 독수공방 獨守空房 신방 新房	방비 防備 방독 防毒 방풍 防風 방한 防寒 제방 堤防	방면 放免 방임 放任 방자 放恣 방치 放置 방출 放出	방미 訪美 순방 巡訪
순박할박 朴 배댈박 泊 손뼉칠박 拍 핍박할박 迫	넓을박 博 엷을박 薄	배반할반 叛 돌아올반 返 옮길반 般 나눌반 班 쟁반반 盤	뺄발 拔 터럭발 髮			나라방 邦	꽃다울방 芳 곁방 傍 방해할방 妨 본받을방 倣

7 拜背杯培 繁番伐罰

절(拜)하는 제자의 등(背)을 두드리며 잔(杯)을 권하고 힘을 북돋았다(培). / 그리고 번성하기(繁) 위해 할 일을 차례(番)로 일러주고 어떻게 적을 치고(伐) 군령을 어기는 자를 벌(罰) 줘야 하는지도 일러주었다.

뜻을 생각하며 읽어 봅시다.

배례	배반	축배	배양
拜禮	背叛	祝杯	培養

번성	번호	벌목	벌금
繁盛	番號	伐木	罰金

拜	背	杯	培	繁	番	伐	罰
절배	등배	잔배	북돋을배	번성할번	차례번	칠벌	벌벌
두 손 맞잡고 고개 숙인 모습	몸의 뒷쪽인 등을 뜻함	나무로 되었으나 잔이 되면 나무가 아님	초목 밑동의 흙을 파고 갈라 올림	무성한 풀처럼 늘어진 말갈기를 땋아 장식한 것 같이 굉장함	곡식을 심고 지나간 농부의 발자국 모양	사람이 창을 들고 찌름	칼을 들고 위엄을 보이며 꾸짖어 벌줌
수둘1	북월	목불	토부	민사	변전	인과	망언도
손수 手 한일 一	북녘북 北 육달월 月	나무목 木 아닐불 不	흙토 土 가를부 咅	민첩할민 敏 (매복) 실사 糸	분별할변 采 밭전 田	사람인 亻 창과 戈	그물망 罒 말씀언 言 칼도 刂
배상 拜上	배경 背景 배신 背信 항배 向背	건배 乾杯	배양 培養 재배 栽培	번식 繁殖 번화 繁華 빈번 頻繁	번지 番地 순번 順番	벌채 伐採 벌초 伐草 살벌 殺伐 남벌 濫伐	벌칙 罰則 처벌 處罰
물리칠배 排 (각 却)	무리배 輩		곱배 倍	흰백 白 맏백 伯 측백나무백 柏 넋백 魄	번거로울번 煩 펄럭일번 飜		

⑧ 犯 凡 法 壁 變 辨 邊 別

잘못을 **범하지**(犯) 않고 **평범하게**(凡) 살려면 **법**(法)을 철**벽**(壁)같이 지켜야 하고 / **변함없이**(變) **분별의**(辨) 경지에 머물려면 **가**(邊)로만 돌지 말고 나와 타의 입장이 **다름**(別)을 이해해야 한다.

 뜻을 생각하며 읽어 봅시다.

犯罪 凡例 法規 鐵壁
범죄 범례 법규 철벽

變化 辨明 江邊 別味
변화 변명 강변 별미

犯	凡	法	壁	變	辨	邊	別
범할범	평범할범	법법	벽벽	변할변	분별할변	가변	다를별
개가 사람의 다리를 물려고 덤빔	흩어진 물건(丶)을 틀(几)에 넣은 모습	공평하게 죄를 조사하여 옳지 못한 자를 제거함	추위나 적을 막기 위해 흙돌로 쌓은 담	긴 말과 매로 가르치면 버릇이 고쳐짐	두 사람이 다투는 것을 칼로 쪼개듯이 판가름함	아래가 보이지 않게 낭떠러지가 연이어 나간 자리	가장자리 뼈와 살을 칼로 갈라 나눔
견절	궤주	수거	시구신토	사언사복	신도신	자혈방착	구도도
개견 犬, 犭 마디절 卩	책상궤 几 불똥주 丶	물수 氵 갈거 去	주검시 尸 입구 口 매울신 辛 흙토 土	실사 糸 말씀언 言 실사 糸 칠복 攵	매울신 辛 칼도 刂 매울신 辛	스스로 自 굴혈 穴 모방 方 쉬엄쉬엄갈착 辶	입구 口 칼도 刀 칼도 刂
범인 犯人 범법 犯法 방범 防犯	범사 凡事 범상 凡常 범인 凡人 비범 非凡 대범 大凡	법관 法官 법안 法案 법회 法會 방법 方法	벽보 壁報 벽지 壁紙 절벽 絶壁	변경 變更 변심 變心 변고 變故 변괴 變怪	변증 辨證	변경 邊境 해변 海邊	별개 別個 별도 別途 별실 別室 별거 別居
	뜰범 汎 뜰범 泛 법범 範			푸를벽 碧		말잘할변 辯	

3. ㅁ, ㅂ 113

❾ 病兵保步　報復福服

병(病)든 군사(兵)를 보호하(保)기 위해 적의 추격에도 불구하고 **걸음(步)**을 늦추니 / 은혜를 **갚고자(報)** 하는 마음들이 사기를 **회복시켜(復)** 적을 물리쳤다. 군사들은 화를 **복(福)**으로 바꾼 장군의 덕을 칭송하며 **옷(服)**깃을 여미고 다시 한번 충성을 맹세했다.

🌀 뜻을 생각하며 읽어 봅시다.

질병	병사	보호	보행
疾病	兵士	保護	步行

보은	회복	화복	복장
報恩	回復	禍福	服裝

病	兵	保	步	報	復	福	服
병들병	군사병	보호할보	걸음보	갚을보	회복할복	복복	옷복
불을 밝혀 밤새 간호해야 할 정도로 앓음	도끼를 든 모습	어른은 아이를 잘 지키고 보호해야 함	사람들이 두 발로 땅을 밟고 가는 모양	사람들이 크게 놀랄 죄를 지은 자는 벌로 다스림	갔던 길을 되돌아옴	술과 제물을 신 앞에 바쳐 빌면 복을 받음	배(月)에서는 선장의 명령에 따라야 함
녁병	근공	인구목	지달	행복	척복	시복	월복
병들녁 疒 셋째천간병 丙	도끼근 斤 들공 廾	사람인 亻 입구 口 나무목 木	그칠지 止 밟을달 少	다행할행 幸 다스릴복 夂	자축거릴척 彳 돌아갈복 復 (인일쇠)	보일시 示 가득찰복 畐 (1구전)	달월 月 다스릴복 夂
병가 病暇 병사 病死 병석 病席 병폐 病弊 병환 病患	병권 兵權 병법 兵法 병사 兵舍 병기 兵器	보안 保安 보육 保育 보온 保溫 보존 保存 보증 保證	보도 步道 보무당당 步武堂堂	보국 報國 보답 報答 보도 報道	복원 復元 복귀 復歸 복습 復習 복수 復讐 부활 復活	복리 福利 복지 福祉 복금 福金	복무 服務 복용 服用 교복 校服
	아우를병 並 병풍병 屛			넓을보 普 계보보 譜 기울보 補 보배보 寶	배복 腹 겹칠복 複		

10. 伏本奉逢 夫扶富部

업드려(伏) 청하건대 사람의 **근본**(本)을 살펴 그에 맞게 **받들**(奉)어 대우하면 충신을 **만날**(逢) 수 있고 / **사내**(夫)는 의를 **도와**(扶) 궐기해야 마음이 **넉넉해져**(富) 천하를 구할 무리(떼)(部)를 얻을 수 있으니 굽어살피소서.

뜻을 생각하며 읽어 봅시다.

굴복	본능	봉사	상봉
屈伏	本能	奉仕	相逢

농부	부조	부귀	부대
農夫	扶助	富貴	部隊

伏	本	奉	逢	夫	扶	富	部
업드릴복	근본본	받들봉	만날봉	사내부	도을부	넉넉할부	떼부
개가 주인 곁에 엎드려 있는 모양	나무의 뿌리를 가르킨 자	두 손으로 물건을 받들어 올림	길을 가다 서로 만남	상투 튼 모습	지아비를 손으로 부축함	술이 병에 가득 차듯 집안에 재물이 가득함	여러 고을로 갈라 나누어 다스림
인견	목1	3인꾼	치꽁착	1대	수부	면복	부읍
사람인 亻 개견 犬	나무목 木 한일 一	석삼 三 사람인 人 이꾼 丰	뒤져올치 夂 삼꿈 ㅋ 쉬엄쉬엄갈 착 辶	한일 一 큰대 大	손수 扌 사내부 夫	집면 宀 가득찰복 畐	가를부 啻 (립구) 고을읍 阝
복걸 伏乞 복병 伏兵 삼복 三伏	본국 本國 본성 本性 본질 本質 본론 本論 본체 本體	봉양 奉養 봉직 奉職 신봉 信奉	봉변 逢變 봉착 逢着	부군 夫君 부부 夫婦 인부 人夫	부양 扶養 부지 扶持 상부상조 相扶相助	부강 富强 부유 富裕	부하 部下 부류 部類 부분 部分 부장 部長
		봉할봉 封	봉우리봉 峰 벌봉 蜂 봉새봉 鳳	줄부 付 마을부 府 붙을부 附 증거부 符 썩을부 腐	다다를부 赴 짐질부 負	버금부 副	살갗부 膚 장부부 簿 구실부 賦

⑪ 婦否浮分 不佛拂朋

부인(婦)이 남편을 받들지 않으면(否) 가족이 물 위에 뜬(浮) 기름같이 나누어지고(分) / 진실한 마음이 아니면(不) 부처님(佛)이 떨치고(拂) 돌아서듯 벗(朋)과의 우정도 허물어진다.

 뜻을 생각하며 읽어 봅시다.

主婦 否認 浮力 分擔
주부 부인 부력 분담

不當 佛經 拂拭 朋黨
부당 불경 불식 붕당

婦	否	浮	分	不	佛	拂	朋
부인부	아니부	뜰부	나눌분	아닐불	부처불	떨칠불	벗붕
비를 들고 집안을 청소하는 여자	아니라고 말함	종자를 고를 때 나쁜 씨앗은 물 위에 뜸	칼로 잘라 나눔	하늘로 새가 날아가는 모양	사람이 아니고 비슷함	손으로 지저분한 것을 떨침	두 개가 나란하다 해서 벗이 됨
녀추	불구	수부	8도	불	인불	수불	월둘
계집녀 女 비추 帚 (계멱건)	아닐불 不 입구 口	물수 氵 기를부 孚 (조자)	나눌팔 八 칼도 刀		사람인 亻 아닐불 弗	손수 扌 아닐불 弗	달월 月
부인 婦人 부녀자 婦女子 부덕 婦德 고부 姑婦	부결 否決	부동 浮動 부랑 浮浪 부운 浮雲 부박 浮薄	분납 分納 분류 分類 분별 分別 분수 分數 분배 分配	불가능 不可能 불량 不良 부동 不動 부족 不足	불공 佛供 불도 佛徒 불성 佛性	불입 拂入 가불 假拂 지불 支拂 환불 換拂	붕우 朋友
		북녘북 北	가루분 粉 어지러울분 紛 떨칠분 奮 (진 振)	달아날분 奔 성낼분 憤 무덤분 墳			산무너질붕 崩

⑫ 悲備卑肥 費秘貧氷

실패의 **슬픔**(悲)을 맛보지 않으려면 미리 **갖추어**(備) 행하고 자신을 **낮은**(卑) 곳에 두어 오만을 **살찌게**(肥) 하지 않아야 하고 / 수입의 범위를 넘는 **소비**(費)를 삼가고 나머지를 **숨겨**(秘)두면 **가난함**(貧)에서 벗어나 **얼음**(氷) 어는 겨울에도 따뜻이 지낼 수 있을 것이다.

 뜻을 생각하며 읽어 봅시다.

희비	준비	비천	비만
喜悲	準備	卑賤	肥滿

소비	비밀	빈부	빙산
消費	秘密	貧富	氷山

悲	備	卑	肥	費	秘	貧	氷
슬플비	갖출비	낮을비	살찔비	소비할비	숨길비	가난할빈	얼음빙
마음이 좋지 않으면 슬퍼짐	사람이 항상 화살을 화살통에 갖춤	짧고 얄팍한 주먹을 쥔 모양	땅이 기름지듯 몸에 살이 붙으면 기름짐	돈을 아무렇게나 써서 없애버림	귀신은 보이지 않음	재물을 헛되이 흩어버리면 가난해짐	물이 얼어붙음
비심	인입엄용	주전천	월파	불패	시필	분패	빙수
아닐비 非 마음심 心	사람인 亻 스물입 卄 굴바위엄 厂 쓸용 用	불똥주 丶 밭전 田 일천천 千	달월 月 땅이름파 巴	아닐불 弗 조개패 貝	보일시 示 반드시필 必	나눌분 分 조개패 貝	얼음빙 冫 물수 水
비가 悲歌 비련 悲戀 비극 悲劇 자비 慈悲	비고 備考 비치 備置 비망록 備忘錄 비품 備品	비굴 卑屈 비하 卑下 비근 卑近	비대 肥大 비옥 肥沃 비료 肥料	비용 費用 허비 虛費 경비 經費	비결 秘訣 비방 秘方 비법 秘法 비서 秘書 비술 秘術	빈곤 貧困 빈농 貧農 빈민 貧民 빈혈 貧血	빙수 氷水 빙점 氷點
		계집종비 婢 비석비 碑	코비 鼻		왕비비 妃 비평할비 批	손빈 賓 자주빈 頻	부를빙 聘

확인과 연습

1 뜻과 음을 외며 내용을 머리 속에 그려 봅시다.

1. 莫晚滿末　　亡忙忘望
2. 妹每買賣　　免勉眠名
3. 命明鳴母　　暮妙苗墓
4. 茂武務無　　舞默問聞
5. 勿物未味　　美尾民密
6. 反飯半發　　房防放訪
7. 拜背杯培　　繁番伐罰
8. 犯凡法壁　　變辨邊別
9. 病兵保步　　報復福服
10. 伏本奉逢　　夫扶富部
11. 婦否浮分　　不佛拂朋
12. 悲備卑肥　　費秘貧氷

2 자의 모양을 생각하며 읽어 봅시다.

1. 불빛 하나 **없는 늦은** 밤에 바람 가득 **찬 끝** 없는 바다를 바라보며 공을 다투는 동지들을 생각해 본다. / **망한** 조국을 찾으려고 **바쁘게**, 끼니도 **잊은** 채 뛴 것은 대가를 **바란** 것이 아니었는데.

2. 집안 사정도 모르고 **손아래누이는 매양** 옷을 **사기** 위해 무엇을 **팔**까 궁리만 하고 / 아버지는 부도를 **면하려고 힘쓰는데** 하나뿐인 아들은 잠만 **자면서** 합격자 명단에 **이름**이 들어 있기를 바란다.

3. **목숨**을 바쳐 조국의 앞날을 **밝게** 한 아들의 전사 통지서를 받고 **울며** 지새던 **어미는** / 아들이 보고 파 **저물** 무렵 국립묘지를 찾았더니 **묘하게도** 그가 좋아하던 석류나무 **싹**이 **무덤** 가에 돋아나 있었다.

4. **무성한** 숲 속에서 한 **호반**이 **힘써** 무술을 연마하기에 여념이 **없고** / 그 곁엔 그의 충견이 **춤추**는 듯한 모습을 **말없이** 지켜보며 마음으로 주인의 뜻을 **묻고** 듣고 하더라.

5. 마마 길이 아니면 가지를 **말고** 만물의 이치를 깨닫지 **아니**하고서는 인생의 참 **맛**을 모르나니 / 고로 **아름다운** 임금은 마음의 **꼬리**에 **백성**들의 소망을 **빽빽이** 달고 있어야 하나이다.

6. 힘 빠진 군사들을 진영으로 **돌이켜**와 밥을 배불리 먹이니 다시 반쯤은 사기가 **피어**오르는구나. / 병사의 **방**마다 적을 **막**을 철책을 쳐놓고 대장군의 막사로 **찾아**가 다시 작전을 의논하리라.

7. **절**하는 제자의 **등**을 두드리며 **잔**을 권하고 힘을 **북돋았다**. 그리고 **번성하기** 위해 할 일을 **차례**로 일러주고 어떻게 적을 **치고** 군령을 어기는 자를 **벌** 줘야 하는지도 일러주었다.

8. 잘못을 **범하지** 않고 **평범하게** 살려면 **법**을 철벽같이 지켜야 하고 / **변함없이 분별**의 경지에 머물려면 **가로**만 돌지 말고 나와 타의 입장이 **다름**을 이해해야 한다.

9. **병**든 **군사**를 **보호하기** 위해 적의 추격에도 불구하고 **걸음**을 늦추니 / 은혜를 **갚고자** 하는 마음들이 사기를 **회복시켜** 적을 물리쳤다. 군사들은 화를 **복**으로 바꾼 장군의 덕을 칭송하며 **옷깃**을 여미고 다시 한번 충성을 맹세했다.

10. **업드려** 청하건대 사람의 **근본**을 살펴 그에 맞게 **받들어** 대우하면 충신을 **만날** 수 있고 / **사내**는 의를 **도와** 궐기해야 마음이 **넉넉해져** 천하를 구할 무리(떼)를 얻을 수 있으니 굽어 살피소서.

11. 부인이 남편을 받들지 **않으면** 가족이 물 위에 **뜬** 기름같이 **나누어지고** / 진실한 마음이 **아니면 부처님**이 **떨치고** 돌아서듯 벗과의 우정도 허물어진다.

12. 실패의 **슬픔**을 맛보지 않으려면 미리 **갖추어** 행하고 자신을 **낮은** 곳에 두어 오만을 **살찌**게 하지 않아야 하고 / 수입의 범위를 넘는 **소비**를 삼가고 나머지를 **숨겨두면 가난함**에서 벗어나 **얼음** 어는 겨울에도 따뜻이 지낼 수 있을 것이다.

 그림과 내용을 상상하고 뜻과 음을 외며 한자를 써 봅시다.

莫	晚	滿	末	亡	忙	忘	望
없을 막	늦을 만	찰 만	끝 말	망할 망	바쁠 망	잊을 망	바랄 망
莫	晚	滿	末	亡	忙	忘	望
초일대	일면	수만	일목	두은	심망	망심	망월임

妹	每	買	賣	免	勉	眠	名
손아래누이 매	매양 매	살 매	팔 매	면할 면	힘쓸 면	잠잘 면	이름 명
妹	每	買	賣	免	勉	眠	名
녀미	인모	망패	사매	도구인	면력	목민	석구

 그림과 내용을 상상하고 뜻과 음을 외며 한자를 써 봅시다.

命	明	鳴	母	暮	妙	苗	墓
목숨 명	밝을 명	울 명	어미 모	저물 모	묘할 묘	싹 묘	무덤 묘
命	明	鳴	母	暮	妙	苗	墓
령구	일월	구조	모	막일	녀소	초전	막토

茂	武	務	無	舞	默	問	聞
무성할 무	호반 무	힘쓸 무	없을 무	춤출 무	말없을 묵	물을 문	들을 문
茂	武	務	無	舞	默	問	聞
초무	1익지	모복력	인샵화	인샵천	흑견	문구	문이

3. ㅁ, ㅂ

 그림과 내용을 상상하고 뜻과 음을 외며 한자를 써 봅시다.

勿	物	未	味	美	尾	民	密
말물	만물물	아닐미	맛미	아름다울미	꼬리미	백성민	빽빽할밀
勿	物	未	味	美	尾	民	密
물	우물	1목	구미	양대	시모	벙씨	면필산

反	飯	半	發	房	防	放	訪
돌이킬반	밥반	반반	필발	방방	막을방	놓을방	찾을방
反	飯	半	發	房	防	放	訪
엄우	식반	8꾼	발궁수	호방	부방	방복	언방

 그림과 내용을 상상하고 뜻과 음을 외며 한자를 써 봅시다.

拜	背	杯	培	繁	番	伐	罰
절 배	등 배	잔 배	북돋을배	번성할번	차례 번	칠 벌	벌 벌
拜	背	杯	培	繁	番	伐	罰
수둘1	북월	목불	토부	민사	변전	인과	망언도

犯	凡	法	壁	變	辨	邊	別
범할범	평범할범	법 법	벽 벽	변할변	분별할변	가 변	다를별
犯	凡	法	壁	變	辨	邊	別
견절	궤주	수거	시구신토	사언사복	신도신	자혈방착	구도도

 그림과 내용을 상상하고 뜻과 음을 외며 한자를 써 봅시다.

病	兵	保	步	報	復	福	服
병들병	군사병	보호할보	걸음보	갚을보	회복할복	복복	옷복
病	兵	保	步	報	復	福	服
녁병	근공	인구목	지달	행복	척복	시복	월복

伏	本	奉	逢	夫	扶	富	部
엎드릴복	근본본	받들봉	만날봉	사내부	도울부	넉넉할부	떼부
伏	本	奉	逢	夫	扶	富	部
인견	목1	3인꾼	치꽁착	1대	수부	면복	부읍

 그림과 내용을 상상하고 뜻과 음을 외며 한자를 써 봅시다.

婦	否	浮	分	不	佛	拂	朋
부인부	아니부	뜰부	나눌분	아닐불	부처불	떨칠불	벗붕
婦	否	浮	分	不	佛	拂	朋
녀추	불구	수부	8도	불	인불	수불	월둘

悲	備	卑	肥	費	秘	貧	氷
슬플비	갖출비	낮을비	살찔비	소비할비	숨길비	가난할빈	얼음빙
悲	備	卑	肥	費	秘	貧	氷
비심	인입엄용	주전천	월파	불패	시필	분패	빙수

3. ㅁ, ㅂ

4

① 仕寺史使 舍射謝師

벼슬(仕)을 버리고 절(寺)로 들어가 역사(史) 공부를 하던 중 깨달은 바가 있어 하인을 시켜(使) 짐을 옮겨 왔다. / 움집(舍)을 짓고 활을 쏘며(射) 병법을 연구하여 훗날 왜구의 침략으로부터 나라를 구하니 임금은 크게 사례(謝)하고 겨레의 스승(師)으로 삼았다.

 뜻을 생각하며 읽어 봅시다.

출사	사찰	역사	사역
出仕	寺刹	歷史	使役

사감	사수	사례	사범
舍監	射手	謝禮	師範

仕	寺	史	使	舍	射	謝	師
벼슬사	절사	역사사	시킬사	집사	쏠사	사례할사	스승사
선비가 되어야 벼슬을 함	법에 따라 일을 처리하는 관청	붓을 들고 바르게 기록하는 이	윗사람이 아전에게 일을 시킴	지붕을 받친 곳에서 숨을 쉼	화살이 몸을 떠남	활을 쏘듯 분명하게 말함	제자들이 쌓인 듯이 많이 모여 둘러섬
인사	토촌	구별을	인리	인설	신촌	언사	퇴1건
사람인 亻 선비사 士	흙토 土 마디촌 寸 (관청시 寺)	입구 口 삐칠별 丿 급을 乀	사람인 亻 아전리 吏	사람인 人 혀설 舌	몸신 身 마디촌 寸	말씀언 言 쏠사 射	쌓일퇴 𠂤 한일 一 수건건 巾
사도 仕途	사원 寺院 산사 山寺	사기 史記 사적 史蹟 국사 國史	사용 使用 사동 使童 사신 使臣	사택 舍宅	사격 射擊 사살 射殺 사행 射倖	사의 謝意 사죄 謝罪 사절 謝絶	사부 師父 사제 師弟 사단 師團
맡을사 司 말사 詞 같을사 似 모래사 沙	간사할사 邪 속일사 詐	모일사 社 조사할사 査	베낄사 寫 줄사 賜	버릴사 捨	비낄사 斜	뱀사 蛇 뱀사 巳 제사사 祀	

❷ 死私思事 絲産散算

죽을(死) 때가 가까워진 아버지는 **사사**(私)로운 정을 버리고 깊이 **생각하여**(思) 사후의 **일**(事)을 처리했다. / 가업인 **실**(絲) 공장은 정부인이 **낳은**(産) 장남에게 물려주고 **흩어져**(散) 살 자식들에게는 공평하게 **셈**(算)을 하여 재산을 분배하니 형제의 우애가 더욱 두터워졌다.

🌀 뜻을 생각하며 읽어 봅시다.

사 수	사 심	사 고	사 업
死守	私心	思考	事業

견 사	생 산	집 산	산 수
絹絲	生産	集散	算數

死	私	思	事	絲	産	散	算
죽을사	사사사	생각할사	일사	실사	낳을산	흩을산	셈할산
사람이 죽어서 뼈만 앙상하게 남음	벼를 자기 팔에 끌어안아 제 것으로 함	마음먹은 바를 뇌에서 생각함	점쟁이가 점칠 때 쓰는 막대기를 통에 넣어 잡고 있는 모양	실타래가 겹쳐진 모양	선비가 될 사내아이를 낳음	삼의 속대에서 벗겨진 껍질이 조각 조각 갈라짐	물건을 들고 보며 대나무 가지로 셈함
사비	화사	전심	1구계궐	사둘	언생	육월복	죽목공
죽을사 歹 비수비 匕	벼화 禾 사사사 厶	밭전 田 마음심 心	한일 一 입구 口 돼지머리계 ⺕ 갈고리궐 亅	실사 糸	선비언 彦 날생 生	쌓을육 圥 달월 月 칠복 攵	대죽 竹 눈목 目 받들공 廾
사멸 死滅 사별 死別 사력 死力	사감 私感 사리 私利 사병 私兵 사설 私設 사유 私有	사려 思慮 사상 思想 사모 思慕 사색 思索	사리 事理 사변 事變 사대 事大 사실 事實 사무 事務	사우 絲雨 면사 綿絲	산업 産業 산물 産物 가산 家産	산란 散卵 산발 散髮 산재 散在	산출 算出 산통 算筒 결산 決算 예산 豫算
				깎을삭 削 초하루삭 朔			실산 酸

4. ∧

❸ 殺尙常賞 商相霜想

자신을 **죽이려**(殺)는 친구를 오히려 **높이고**(尙) 감싸며 **항상**(常) 보살피는 사람에게 **상**(賞)을 주는 것이 마땅하고 / **장사**(商)꾼들이 눈앞의 이익을 위해 **서로**(相) 헐뜯으면 **서릿**(霜)발 같은 벌을 내려 무엇이 중요한가를 **생각하게**(想) 해야 한다.

뜻을 생각하며 읽어 봅시다.

<u>살충</u> <u>상존</u> <u>상식</u> <u>상벌</u>
殺蟲　尙存　常識　賞罰
<u>상술</u> <u>상호</u> <u>추상</u> <u>상념</u>
商術　相互　秋霜　想念

殺	尙	常	賞	商	相	霜	想
죽일살	높을상	항상상	상줄상	장사상	서로상	서리상	생각할상
차조 이삭을 베듯 사람을 침	창문을 열면 집안의 열이 위로 향해 흩어짐	사람은 늘 고 상한(尙) 옷(巾)을 입음	공을 세운 사람을 받들어 재물을 내림	뚜렷하고 명확하게 밝혀 헤아림	나무에 올라가서 서로 살핌	이슬이 서로 얼어붙음	서로 상대를 마음에 그림
십출수	8향	상건	상패	립경	목목	우상	상심
열십 十 삽주뿌리출 朮 칠수 殳	여덟팔 八 향할향 向	높을상 尙 수건건 巾	높을상 尙 조개패 貝	설립 立 밝을경 冏 (경8구)	나무목 木 눈목 目	비우 雨 서로상 相	서로상 相 마음심 心
살균 殺菌 살생 殺生 살의 殺意 감쇄 減殺 쇄도 殺到	상조 尙早 상고 尙古 고상 高尙	상비 常備 상습 常習 상용 常用	상금 賞金 상배 賞杯 상량 賞狀	상품 商品 상량 商量 행상 行商	상담 相談 수상 首相	상설 霜雪	상상 想像 상정 想定
	평상상 床 형상상 狀 코끼리상 象 형상상 像	맛볼상 嘗 치마상 裳 갚을상 償	상서로울상 祥 자세할상 詳	위상 上			뽕나무상 桑

④ 傷喪序書 暑昔惜席

형제끼리 불화하여 부모의 속을 **상하게**(傷) 한 자식들은 부모를 잃고(喪)서야 뉘우치고 **차례**(序)차례 맹세의 **글**(書)을 써서 속죄했다. / 그 후론 추우나 **더우**(暑)나 **옛**(昔)일을 생각하며 서로를 **아끼고**(惜) 어떤 **자리**(席)에서도 서로 도왔다.

 뜻을 생각하며 읽어 봅시다.

　　상　처　　상　실　　서　론　　서　적
　　傷處　　喪失　　序論　　書籍
　　피　서　　금　석　　석　별　　석　차
　　避暑　　今昔　　惜別　　席次

傷	喪	序	書	暑	昔	惜	席
상할상	잃을상	차례서	글서	더울서	옛석	아낄석	자리석
사람이 몸에 상처를 입음	울고 있는 상제의 두건과 옷	집의 안채와 사랑채를 취하기 위해 차례로 쌓은 담	말을 붓으로 옮겨씀	햇빛이 타는 나뭇단의 불처럼 뜨거움	쌓인 나날	마음으로 옛일을 아쉬워함	뭇사람들이 깔고 앉는 돗자리
인상	십구둘응	엄여	율왈	일자	육일	심석	엄입건
사람인 亻 상처입을상 㐅 (인일1물)	열십 十 입구 口 옷의 衣	집엄 广 줄여 予	붓율 聿 가로왈 曰	날일 日 놈자 者	쌓을육 䒑 날일 日	마음심 忄 옛석 昔	집엄 广 이십입 廾 수건건 巾
상해 傷害 상심 傷心 경상 輕傷	상복 喪服 상가 喪家 상례 喪禮	서열 序列 서곡 序曲	서당 書堂 서두 書頭 서점 書店 정서 淨書	서기 暑氣 소서 小暑	석년 昔年	석패 惜敗 애석 哀惜	석권 席卷 출석 出席
	쌍쌍 雙 요새,변방새 塞 찾을색 索	펼서 敍 천천히서 徐	용서할서 恕 무리서 庶 서녘서 西	관청서 署 실마리서 緒			쪼갤석 析 풀석 釋

⑤ 先仙線鮮 善船選雪

먼저(先) 신선(仙)이 된 사람은 죽은 사람들을 줄(線) 세워 표정이 고운(鮮) 이를 가리고 / 그중 착한(善) 사람을 하늘의 배(船)에 태워 보내면 옥황상제는 그들을 다시 가려(選) 마음이 눈(雪) 같은 이는 신선으로 삼는다.

 뜻을 생각하며 읽어 봅시다.

선후 신선 직선 선명
先後 神仙 直線 鮮明

선량 선박 선출 설욕
善良 船舶 選出 雪辱

先	仙	線	鮮	善	船	選	雪
먼저선	신선선	줄선	고울선	착할선	배선	가릴선	눈설
다른 사람보다 앞서가는 사람	사람이 산에서 도를 얻어 신이 됨	실패에 감긴 실은 샘에서 흘러 나오는 물처럼 끊이지 않음	양고기처럼 맛있는 갓 잡은 물고기	양같이 온순하고 어진 사람은 두 말할 것 없음	강이나 늪을 다니는 배	제사 지내러 갈 때 유순한 사람을 뽑음	수증기(비)가 얼어서 떨어지면 비로 쓰는 것이 눈임
우인	인산	사천	어양	양듀구	주연	사둘공착	우계
소우 牛 걷는사람인 儿	사람인 亻 메산 山	실사 糸 샘천 泉	고기어 魚 양양 羊	양양 羊 머리부분듀 丷 입구 口	배주 舟 늪연 㕣	뱀사 巳 함께공 共 쉬엄쉬엄갈 辶	비우 雨 돼지머리계 彐
선생 先生 선구자 先驅者	선골 仙骨	선분 線分 선로 線路 간선 幹線	선혈 鮮血 선명 鮮明 신선 新鮮	선인 善人 선린 善隣 선방 善防 선처 善處	선객 船客 선실 船室 선원 船員 선창 船窓	선곡 選曲 선임 選任 당선 當選 입선 入選	설봉 雪峰 설산 雪山 설면 雪面 설미 雪眉
						베풀선 宣 돌선 旋 고요할선 禪	건널섭 涉

⑥ 說設姓性 成城誠盛

성현의 **말씀**(說)에 덕을 쌓으려면 **베풀**(設)되 자신의 **성**(姓)명을 밝히지 않는 **성품**(性)을 지녀야 하고 / **이루**(成)는 자가 되려면 **재**(城) 너머 자갈밭도 **정성**(誠)을 다해 풍**성한**(盛) 결실을 맺게 하는 근면성을 지녀야 한다고 하셨다.

 뜻을 생각하며 읽어 봅시다.

설명	설립	성명	성품
說明	設立	姓名	性品

성공	성문	정성	풍성
成功	城門	精誠	豊盛

說	設	姓	性	成	城	誠	盛
말씀설	베풀설	성씨성	성품성	이룰성	재성	정성성	성할성
말을 하여 남을 기쁘게 함	작업을 잘할 수 있도록 말로 뒷바침 함	여자가 아이를 낳음	날 때 가진 마음	무성한 나무처럼 원기 왕성한 장정은 일을 잘 이룸	나라를 이루고 지키기 위해 담을 쌓음	말한 것은 공을 들여 이루어야 함	신에게 바치는 물건이 그릇에 가득함
언태	언수	녀생	심생	무정	토성	언성	성명
말씀언 言 기쁠태 兌	말씀언 言 칠수 殳	계집녀 女 날생 生	마음심 忄 날생 生	다섯째천간 무 戊 장정정 丁	흙토 土 이룰성 成	말씀언 言 이룰성 成	이룰성 成 그릇명 皿
설화 說話 설득 說得 유세 遊說 열락 說樂	설비 設備 설치 設置 설계 設計 설령 設令	동성 同姓 백성 百姓	성격 性格 성미 性味 성상 性狀 성능 性能	성과 成果 성숙 成熟 성사 成事	성루 城樓 성벽 城壁 성주 城主 고성 固城 궁성 宮城	성금 誠金 성심 誠心 성의 誠意 성실 誠實	성대 盛大 성행 盛行 전성기 全盛期 왕성 旺盛

4. ∧ 131

⑦ 省星聖聲 世洗稅細

점성가가 밤하늘을 **살핀**(省) 후 유독 빛나는 한 **별**(星)을 보고 말하길 **성인**(聖)이 **소리**(聲) 없이 나타나 / **세상**(世)을 깨끗이 **씻고**(洗) **세금**(稅)을 줄이고 **가늘**(細)어진 국운을 튼튼히 하겠다고 했다.

 뜻을 생각하며 읽어 봅시다.

성찰	성상	성인	음성
省察	星霜	聖人	音聲

세태	세탁	세관	세밀
世態	洗濯	稅關	細密

省	星	聖	聲	世	洗	稅	細
살필성	별성	성인성	소리성	세상,인간세	씻을세	세금세	가늘세
작은 것까지도 자세히 봄	맑은 하늘에 나타난 빛나는 별	들어서 판단하는 것이 사리에 맞어 덕이 밖으로 나타남	악기를 채로 칠(殳) 때 귀(耳)로 들리는 소리	十을 셋이어서 쓴 글	옛날에 신에게 제사를 지낼 때 물로 먼저 몸을 씻음	곡식을 탈곡하여 그 일부를 세금으로 냄	누에에서 뽑은 실
소목	일생	이구임	사파수이	입은	수선	화태	사전
적을소 少 눈목 目	날일 日 날생 生	귀이 耳 입구 口	선비사 士 땅이름파 巴 칠수 殳 귀이 耳	이십입 卄 니은은 ㄴ	물수 氵 먼저선 先	벼화 禾 기쁠태 兌	실사 糸 밭전 田
반성 反省 귀성 歸省 생략 省略	성군 星群 성신 星辰 성좌 星座	성직 聖職 성웅 聖雄	성량 聲量 성악 聲樂 성가 聲價 성원 聲援 명성 名聲	세간 世間 세계 世界 세대 世代 세업 世業 근세 近世	세차 洗車 세면 洗面 세련 洗練	세금 稅金 세액 稅額 세무서 稅務署 세제 稅制	세류 細流 세류 細柳 세분 細分

⑧ 勢歲少所　消素笑俗

활기찬 **기세**(勢)로 새**해**(歲)를 맞으니 **젊음**(少)의 혈기가 용솟음치는 **바**(所) / 이 기운을 **꺼지게**(消) 하지 말고 재가 **희게**(素) 될 때까지 활활 태우면 내년에는 **웃으**(笑)면서 **풍속**(俗)의 날을 맞으리라.

 뜻을 생각하며 읽어 봅시다.

기세	세배	노소	소감
氣勢	歲拜	老少	所感

연소	소박	미소	풍속
燃消	素朴	微笑	風俗

勢	歲	少	所	消	素	笑	俗
기세세	해세	젊을소	바소	끌소	흴소	웃을소	풍속속
심은 초목이 힘차게 자람	유목민들이 이동하다 겨울에는 머물며 적과 싸워 따뜻해지기를 기다림	물체의 일부가 떨어져서 작아짐	문이 반쯤 열린 것처럼 나무가 도끼에 찍힌 자국	물이 줄어듦	빨아서 드리운 명주실	대나무가 바람에 흔들려 구부러진 모양이 웃는 것과 같음	사람들이 한 골에 모여 살며 이룬 풍습
류환력	보술	소별	호근	수초	됴사	죽요	인곡
큰흙덩이륙 坴 알환 丸 힘력 力	걸음보 步 개술 戌	작을소 小 뻐칠별 丿	지게호 戶 도끼근 斤	물수 氵 작을초 肖	**흙토** 主 실사 糸	대죽 竹 일찍죽을요 夭	사람인 亻 골곡 谷
세도 勢道 세력 勢力 시세 時勢 정세 情勢	세모 歲暮 세월 歲月 연세 年歲	소량 少量 소년 少年 소수 少數 소첩 少妾	소망 所望 소재 所在 명소 名所 숙소 宿所	소등 消燈 소화 消火 소멸 消滅 소비 消費 소일 消日	소복 素服 소재 素材	소극 笑劇 소화 笑話 고소 苦笑 폭소 爆笑	속가 俗歌 속담 俗談 민속 民俗
		쓸소 掃 성길소 疎 (疏) 나물소 蔬	하소연할소 訴	불사를소 燒	시끄러울소 騷 깨어날소 蘇	부를소 召 밝을소 昭	

4. ^

⑨ 速續孫松 送受授守

빠르게(速) 대를 이어(續) 50에 손자(孫)를 본 할아버지는 솔(松)처럼 오래 살라는 축원과 함께 / 보내온(送) 소나무 분재를 받고(受) 답례로 아끼던 매화 분을 주어(授) 의리를 지켰다(守).

 뜻을 생각하며 읽어 봅시다.

속도 계속 자손 송림
速度 繼續 子孫 松林

송금 수령 수수 수호
送金 受領 授受 守護

速	續	孫	松	送	受	授	守
빠를속	이을속	손자손	솔송	보낼송	받을수	줄수	지킬수
약속을 지키기 위해 빨리 감	실의 이어짐이 물건을 사고 파는 것처럼 계속됨	아들의 다음 대를 잇는 사람	나무 중 재목으로 널리 쓰이는 소나무	떠나는 사람을 웃으면서 보냄	손으로 술잔을 주니 손을 내밀어 받음	손으로 받을 수 있게 줌	관청에서 법(寸)에 따라 백성을 보살핌
속착	사매	자계	목공	8천착	조멱우	수수	면촌
묶을속 束 쉬엄쉬엄갈 辶	실사 糸 팔매 賣	아들자 子 이을계 系	나무목 木 공평할공 公	여덟팔 八 하늘천 天 쉬엄쉬엄갈 辶	손톱조 爪 덮을멱 冖 또우 又	손수 扌 받을수 受	집면 宀 마디촌 寸
속결 速決 속기 速記 속단 速斷 속보 速步 속성 速成	속간 續刊 속락 續落 속출 續出 속편 續編	손자 孫子 손부 孫婦	송백 松柏 송죽 松竹 송진 松津 송화 松花	송료 送料 송별 送別 급송 急送 발송 發送	수강 受講 수납 受納 수상 受賞 수용 受容	수여 授與 수유 授乳 교수 教授	수문 守門 수전노 守錢奴
조속 粟 붙을속 屬		덜손 損		송사할송 訟 기릴송 頌 욀송 誦	인쇄쇄 刷 쇠사슬쇄 鎖 쇠잔할쇠 衰		

10 收誰須雖　愁樹壽數

알찬 수확을 **거두기**(收) 위해선 **누구**(誰)나 땀흘려 일해야 하고 그 수확은 **모름지기**(須) 땀의 결실이어야 한다. **비록**(雖) 그것이 부와 명성과 거리가 먼 것일지라도. / 그리고 **근심**(愁)의 **나무**(樹)를 키우지 말고 **목숨**(壽)이 끝나는 날까지 최선을 다한 날을 **세어**(數) 보아라.

 뜻을 생각하며 읽어 봅시다.

수확	수하	필수	수연
收穫	誰何	必須	雖然

수심	수목	수명	수학
愁心	樹木	壽命	數學

收	誰	須	雖	愁	樹	壽	數
거둘수	누구수	모름지기수	비록수	근심수	나무수	목숨수	셀수
이삭에 얽힌 낱알을 쳐서 거둠	새의 말을 누가 알아듣는가	머리에 털이나 듯 수염이 나는 것은 당연함	벌레지만 해를 끼치지 않음	가을에 초목이 시들듯 마음이 시듦	살아서 서 있는 모든 나무	노인이 될 때까지 삶	어리석은 사람이 막대로 치면서 수를 셈
구복	언추	삼혈	구충추	추심	목사묘촌	사1공1구촌	루복
얽힐구 丩 칠복 攵	말씀언 言 새추 隹	터럭삼 彡 머리혈 頁	입구 口 벌레충 虫 새추 隹	가을추 秋 마음심 心	나무목 木 선비사 士 한글 묘 마디촌 寸	선비사 士 장인공 工 입구 口 마디촌 寸	어리석을루 婁 칠복 攵
수지 收支 수감 收監 수축 收縮 추수 秋收	수원수구 誰怨誰咎			수미 愁眉	수근 樹根 수령 樹齡 수립 樹立	수복 壽福 수연 壽宴 장수 長壽	수량 數量 술수 術數
구할수 需 실어낼수 輸		드디어수 遂	가둘수 囚		짐승수 獸	졸수 睡	

⑪ 修秀叔淑　宿肅孰熟

스스로를 **닦고**(修) 닦아 **빼어난**(秀) 인품을 지닌 **아재비**(叔)의 **맑은**(淑) 성품을 닮고자 / **자나**(宿) 깨나 **엄숙한**(肅) 마음으로 **누구**(孰)의 장점이든 그것을 본받아 나의 것으로 **익혔다**(熟).

 뜻을 생각하며 읽어 봅시다.

　　수양　　수재　　숙질　　숙녀
　　修養　　秀才　　叔姪　　淑女

　　숙박　　엄숙　　숙수　　숙달
　　宿泊　　嚴肅　　孰誰　　熟達

修	秀	叔	淑	宿	肅	孰	熟
닦을수	빼어날수	아재비숙	맑을숙	잘숙	엄숙할숙	누구숙	익을숙
멀리 흐르는 물결같이 긴 머리칼을 장식함	벼이삭이 잘 여물어 탐스럽고 좋음	콩의 싹을 손으로 솎아냄	콩은 깨끗한 물에서 싹틈	많은 사람들이 머물렀다 가는 집	붓에 먹물을 묻힐 때 몸가짐을 정숙히 함	제사 고기를 구운 이가 누구인가	불에 익음
유삼	화내	숙우	수숙	면인백	계십편장	향환	숙화
아득할유 攸 (인곤복) 터럭삼 彡	벼화 禾 곧내 乃	콩숙 尗 또우 又	물수 氵 아재비숙 叔	집면 宀 사람인 亻 일백백 百	돼지머리계 彑 열십 十 조각편 片 조각널장 爿	누릴향 享 알환 丸	누구숙 孰 불화 灬
수도 修道 수습 修習 수리 修理	수려 秀麗	숙모 叔母 숙부 叔父 외숙 外叔 당숙 堂叔	숙심 淑心 숙청 淑淸	숙원 宿怨 숙환 宿患 숙직 宿直	숙연 肅然 숙청 肅淸 정숙 靜肅		숙련 熟練 난숙 爛熟
	장수수 帥 다를수 殊 따를수 隨						

12. 瞬順純盾 旬巡術崇

잠깐(瞬)도 쉬지 않고 순하고(順) 순수하게(純) 마음의 방패(盾)를 닦으니 / 열흘(旬)도 되지 않아 어진 기운이 온몸을 두루 돌아(巡) 꾀(術)를 쓰지 않아도 모두 나를 높게(崇) 받들더라.

 뜻을 생각하며 읽어 봅시다.

순간 순서 순진 모순
瞬間 順序 純眞 矛盾

초순 순찰 기술 숭배
初旬 巡察 技術 崇拜

瞬	順	純	盾	旬	巡	術	崇
잠깐순	순할순	순수할순	방패순	열흘순	두루돌순	꾀술	높일숭
무궁화가 피었다 지듯 짧음	물이 흐르듯 몸이 정수리에서 발끔치에 이르는 것이 순리	실처럼 새싹이 돋아나는 것이 깨끗함	사람이 방패로 얼굴을 가린 모양	십간을 단위로 묶어 날수 계산의 기준으로 삼음	물이 돌아서 흘러가듯 두루 다님	삽주뿌리같이 여러 갈래로 난 작은 길	높은 산을 뜻함
목조덮천	천혈	사둔	엄십목	포일	천착	행출	산종
눈목 目 손톱조 爪 덮을멱 冖 어그러질천 舛	내천 川 머리혈 頁	실사 糸 두꺼울둔 屯	굴바위엄 厂 열십 十 눈목 目	쌀포 勹 날일 日	내천 川 쉬엄쉬어갈 착 辶	다닐행 行 삽주뿌리출 朮	메산 山 으뜸종 宗
일순 一瞬	순풍 順風 순차 順次	순금 純金 순백 純白 청순 淸純	순과 盾戈	순년 旬年	순행 巡行 순시 巡視	수술 手術 화술 話術	숭상 崇尙 숭엄 崇嚴
순박할순 淳 무궁화순 舜	쫓을순 循	따라죽을순 殉	입술순 脣			지을술 述	

⑬ 習拾乘承 勝市是時

한자 한 자를 **익힐**(習) 때마다 냇가에서 돌을 하나씩 **주워**(拾)와 쌓았더니 그것이 돈 무더기가 되어 자가용을 **탈**(乘) 운명으로 **이어졌다**(承). / 고난을 **이기려면**(勝) **저자**(市) 거리에서 빌빌거리지 말고 **이**(是) 말을 귀담아 듣고 **때**(時)를 놓치지 말라.

 뜻을 생각하며 읽어 봅시다.

습관	습득	승객	승계
習慣	拾得	乘客	承繼

승패	시장	시비	시절
勝敗	市長	是非	時節

習	拾	乘	承	勝	市	是	時
익힐습	주울습	탈승	이을승	이길승	저자시	이시	때시
알에서 갓 깨어난 새의 흰빛 깃이 차츰 자라 어미새처럼 됨	손으로 흩어진 물건을 주워모음	사람이 나무에 양발을 어긋 디디며 오르는 모양	병부를 두 손으로 받든 모양	스스로 인내하고 힘쓰면 이겨낼 수 있음	옷감을 얻기 위해 가는 곳	해는 만물을 고루 비추므로 올바름	해가 규칙적으로 움직임
우백	수합	화북	료삼수	월권력	두건	일아	일사
깃우 羽 흰백 白	손수 扌 합할합 合	벼화 禾 북녘북 北	마칠료 了 석삼 三 물수 水	달월 月 움켜쥘권 失 힘력 力	머리부분두 亠 수건건 巾	날일 日 바를아 正	날일 日 절사 寺
습성 習性 견습 見習 교습 敎習 인습 因習	수습 收拾	승마 乘馬 승차 乘車 승제 乘除	승인 承認 승낙 承諾 전승 傳承	승부 勝負 승산 勝算 연승 連勝 경승 景勝	시가 市街 시내 市內 시립 市立	시인 是認 시정 是正	시간 時間 시가 時價 시국 時局
	엄습할습 襲 젖을습 濕		되승 升 오를승 昇	중승 僧			

14. 詩 視 施 試　始 式 植 識

과거에선 **글귀**(詩)를 짓게 할 것이 아니라 백성들의 어려움을 **보고**(視) 어떻게 **베풀**(施) 것인가를 **시험해야**(試) 한다. / 그렇게 될 때 **비로소**(始) 과거의 바른 **법**(式)을 **심어**(植) 백성들의 고충을 **알**(識)려고 할 것이다.

  뜻을 생각하며 읽어 봅시다.

詩調(시조)　監視(감시)　施設(시설)　試驗(시험)
始終(시종)　法式(법식)　植木(식목)　識別(식별)

詩	視	施	試	始	式	植	識
글귀 시	볼 시	베풀 시	시험할 시	비로소 시	법 식	심을 식	알 식
마음 속에 품은 생각을 말로 표현함	보고 또 보임	깃발이 펄럭이며 말렸다 펼쳐짐	일정한 법에 따라 물어봄	뱃속의 아기는 생명의 시작	죄를 물어 죽일 때 법식에 따름	나무를 곧게 세워 심음	전해 오는 말을 진흙으로 된 벽이나 토기에 새겨 알게 함
언사	시견	방인야	언식	녀태	익공	목직	언음과
말씀언 言 절사 寺	보일시 示 볼견 見	모방 方 사람인 人 어조사야 也	말씀언 言 법식 式	계집녀 女 늙을태 台	주살익 弋 장인공 工	나무목 木 곧을직 直 (십목은)	말씀언 言 소리음 音 창과 戈
시가 詩歌 시상 詩想 시성 詩聖 시정 詩情	시찰 視察 시청 視聽 시야 視野 시선 視線	시책 施策 시행 施行 시상 施賞 보시 布施	시련 試鍊 시식 試食 시안 試案 입시 入試	시동 始動 시말 始末 시발 始發 시조 始祖 시초 始初	식사 式辭 식장 式場 격식 格式	식수 植樹 식물 植物	식견 識見 지식 知識
모실시 侍						꾸밀식 飾 (장 裝)	숨쉴식 息

4. ∧ 139

⑮ 神信新失 室實甚深

요망한 귀신(神)을 믿으면(信) 새(新)로운 것을 찾으려는 의지를 잃게(失) 되고 / 또 마음의 집(室)과 노력의 열매(實)까지 잃게 되니 심해지기(甚) 전에 마음 깊은(深) 곳에 구조대를 파견하라.

 뜻을 생각하며 읽어 봅시다.

귀신	신념	신구	실패
鬼神	信念	新舊	失敗

교실	충실	심란	심천
敎室	充實	甚難	深淺

神	信	新	失	室	實	甚	深
귀신신	믿을신	새신	잃을실	집실	열매실	심할심	깊을심
만물을 펴내는 신	사람의 말에는 마땅히 믿음이 있어야 함	도끼에 잘린 나무에 새 움이 돋음	손에서 물건이 떨어지는 모습	사람이 머물러 사는 집	집에 돈 꾸러미가 가득 차 있음	부부가 함께 단 음식을 먹으니 즐겁다	물이 불어서 깊음
시신	인언	립목근	인대	면지	면관	감필	수역8목
보일시 示 펼신 申	사람인 亻 말씀언 言	설립 立 나무목 木 도끼근 斤	사람인 人 큰대 大	집면 宀 이를지 至	집면 宀 꿸관 貫	달감 甘 짝필 匹	물수 氵 덮을멱 冖 여덟팔 八 나무목 木
신화 神話 신기 神技 실신 失神	신봉 信奉 신용 信用 통신 通信	신간 新刊 신년 新年 신기록 新記錄 신록 新綠	실명 失明 실업 失業 실기 失期 실언 失言 실정 失政	실내 室內 정실 正室 후실 後室	실과 實果 실물 實物 실정 實情 허실 虛實	심대 甚大 막심 莫甚	심려 深慮 심도 深度 심사 深思 심산 深山 심야 深夜
펼신 伸		새벽신 晨 삼갈신 愼					살필심 審 찾을심 尋

확인과 연습

 뜻과 음을 외며 내용을 머리 속에 그려 봅시다.

1. 仕寺史使   舍射謝師
2. 死私思事   絲産散算
3. 殺尙常賞   商相霜想
4. 傷喪序書   暑昔惜席
5. 先仙線鮮   善船選雪
6. 說設姓性   成城誠盛
7. 省星聖聲   世洗稅細
8. 勢歲少所   消素笑俗
9. 速續孫松   送受授守
10. 收誰須雖 愁樹壽數
11. 修秀叔淑 宿肅孰熟
12. 瞬順純盾 旬巡術崇
13. 習拾乘承 勝市是時
14. 詩視施試 始式植識
15. 神信新失 室實甚深

 자의 모양을 생각하며 읽어 봅시다.

1. **벼슬**을 버리고 **절**로 들어가 **역사** 공부를 하던 중 깨달은 바가 있어 하인을 **시켜** 짐을 옮겨 왔다. / 움**집**을 짓고 활을 **쏘며** 병법을 연구하여 훗날 왜구의 침략으로부터 나라를 구하니 임금은 크게 **사례**하고 겨레의 **스승**으로 삼았다.

2. **죽을** 때가 가까워진 아버지는 **사사**로운 정을 버리고 깊이 **생각하여** 사후의 **일**을 처리했다. / 가업인 **실** 공장은 정부인이 **낳은** 장남에게 물려주고 **흩어져** 살 자식들에게는 공평하게 **셈**을 하여 재산을 분배하니 형제의 우애가 더욱 두터워졌다.

3. 자신을 **죽이려는** 친구를 오히려 **높이고** 감싸며 **항상** 보살피는 사람에게 **상**을 주는 것이 마땅하고 / **장사**꾼들이 눈앞의 이익을 위해 **서로** 헐뜯으면 **서릿발** 같은 벌을 내려 무엇이 중요한가를 **생각하게** 해야 한다.

4. 형제끼리 불화하여 부모의 속을 **상하게** 한 자식들은 부모를 **잃고서야** 뉘우치고 **차례차례** 맹세의 **글**을 써서 속죄했다. / 그 후론 추우나 **더우나 옛**일을 생각하며 서로를 **아끼고** 어떤 **자리**에서도 서로 도왔다.

5. **먼저 신선**이 된 사람은 죽은 사람들을 **줄** 세워 표정이 **고운** 이를 가리고 / 그중 **착한** 사람을 하늘의 **배**에 태워 보내면 옥황상제는 그들을 다시 **가려** 마음이 **눈** 같은 이는 신선으로 삼는다.

6. 성현의 **말씀**에 덕을 쌓으려면 **베풀**되 자신의 **성명**을 밝히지 않는 **성품**을 지녀야 하고 / **이루**는 자가 되려면 **재** 너머 자갈밭도 **정성**을 다해 풍**성한** 결실을 맺게 하는 근면성을 지녀야 한다고 하셨다.

7. 점성가가 밤하늘을 **살핀** 후 유독 빛나는 한 **별**을 보고 말하길 **성인**이 **소리** 없이 나타나 / **세상**을 깨끗이 **씻고** 세금을 줄이고 **가늘어진** 국운을 튼튼히 하겠다고 했다.

8. 활기찬 **기세**로 새해를 맞으니 **젊음**의 혈기가 용솟음치는 **바** / 이 기운을 **꺼지게** 하지 말고 재가 **희게** 될 때까지 활활 태우면 내년에는 **웃으면서 풍속**의 날을 맞으리라.

9. **빠르게** 대를 **이어** 50에 **손자**를 본 할아버지는 **솔**처럼 오래 살라는 축원과 함께 / **보내온** 소나무 분재를 **받고** 답례로 매화 분을 **주어** 의리를 **지켰다**.

10. 알찬 수확을 **거두기** 위해선 **누구나** 땀흘려 일해야 하고 그 수확은 **모름지기** 땅의 결실이어야 한다. 비록 그것이 부와 명성과 거리가 먼 것일지라도. / 그리고 **근심**의 **나무**를 키우지 말고 **목숨**이 끝나는 날까지 최선을 다한 날을 **세어** 보아라.

11. 스스로를 **닦고** 닦아 **빼어난** 인품을 지닌 **아재비**의 **맑은** 성품을 닮고자 / **자나** 깨나 **엄숙한** 마음으로 **누구**의 장점이든 그것을 본받아 나의 것으로 **익혔다**.

12. **잠깐**도 쉬지 않고 **순하고 순수하게** 마음의 **방패**를 닦으니 / **열흘**도 되지 않아 어진 기운이 온몸을 **두루돌아 꾀**를 쓰지 않아도 모두 나를 **높게** 받들더라.

13. 한자 한 자를 **익힐** 때마다 냇가에서 돌을 하나씩 **주워** 쌓았더니 그것이 돈 무더기가 되어 자가용을 **탈** 운명으로 **이어졌다**. / 고난을 **이기려면 저자** 거리에서 빌빌거리지 말고 이 말을 귀담아 듣고 **때**를 놓치지 말라.

14. 과거에선 **글귀**를 짓게 할 것이 아니라 백성들의 어려움을 **보고** 어떻게 **베풀** 것인가를 **시험해야** 한다. / 그렇게 될 때 비로소 과거의 바른 법을 **심어** 백성들의 고충을 알려고 할 것이다.

15. 요망한 **귀신**을 믿으면 새로운 것을 찾으려는 의지를 **잃게** 되고 / 또 마음의 **집**과 노력의 **열매**까지 잃게 되니 더 **심해지기** 전에 마음 **깊은** 곳에 구조대를 파견하라.

 그림과 내용을 상상하고 뜻과 음을 외며 한자를 써 봅시다.

仕	寺	史	使	舍	射	謝	師
벼슬사	절사	역사사	시킬사	집사	쏠사	사례할사	스승사
仕	寺	史	使	舍	射	謝	師
인사	토촌	구별을	인리	인설	신촌	언사	퇴1건

死	私	思	事	絲	産	散	算
죽을사	사사사	생각할사	일사	실사	낳을산	흩을산	셈할산
死	私	思	事	絲	産	散	算
사비	화사	전심	1구계궐	사둘	언생	육월복	죽목공

그림과 내용을 상상하고 뜻과 음을 외며 한자를 써 봅시다.

殺	尚	常	賞	商	相	霜	想
죽일살	높을상	항상상	상줄상	장사상	서로상	서리상	생각할상
殺	尚	常	賞	商	相	霜	想
십출수	8향	상건	상패	립경	목목	우상	상심

傷	喪	序	書	暑	昔	惜	席
상할상	잃을상	차례서	글서	더울서	옛석	아낄석	자리석
傷	喪	序	書	暑	昔	惜	席
인상	십구둘응	엄여	율왈	일자	육일	심석	엄입건

144 제2장 기초 한자

 그림과 내용을 상상하고 뜻과 음을 외며 한자를 써 봅시다.

先	仙	線	鮮	善	船	選	雪
먼저 선	신선 선	줄 선	고울 선	착할 선	배 선	가릴 선	눈 설
先	仙	線	鮮	善	船	選	雪
우인	인산	사천	어양	양듀구	주연	사둘공착	우계

說	設	姓	性	成	城	誠	盛
말씀 설	베풀 설	성씨 성	성품 성	이룰 성	재 성	정성 성	성할 성
說	設	姓	性	成	城	誠	盛
언태	언수	녀생	심생	무정	토성	언성	성명

 그림과 내용을 상상하고 뜻과 음을 외며 한자를 써 봅시다.

省	星	聖	聲	世	洗	稅	細
살필성	별성	성인성	소리성	세상,인간세	씻을세	세금세	가늘세
省	星	聖	聲	世	洗	稅	細
소목	일생	이구임	사파수이	입은	수선	화태	사전

勢	歲	少	所	消	素	笑	俗
기세세	해세	젊을소	바소	끌소	흴소	웃을소	풍속속
勢	歲	少	所	消	素	笑	俗
류환력	보술	소별	호근	수초	됴사	죽요	인곡

 그림과 내용을 상상하고 뜻과 음을 외며 한자를 써 봅시다.

速	續	孫	松	送	受	授	守
빠를속	이을속	손자손	솔송	보낼송	받을수	줄수	지킬수
速	續	孫	松	送	受	授	守
속착	사매	자계	목공	8천착	조먹우	수수	면촌

收	誰	須	雖	愁	樹	壽	數
거둘수	누구수	모름지기수	비록수	근심수	나무수	목숨수	셀수
收	誰	須	雖	愁	樹	壽	數
구복	언추	삼혈	구충추	추심	목사묘촌	사1공1구촌	루복

 그림과 내용을 상상하고 뜻과 음을 외며 한자를 써 봅시다.

修	秀	叔	淑	宿	肅	孰	熟
닦을수	빼어날수	아재비숙	맑을숙	잘숙	엄숙할숙	누구숙	익을숙
修	秀	叔	淑	宿	肅	孰	熟
유삼	화내	숙우	수숙	면인백	계십편장	향환	숙화

瞬	順	純	盾	旬	巡	術	崇
잠깐순	순할순	순수할순	방패순	열흘순	두루돌순	꾀술	높일숭
瞬	順	純	盾	旬	巡	術	崇
목조먁천	천혈	사둔	엄십목	포일	천착	행출	산종

 그림과 내용을 상상하고 뜻과 음을 외며 한자를 써 봅시다.

習	拾	乘	承	勝	市	是	時
익힐습	주울습	탈승	이을승	이길승	저자시	이시	때시
習	拾	乘	承	勝	市	是	時
우백	수합	화북	료삼수	월권력	두건	일아	일사

詩	視	施	試	始	式	植	識
글귀시	볼시	베풀시	시험할시	비로소시	법식	심을식	알식
詩	視	施	試	始	式	植	識
언사	시견	방인야	언식	녀태	익공	목직	언음과

4. ∧ 149

 그림과 내용을 상상하고 뜻과 음을 외며 한자를 써 봅시다.

神	信	新	失	室	實	甚	深
귀신 신	믿을 신	새 신	잃을 실	집 실	열매 실	심할 심	깊을 심
神	信	新	失	室	實	甚	深
시신	인언	립목근	인대	면지	면관	감필	수먹8목

5.

① 兒我惡安 案顏眼暗

한 **아이**(兒)가 **나**(我)에게 말하기를 **악한**(惡) 마음을 버리면 **편안해**(安)지고 / **책상**(案)은 **얼굴**(顏)의 **눈**(眼)과 같으니 이를 택하면 **어둠**(暗)을 밝혀 줄 지식을 얻게 된다고 했다.

 뜻을 생각하며 읽어 봅시다.

아동	피아	선악	안녕
兒童	彼我	善惡	安寧

고안	안면	안경	암흑
考案	顏面	眼鏡	暗黑

兒	我	惡	安	案	顏	眼	暗
아이아	나아	악할악	편안할안	책상안	얼굴안	눈안	어두울암
정수리의 숨구멍이 아직 굳지 않은 아이	손에 창을 들고 내 몸을 지킴	일그러진 마음을 나타냄	여자가 집에 있어야 안정됨	나무를 고정시켜 만든 편안한 책상	선비의 훤칠한 이마를 가르킴	눈은 일정한 한도 내에서만 돌아감	해가 져서 보이지 않고 소리만 들림
구인	수과	아심	면녀	안목	언혈	목간	일음
절구구 臼 걷는사람인 儿	손수 扌 창과 戈	버금아 亞 마음심 心	집면 宀 계집녀 女	편안안 安 나무목 木	착한선비언 彦 머리혈 頁	눈목 目 머물간 艮	날일 日 소리음 音
아명 兒名 아역 兒役 풍운아 風雲兒 건아 健兒	아군 我軍 망아 忘我	악담 惡談 악몽 惡夢 악습 惡習 악연 惡緣 증오 憎惡	안락 安樂 안면 安眠 안부 安否 안정 安定	안내 案內 묘안 妙案 입안 立案	안색 顏色 안료 顏料 무안 無顏 용안 龍顏	안전 眼前 안질 眼疾 안목 眼目	암운 暗雲 암매 暗賣 암살 暗殺
언덕아 阿 바를아 雅	주릴아 餓 싹아 芽	큰산악 岳			기러기안 雁	언덕안 岸 아뢸알 謁	

② 巖仰愛哀　夜野弱若

바위(巖)도 우러러(仰)보는 너의 돌 머리도 사랑(愛)의 기쁨과 이별의 슬픔(哀)을 아는구나. / 밤(夜) 늦도록 들(野)판을 헤매던 네 여리고 약한(弱) 마음은 수학에는 돌이었던 석두와 같지(若) 않구나.

 뜻을 생각하며 읽어 봅시다.

　　암석　　신앙　　애모　　비애
　　巖石　信仰　愛慕　悲哀

　　야간　　야외　　약세　　만약
　　夜間　野外　弱勢　萬若

巖	仰	愛	哀	夜	野	弱	若
바위암	우러를앙	사랑애	슬플애	밤야	들야	약할약	같을약
산에 굳센 모습으로 버티고 선 돌	무릎을 꿇고 앉은 사람이 선 사람을 우러러봄	과일이 천천히 익듯 마음도 천천히 줌	옷깃으로 입을 가리고 슬프게 옮	저녁이 되면 또 밤이 됨	논과 밭이 있는 곳	어린 새의 날개가 나란히 펼쳐진 모양	어린 싹을 구별하여 손으로 고르기 힘듦
산구둘엄감	인앙	조멱심쇠	의구	두인석을	리여	약	초우
메산 山 입구 口 굴바위엄 厂 용감할감 敢	사람인 亻 높을앙 卬	손톱조 爪 덮을멱 冖 마음심 心 천천히걸을쇠 夊	옷의 衣 입구 口	머리부두 亠 사람인 亻 저녁석 夕 굽을을 乁	마을리 里 줄여 予		풀초 艹 오른쪽우 右
암반 巖盤	앙망 仰望	애국 愛國 애인 愛人 애창 愛唱 애정 愛情	애련 哀憐 애상 哀想 애통 哀痛 애도 哀悼	야근 夜勤 야경 夜景 야광 夜光 야음 夜陰	야비 野卑 야생 野生 분야 分野	약골 弱骨 약시 弱視 약관 弱冠	약간 若干
누를압 壓 (억 抑, 진 鎭)	가운데앙 央 재앙앙 殃		물가애 涯 재앙액 厄 이마액 額		어조사야 也 어조사야 耶		

❸ 約藥洋養 揚陽讓魚

약속되지(約) 않은 약(藥)을 먹는 것은 큰바다(洋) 같은 병을 기르는(養) 것이고 / 이름을 날리려고(揚) 햇볕(陽) 아래서 자선을 떠벌리면 미끼를 사양하는(讓) 고기(魚)만도 못하다.

 뜻을 생각하며 읽어 봅시다.

약속 보약 양복 양육
約束 補藥 洋服 養育

찬양 양지 사양 어족
讚揚 陽地 辭讓 魚族

約	藥	洋	養	揚	陽	讓	魚
약속할약	약약	큰바다양	기를양	날릴양	볕양	사양할양	고기어
실로 작은 매듭을 지음	약초를 먹고 상쾌해짐	많은 양 떼가 움직이듯 바닷물이 출렁임	양에게 먹이를 주어 키움	손으로 깃발을 태양을 향해 올림	남쪽의 밝은 언덕은 볕을 더 받음	말로서 도와주는 것을 거절함	물고기의 모양
사작	초락	수양	양식	수일1물	부양	언양	도전화
실사 糸 작을작 勺	풀초 ㅛ 즐길락 樂 (요백요목)	물수 氵 양양 羊	양양 羊 밥식 食	손수 扌 날일 日 한일 一 말물 勿	언덕부 阝 빛날양 昜	말씀언 言 도울양 襄 (두구둘모 응)	칼도 刀 밭전 田 불화 灬
약정 約定 약혼 約婚 계약 契約 요약 要約 절약 節約	약국 藥局 약물 藥物 약초 藥草 약효 藥效	양식 洋食 양옥 洋屋 양양 洋洋 대양 大洋	양계 養鷄 양봉 養蜂 양성 養成	양명 揚名 양수기 揚水機 인양 引揚	양기 陽氣 양성 陽性	양도 讓渡 양보 讓步 양수 讓受 겸양 謙讓	어군 魚群 어류 魚類 양어장 養魚場
			모양양 樣		버들양 楊	흙양 壤	어조사 於 고기잡을어 漁 다스릴어 御

④ 語 億 憶 嚴 業 余 餘 如

법관이 되라는 아버님 **말씀(語)**을 **억(億)**만 번 **생각해(憶)** 봐도 **엄하게(嚴)**만 느껴질 뿐 실감이 나지 않는다. / **가업(業)**을 이을 **나(余)**를 기어이 고시촌에 **남게(餘)** 함은 나를 버리는 것과 **같구나(如)**.

 뜻을 생각하며 읽어 봅시다.

언어	억만	추억	엄금
言語	億萬	追憶	嚴禁

업무	여등	잔여	여실
業務	余等	殘餘	如實

語	億	憶	嚴	業	余	餘	如
말씀어	억억	생각할억	엄할엄	업업	나여	남을여	같을여
나와 상대방의 뜻을 통하게 하는 말	사람의 일이 뜻대로 되어 마음이 편안함	마음에 뜻을 새겨 잊지 않음	높고 험한 산에서 위엄 있게 호령함	종이나 큰북을 거는 도구 모양	입에서 말이 퍼져나옴	음식이 남에게 줄 정도로 남음	여자는 남편의 말과 행동에 따라 행동함
언오	인의	심의	구둘엄감	착1인	인우8	식여	녀구
말씀언 言 나오 吾	사람인 亻 뜻의 意	마음심 忄 뜻의 意	입구 口 굴바위엄 厂 용감할감 敢	무성할착 丵 한일 一 사람인 人	사람인 人 어조사우 于 여덟팔 八	밥식 食 나여 余	계집녀 女 입구 口
어감 語感 어미 語尾 어원 語源 국어 國語	억대 億代 억조창생 億兆蒼生	기억 記憶	엄격 嚴格 엄단 嚴斷 엄부 嚴父 엄동 嚴冬 엄벌 嚴罰	업적 業績 업보 業報 본업 本業 전업 轉業 수업 授業		여력 餘力 여망 餘望 여명 餘命 여생 餘生 여유 餘裕	여의 如意 여전 如前 여하 如何
	누를억 抑	어찌언 焉					

❺ 汝與亦易 逆然煙研

너(汝)에게 줄(與) 것은 주먹이요 또(亦) 네가 받은 상과 바꾸어야(易) 할 건 벌이다. / 하늘을 거스르고(逆) 땅을 속여 얻은 그런(然) 상이 상이냐? 연기(煙)처럼 사라지는 그런 명성을 좇지 말고 스스로를 갈(研)고 닦아라.

뜻을 생각하며 읽어 봅시다.

여등 수여 역시 무역
汝等 授與 亦是 貿易

역적 필연 연기 연마
逆賊 必然 煙氣 研磨

汝	與	亦	易	逆	然	煙	研
너여	줄여	또역	바꿀역	거스를역	그럴연	연기연	갈연
상류의 삼각주를 싸고 흐르는 강 모양	두 사람이 손으로 맞들 어줌	팔 밑의 겨드랑이는 양쪽 다 있음	도마뱀 모양	서로 반대되는 곳으로 감	개를 불에 거슬러 잡아 먹음	아궁이에서 물건이 탈 때 나는 기체	단단한 돌을 반듯하게 갈고 닦음
수녀	여	역	일물	역착	월견화	화서토	석견
물수 氵 계집녀 女			날일 日 말물 勿	거스를역 屰 쉬엄쉬엄갈 착 辶	달월 月 개견 犬 물화 灬	불화 火 서녘서 西 흙토 土	돌석 石 평평할견 幵
여아지간 汝我之間	여당 與黨 여민동락 與民同樂 급여 給與	역연 亦然	역학 易學 교역 交易 안이 安易 평이 平易	역류 逆流 역모 逆謀 역도 逆徒 역행 逆行	연후 然後 연즉 然則 자연 自然 초연 超然	연초 煙草 연경 煙景 흡연 吸煙	연무 研武 연수 研修 연찬 研鑽
	수레여 輿	부릴역 役 염병역 疫		지경역 域 역역 驛 번역할역 譯	끌연 延 물따라내려갈연 沿 납연 鉛	불탈연 燃 잔치연 宴 펼연 演	인연연 緣 제비연 燕 연할연 軟

⑥ 硯 熱 悅 炎　葉 永 英 迎

벼루(硯)가 닳을수록 지식은 더해지고 가슴이 더울(熱)수록 기쁨(悅)의 불꽃(炎)이 찬란하며 / 잎(葉)이 무성하고 생명이 길(永)수록 꽃(英)을 맞는(迎) 기쁨이 더 크다.

뜻을 생각하며 읽어 봅시다.

연적	열렬	희열	염증
硯滴	熱烈	喜悅	炎症

낙엽	영원	영재	영접
落葉	永遠	英才	迎接

硯	熱	悅	炎	葉	永	英	迎
벼루연	더울열	기쁠열	불꽃염	잎엽	길영	꽃부리영	맞을영
잘 보면서 가는 돌	불길이 너무 새차서 뜨거움	아이들이 잘 따르니 마음이 기쁘고 즐거움	불길이 타오르는 모양	초목에 달려 있는 엷은 것	여러 갈래로 흐르는 물의 줄기 모양	초목의 아름답게 핀 꽃의 중심부	오는 사람을 마중나가 높이 우러러봄
석견	류환화	심태	화둘	초세목	주수	초앙	앙착
돌석 石 볼견 見	큰흙덩이류 坴 알환 丸 불화 灬	마음심 忄 기쁠태 兌	불화 火	풀초 艹 인간세 世 나무목 木	불뚱주 丶 물수 水	풀초 艹 가운데앙 央	높을앙 卬 쉬엄쉬엄갈 辶
연석 硯石 연수 硯水 필연 筆硯	열기 熱氣 열망 熱望 열애 熱愛 고열 高熱 미열 微熱	열락 悅樂 열애 悅愛 법열 法悅	염량 炎凉 염천 炎天	엽차 葉茶 엽록소 葉綠素 지엽 枝葉 말엽 末葉	영구 永久 영면 永眠 영생 永生 영주 永住	영단 英斷 영웅 英雄	영신 迎新 영합 迎合 출영 出迎
			물들일염 染 소금염 鹽		헤엄칠영 泳 읊을영 詠	비칠영 映	

7. 榮藝吾悟 午誤烏屋

부귀 **영화(榮)**는 **재주(藝)**만으로 가능하나 참된 삶은 **나(吾)** 스스로 **깨달아야(悟)** 한다. / 일해야 할 **낮(午)** 시간을 **그르친다면(誤)** 노년에는 **까마귀(烏)** 소리 요란한 **집(屋)** 속에 갇혀 살 것이다.

 뜻을 생각하며 읽어 봅시다.

영화	예술	오등	각오
榮華	藝術	吾等	覺悟

오후	착오	오작	옥상
午後	錯誤	烏鵲	屋上

榮	藝	吾	悟	午	誤	烏	屋
영화로울영	재주예	나오	깨달을오	낮오	그르칠오	까마귀오	집옥
꽃이 아름답고 잎이 무성한 나무	초목을 심어 잘 키우려면 솜씨가 필요함	다섯 손가락으로 자기를 가르치며 말함	자기의 마음을 깨닫고 뉘우침	해시계의 절구공이 모양	큰소리치는 말일수록 실수하기 쉬움	새와 구별하기 위해 일을 뺌	사람이 머물러 삶
화둘멱목	초륙환운	5구	심오	인십	언오	오	시지
불화 火 덮을멱 冖 나무목 木	풀초 艹 큰흙덩이륙 坴 알환 丸 이를운 云	다섯오 五 입구 口	마음심 忄 나오 吾	사람인 人 열십 十	말씀언 言 큰소리할오 吳		주검시 尸 이를지 至
영광 榮光 영예 榮譽 영욕 榮辱	예능 藝能 예명 藝名	오인 吾人	오도 悟道 오성 悟性 대오 大悟	오수 午睡 오침 午寢 오전 午前 단오 端午	오기 誤記 오류 誤謬 오발 誤發 오산 誤算 오인 誤認	오비이락 烏飛梨落 오죽 烏竹	옥내 屋內 옥호 屋號 옥외집회 屋外集會
그림자영 影 경영할영 營	날카로울예 銳 미리예 豫 기릴예 譽	벽오동나무오 梧	속오 奧 즐거워할오 娛	더러울오 汚		탄식할오 嗚	옥옥 獄

⑧ 溫臥完王 往外要欲

따뜻한(溫) 아랫목에 누워(臥) 완전한(完) 임금(王)이 되는 길을 생각해 본다. / 원나라에 볼모로 잡혀 가(往) 안팎(外)의 수모를 견딘 것은 다시 돌아가 나라를 구한(要) 내 백성을 외침 없이 살게 하고자 함(欲)이 아니었던가?

뜻을 생각하며 읽어 봅시다.

온난　　와병　　완전　　왕후
溫暖　臥病　完全　王侯
왕래　　내외　　요구　　욕구
往來　內外　要求　欲求

溫	臥	完	王	往	外	要	欲
따뜻할온	누울와	완전할완	임금왕	갈왕	바깥외	구할요	하고자할욕
따뜻한 물	신하가 임금 앞에서 엎드림	집에서 으뜸인 사람이 지은 집은 튼튼함	하늘과 땅을 통하여 통치하는 자	초목의 싹이 성히 나와 뻗어나감	점을 저녁에 치는 것은 예외임	여자가 두 손으로 허리를 잡고 있는 모양	골짜기와 같이 입을 벌리고 먹고 싶어 하는 마음
수수명	신인	면원	왕	척주	석복	아녀	곡흠
물수 氵 가둘수 囚 그릇명 皿	신하신 臣 사람인 人	집면 宀 으뜸원 元		자축거릴척 彳 주인주 主	저녁석 夕 점복 卜	덮을아 襾 계집녀 女	골곡 谷 하품흠 欠
온기 溫氣 온도 溫度 온대 溫帶 온순 溫順 온유 溫柔	와룡 臥龍	완결 完決 완료 完了 완봉 完封 완비 完備 완성 完成	왕권 王權 왕업 王業 왕위 王位 왕좌 王座	왕년 往年 우왕좌왕 右往左往 이왕지사 已往之事	외근 外勤 외형 外形 외교 外交 외신 外信 외화 外貨	요직 要職 요청 要請 요지 要旨 요원 要員 긴요 緊要	욕정 欲情
늙은이옹 翁		느릴완 緩 (더딜지 遲)		왜국왜 倭	두려워할외 畏	허리요 腰 흔들요 搖 노래요 謠 멀요 遙	욕심욕 慾

❾ 浴勇容宇 右友憂尤

만찬 초대를 받아 **목욕**(浴)을 하고 **날래게**(勇) **얼굴**(容)을 매만진 후 즐겁게 **집**(宇)을 나서긴 했는데 / 식사 내내 **오른쪽**(右)에 앉은 **벗**(友)의 **근심**(憂)스런 표정이 마음에 걸려 기분을 풀어주려고 **더욱**(尤) 수선을 떨었다.

 뜻을 생각하며 읽어 봅시다.

　목욕　　용감　　용모　　옥우
　沐浴　勇敢　容貌　屋宇
　좌우　　붕우　　우려　　우묘
　左右　朋友　憂慮　尤妙

浴	勇	容	宇	右	友	憂	尤
목욕욕	날랠용	얼굴용	집우	오른쪽우	벗우	근심우	더욱우
골짜기의 물로 몸을 씻음	물이 넘쳐나듯 힘이 솟음	집은 골처럼 많은 것을 담아둘 수 있음	집의 사면에 넓게 드리워져 있는 처마밑	말과 함께 움직여 돕는 손	손과 손을 맞잡은 모양	머리에 걱정이 많아 발걸음이 무거움	손에서 물건을 떨어뜨린 허물을 지나치게 탓함
수곡	용력	면곡	면우	1별구	1별우	혈심쇠	왕주
물수 氵 골곡 谷	골목길용 甬 힘력 力	집면 宀 골곡 谷	집면 宀 어조사우 于	한일 一 삐칠별 丿 입구 口	한일 一 삐칠별 丿 또우 又	머리혈 頁 마음심 心 천천히걸을쇠 夂	절름발이왕 尢 불똥주 丶
욕탕 浴湯	용단 勇斷 용맹 勇猛 용병 勇兵 용사 勇士	용태 容態 용기 容器 용량 容量 용납 容納 용이 容易	천우 天宇	우경 右傾 우익 右翼 우측 右側 우군 右軍	우의 友誼 우방 友邦 우호 友好 우애 友愛	우국 憂國 우수 憂愁 기우 杞憂	우심 尤甚
욕욕 辱	뛸용 踊 물넘칠용 涌					넉넉할우 優	우편우 郵

⑩ 遇云雲運 雄元原願

길에서 **만난**(遇) 도사가 **이르기**(云)를 남자란 **구름**(雲) 속을 헤매듯 인생을 **운전하는**(運) 것이 아니며 / 또 **수컷**(雄)의 **으뜸**(元)가는 자질은 위기의 **근본**(原)을 밝히기 **원하는**(願) 의지의 강도에 있다고 했다.

 뜻을 생각하며 읽어 봅시다.

기우	운위	운집	운동
奇遇	云謂	雲集	運動

웅장	원수	원리	염원
雄壯	元首	原理	念願

遇	云	雲	運	雄	元	原	願
만날우	이를운	구름운	운전할운	수컷웅	으뜸원	근본원	원할원
원숭이처럼 어리석고 고지식함	숨이나 공기가 구불구불 올라가는 모양	비가 내리는 것은 수증기의 움직임 때문임	병사들이 전차를 몰고 나감	새 중에서 수컷은 발톱의 힘이 강함	사람의 윗부분인 머리를 뜻함	바위 밑에서 솟아나는 샘	머리는 생각하는 근원임
우착	2사	우운	군착	굉추	1왕	엄백소	원혈
짐승우 禺 쉬엄쉬엄갈 착 辶	두이 二 사사 厶	비우 雨 이를운 云	군사군 軍 쉬엄쉬엄갈 착 辶	팔굉 厷 새추 隹	한일 一 절름발이왕 兀	굴바위엄 厂 흰백 白 작을소 小	근본원 原 머리혈 頁
불우 不遇 예우 禮遇 대우 待遇	운운 云云	운무 雲霧 운봉 雲峰 운집 雲集	운전 運轉 운신 運身 운반 運搬 운송 運送 운임 運賃	웅자 雄姿 웅지 雄志 자웅 雌雄 영웅 英雄	원흉 元兇 원래 元來	원동력 原動力 원산지 原産地 원시 原始	원망 願望 원서 願書
짝우 偶 어리석을우 愚		운운 韻			학교원 院 도울원 援	근원원 源	관원원 員

11. 遠怨圓位 危爲偉威

교훈은 **먼**(遠) 곳에 있지 않다. 연산군을 보면 **원망**(怨) 때문에 **둥글**(圓)고 원만해야 지킬 군왕의 **자리**(位)를 지키지 못했으며 / 또 나라를 **위태롭게**(危) **했을**(爲) 뿐만 아니라 **위대함**(偉)은 고사하고 최소한의 **위엄**(威)마저도 잃게 되지 않았던가?

뜻을 생각하며 읽어 봅시다.

원근	원망	원반	위치
遠近	怨望	圓盤	位置

위험	행위	위대	위엄
危險	行爲	偉大	威嚴

遠	怨	圓	位	危	爲	偉	威
멀원	원망할원	둥글원	자리위	위태할위	하위	위대할위	위엄위
가야 할 길이 긺	잠자리에서도 뒹굴며 언짢게 생각함	둘레가 둥글음	사람이 서 있는 곳	높은 벼랑 위에 위태하게 무릎 꿇고 있음	코끼리의 코는 손과 같은 일을 함	보통 사람과 다름	한 집안에서 권력을 가진 여자
원착	석절심	위원	인립	도엄절	조별격셋화	인위	술녀
옷이길원 袁 쉬엄쉬엄갈 착 辶	저녁석 夕 마디절 㔾 마음심 心	에울위 囗 관원원 員	사람인 亻 설립 立	칼도 刀 굴바위엄 厂 마디절 㔾	손톱조 爪 삐칠별 丿 기역격 ㄱ 불화 灬	사람인 亻 가죽위 韋	개술 戌 계집녀 女
원양 遠洋 원정 遠程 원대 遠大	원성 怨聲 원한 怨恨 숙원 宿怨	원주 圓周 원형 圓形 원만 圓滿 원숙 圓熟 원활 圓滑	고위 高位 즉위 卽位 제위 諸位 등위 等位	위급 危急 위기 危機 위태 危殆	위정 爲政 위시 爲始 위주 爲主	위업 偉業 위용 偉容 위인 偉人	위력 威力 위신 威信 위용 威容 위풍 威風 국위 國威
동산원 園		넘을월 越			편안하게할위 尉 위로할위 慰 거짓위 僞	호위할위 衛 씨위 緯 둘레위 圍 어길위 違	맡길위 委 밥통위 胃 이를위 謂

⑫ 由油猶唯 遊柔遺幼

감산으로 **말미암아**(由) **기름**(油) 값이 올라 **오히려**(猶) 소득은 많아져서 가진 것은 **오직**(唯) 돈뿐인 아랍인은 / **놀**(遊) 궁리만 하고 외교상 **부드러움**(柔)이 **끼치게**(遺) 될 이익을 모른 채 우선 단 것만 찾으니 **어리도다**(幼).

 뜻을 생각하며 읽어 봅시다.

유래	유지	유예	유일
由來	油脂	猶豫	唯一

유람	유순	유언	유약
遊覽	柔順	遺言	幼弱

由	油	猶	唯	遊	柔	遺	幼
말미암을유	기름유	오히려유	오직유	놀유	부드러울유	끼칠유	어릴유
열매는 꼭지로 말미암아 달림	나무 열매를 짜서 나온 물	미개한 생활을 하는 두목이 뜻을 결정짓지 못함	새가 짧게 소리냄	여기저기 돌아다니며 놂	창끝에서 돋아난 나무의 새순이 순함	길을 가다가 귀한 것을 떨어뜨림	아직 어려서 힘이 약함
유	수유	견8유	구추	방인자착	모목	귀착	요력
	물수 氵 말미암을유 由	개견 犭 여덟팔 八 닭유 酉	입구 口 새추 隹	모방 方 사람인 人 아들자 子 쉬엄쉬엄갈착 辶	창모 矛 나무목 木	귀할귀 貴 쉬엄쉬엄갈착 辶	작을요 幺 힘력 力
경유 經由 자유 自由 이유 理由	유류 油類	과유불급 過猶不及	유물 唯物	유흥 遊興 외유 外遊	유약 柔弱 유연 柔軟 외유내강 外柔內剛	유산 遺産 유전 遺傳 유기 遺棄	유년 幼年 유아 幼兒 장유유서 長幼有序
있을유 有			맬유 維 생각할유 惟	거룻배유 兪 더욱유 愈 멀유 悠	그윽할유 幽 넉넉할유 裕 꾈유 誘		젖유 乳 선비유 儒

⑬ 育恩銀吟 飮陰泣應

자식을 **기를**(育) 때 **은혜**(恩)를 알게 하면 **은**(銀)혼식 날 충만의 시를 **읊**(吟)을 수 있고 / 술 **마시**(飮)듯 **그늘**(陰)지게 키우면 **울**(泣)고 탄식할 운명이 **응할**(應) 것이다.

뜻을 생각하며 읽어 봅시다.

육성　은혜　금은　음미
育成　恩惠　金銀　吟味

음주　음양　감읍　응모
飮酒　陰陽　感泣　應募

育	恩	銀	吟	飮	陰	泣	應
기를육	은혜은	은은	읊을음	마실음	그늘음	울읍	응할응
거꾸로 머리부터 태어난 아이를 크게 자라게 함	많은 사람의 도움에 의해 자랐으니 고마운 마음을 가져야 함	광택 있는 흰 금속	입 속에 소리를 머금고 읊조림	입을 벌리고 음식을 먹음	언덕에 가려서 햇살이 들지 않음	서서 소리없이 눈물을 흘림	바위 집에서 사람과 매가 서로 호응함
돌월	인심	금간	구금	식흠	부금운	수립	엄인추심
아이돌 厶 육달월 月	인할인 因 마음심 心	쇠금 金 머물간 艮	입구 口 이제금 今	밥식 食 하품흠 欠	언덕부 阝 이제금 今 이를운 云	물수 氵 설립 立	집엄 广 사람인 亻 새추 隹 마음심 心
육아 育兒 육영 育英	은공 恩功 은사 恩師 은인 恩人	은반 銀盤 은전 銀錢 은화 銀貨 은행 銀行	음송 吟誦 신음 呻吟	음독 飮毒 음료 飮料 음식 飮食	음영 陰影 음지 陰地 음산 陰散 음모 陰謀 촌음 寸陰	읍간 泣諫	응급 應急 응낙 應諾 응답 應答 응당 應當 응분 應分
젖을윤 潤 윤달윤 閏	숨을은 隱			음탕할음 淫			

⑭ 依義議醫 意已異移

서로 **의지하며**(依) **옳고**(義) 그름을 **의논할**(議) 수 있는 **의원**(醫)은 육체의 병뿐만 아니라 마음의 병도 고칠 수 있지만 / **뜻**(意)이 **이미**(已) **달라**(異) 신뢰할 수 없다면 병원을 **옮겨야**(移) 한다.

뜻을 생각하며 읽어 봅시다.

의지	의리	의논	의원
依支	義理	議論	醫院

의사	이왕	이성	이동
意思	已往	異性	移動

依	義	議	醫	意	已	異	移
의지할의	옳을의	의논할의	의원의	뜻의	이미이	다를이	옮길이
사람에 의해 옷은 그 형태가 갖추어 짐	나의 마음씨를 양과 같이 착하게 가짐	바른 결론을 얻기 위해 서로 말을 나눔	화살이나 무기에 상처난 곳을 술로 치료함	말 소리를 들으면 그 사람의 생각을 알 수 있음	고대인이 사용한 가래 모양	양손을 벌린 사람의 모양	못자리에서 많은 모를 논에 옮겨심음
인의	양아	언의	방시수유	음심	이	전공	화다
사람인 亻 옷의 衣	양양 羊 나아 我	말씀언 言 옳을의 義	상자방 匸 화살시 矢 칠수 殳 닭유 酉	소리음 音 마음심 心		밭전 田 함께공 共	벼화 禾 많을다 多
의거 依據 의뢰 依賴 의존 依存 의구 依舊 의연 依然	의기 義氣 의치 義齒 의형제 義兄弟 의의 意義	의결 議決 의안 議案 물의 物議	의료 醫療 의술 醫術 교의 校醫	의견 意見 의미 意味 의외 意外	이왕지사 已往之事 부득이 不得已	이견 異見 이국 異國 이구동성 異口同聲 이의 異議	이주 移住 추이 推移
	거동의 儀		마땅할의 宜	어조사의 矣 의심할의 疑	써이 以 오랑캐이 夷		

⑮ 益引仁因 忍認印姻

서로에게 이익이 **더해지는**(益) 관계로 **이끌**(引)려면 매사를 **어짐**(仁)의 바탕에서 **인**(因)과가 분명하게 일을 처리해야 한다. / 그리고 **참고**(忍) 인정하고(認) 격려하다 보면 그녀의 마음에 **도장**(印)을 찍고 **혼인**(姻)하는 날이 오리라.

 뜻을 생각하며 읽어 봅시다.

손익　　인력　　인자　　인연
損益　引力　仁慈　因緣

인내　　인정　　인감　　혼인
忍耐　認定　印鑑　婚姻

益	引	仁	因	忍	認	印	姻
더할익	끌인	어질인	인할인	참을인	인정할인	도장인	혼인인
그릇에 물을 부음	활시위에 살을 매겨 끌어당김	두 사람의 사귐에는 어진 마음이 중요함	사람이 담을 치고 큰 대자로 누운 모습	칼로 심장을 찌르는 듯한 아픔을 이겨냄	남의 말을 참고 들어 내용을 확실히 앎	무릎 꿇고 손으로 도장 찍음	딸로 인하여 맺어진 사위 집
818명	궁곤	인2	위대	인심	언인	인	녀인
여덟팔 八 한일 一 여덟팔 八 그릇명 皿	활궁 弓 뚫을곤 ｜	사람인 亻 두이 二	에울위 口 큰대 大	칼날인 刃 마음심 心	말씀언 言 참을인 忍		계집녀 女 인할인 因
익충 益蟲 일익 日益 수익 收益	인도 引導 인용 引用 인계 引繼 인수 引受 인도 引渡	인덕 仁德 인애 仁愛	인과 因果 인연 因緣 패인 敗因 인습 因襲	인고 忍苦 인욕 忍辱 인종 忍從 잔인 殘忍	인식 認識 인가 認可 인지 認知	인장 印章 인주 印朱 인상 印象 인쇄 印刷	인척 姻戚
날개익 翼			목구멍인 咽				편안할일 逸 품삯임 賃 맡길임 任

확인과 연습

1 뜻과 음을 외며 내용을 머리 속에 그려 봅시다.

1. 兒我惡安　　案顔眼暗
2. 巖仰愛哀　　夜野弱若
3. 約藥洋養　　揚陽讓魚
4. 語億憶嚴　　業余餘如
5. 汝與亦易　　逆然煙研
6. 硯熱悅炎　　葉永英迎
7. 榮藝吾悟　　午誤烏屋
8. 溫臥完王　　往外要欲
9. 浴勇容宇　　右友憂尤
10. 遇云雲運　　雄元原願
11. 遠怨圓位　　危爲偉威
12. 由油猶唯　　遊柔遺幼
13. 育恩銀吟　　飮陰泣應
14. 依義議醫　　意已異移
15. 益引仁因　　忍認印姻

2 자의 모양을 생각하며 읽어 봅시다.

1. 한 **아이**가 **나**에게 말하기를 **악한** 마음을 버리면 **편안해지고** / **책상**은 **얼굴**의 **눈**과 같으니 이를 택하면 **어둠**을 밝혀 줄 지식을 얻게 된다고 했다.

2. **바위**도 **우러러보는** 너의 돌 머리도 **사랑**의 기쁨과 이별의 **슬픔**을 아는구나. / **밤** 늦도록 들판을 헤매던 네 여리고 **약한** 마음은 수학에는 돌이었던 석두와 **같지** 않구나.

3. **약속**되지 않은 **약**을 먹는 것은 **큰바다** 같은 병을 **기르는** 것이고 / 이름을 **날리려고** 햇**볕** 아래서 자선을 떠벌리면 미끼를 **사양하는 고기**만도 못하다.

4. 법관이 되라는 아버님 **말씀**을 **억**만 번 **생각해** 봐도 **엄하게**만 느껴질 뿐 실감이 나지 않는다. / 가업을 이을 **나**를 기어이 고시촌에 **남게** 함은 나를 버리는 것과 **같구나**.

5. 너에게 **줄** 것은 주먹이요 **또** 네가 받은 상과 **바꾸어야** 할 건 벌이다. / 하늘을 **거스르고** 땅을 속여 얻은 **그런** 상이 상이냐? **연기**처럼 사라지는 그런 명성을 좇지 말고 스스로를 **갈고 닦아라**.

6. **벼루**가 닳을수록 지식은 더해지고 가슴이 **더울**수록 **기쁨**의 **불꽃**이 찬란하며 / **잎**이 무성하고 생명이 **길수록 꽃**을 **맞는** 기쁨이 더 크다.

7. 부귀 **영화**는 **재주**만으로 가능하나 참된 삶은 **나 스스로 깨달아야** 한다. / 일해야 할 **낮** 시간을 **그르친다면** 노년에는 **까마귀** 소리 요란한 **집** 속에 갇혀 살 것이다.

8. **따뜻한** 아랫목에 **누워** 완전한 **임금**이 되는 길을 생각해 본다. / 원나라에 볼모로 잡혀 **가** 안팎의 수모를 견딘 것은 다시 돌아가 나라를 **구한** 내 백성을 외침 없이 살게 **하고자 함**이 아니었던가?

9. 만찬 초대를 받아 **목욕**을 하고 **날래게** 얼굴을 매만진 후 즐겁게 **집**을 나서긴 했는데 / 식사 내내 **오른쪽**에 앉은 **벗**의 **근심**스런 표정이 마음에 걸려 기분을 풀어주려고 **더욱** 수선을 떨었다.

10. 길에서 **만난** 도사가 **이르기**를 남자란 **구름** 속을 헤매듯 인생을 **운전하는** 것이 아니며 / 또 **수컷**의 **으뜸**가는 자질은 위기의 **근본**을 밝히기 **원하는** 의지의 강도에 있다고 했다.

11. 교훈은 **먼** 곳에 있지 않다. 연산군을 보면 **원망** 때문에 둥글고 원만해야 지킬 군왕의 **자리**를 지키지 못했으며 / 또 나라를 **위태롭게 했을** 뿐만 아니라 **위대함**은 고사하고 최소한의 **위엄**마저도 잃게 되지 않았던가?

12. 감산으로 **말미암아 기름** 값이 올라 **오히려** 소득은 많아져서 가진 것은 **오직** 돈뿐인 아랍인은 / **놀** 궁리만 하고 외교상 **부드러움**이 끼치게 될 이익을 모른 채 우선 단 것만 찾으니 **어리도다**.

13. 자식을 **기를** 때 은혜를 알게 하면 은혼식 날 충만의 시를 **읊**을 수 있고 / 술을 **마시듯** 그 늘지게 키우면 울고 탄식할 운명이 **응할** 것이다.

14. 서로 **의지하며** 옳고 그름을 **의논할** 수 있는 **의원**은 육체의 병뿐만 아니라 마음의 병도 고칠 수 있지만 / **뜻**이 **이미 달라** 신뢰할 수 없다면 병원을 **옮겨야** 한다.

15. 서로에게 이익이 **더해지는** 관계로 이끌려면 매사를 **어짊**의 바탕에서 **인과**가 분명하게 일을 처리해야 한다. / 그리고 **참고 인정하고** 격려하다 보면 그녀의 마음에 **도장**을 찍고 혼인하는 날이 오리라.

그림과 내용을 상상하고 뜻과 음을 외며 한자를 써 봅시다.

兒	我	惡	安	案	顔	眼	暗
아이아	나아	악할악	편안할안	책상안	얼굴안	눈안	어두울암
兒	我	惡	安	案	顔	眼	暗
구인	수과	아심	면녀	안목	언혈	목간	일음

巖	仰	愛	哀	夜	野	弱	若
바위암	우러를앙	사랑애	슬플애	밤야	들야	약할약	같을약
巖	仰	愛	哀	夜	野	弱	若
산구둘엄감	인앙	조먹심쇠	의구	두인석을	리여	약	초우

168 제2장 기초 한자

그림과 내용을 상상하고 뜻과 음을 외며 한자를 써 봅시다.

約	藥	洋	養	揚	陽	讓	魚
약속할약	약약	큰바다양	기를양	날릴양	볕양	사양할양	고기어
約	藥	洋	養	揚	陽	讓	魚
사작	초락	수양	양식	수일1물	부양	언양	도전화

語	億	憶	嚴	業	余	餘	如
말씀어	억억	생각할억	엄할엄	업업	나여	남을여	같을여
語	億	憶	嚴	業	余	餘	如
언오	인의	심의	구둘엄감	착1인	인우8	식여	녀구

5. ㅇ 169

 그림과 내용을 상상하고 뜻과 음을 외며 한자를 써 봅시다.

汝	與	亦	易	逆	然	煙	硏
너 여	줄 여	또 역	바꿀 역	거스를 역	그럴 연	연기 연	갈 연
汝	與	亦	易	逆	然	煙	硏
수녀	여	역	일물	역착	월견화	화서토	석견

硯	熱	悅	炎	葉	永	英	迎
벼루 연	더울 열	기쁠 열	불꽃 염	잎 엽	길 영	꽃부리 영	맞을 영
硯	熱	悅	炎	葉	永	英	迎
석견	류환화	심태	화둘	초세목	주수	초앙	앙착

 그림과 내용을 상상하고 뜻과 음을 외며 한자를 써 봅시다.

榮	藝	吾	悟	午	誤	烏	屋
영화로울영	재주예	나오	깨달을오	낮오	그르칠오	까마귀오	집옥
榮	藝	吾	悟	午	誤	烏	屋
화둘먹목	초류환운	5구	심오	인십	언오	오	시지

溫	臥	完	王	往	外	要	欲
따뜻할온	누울와	완전할완	임금왕	갈왕	바깥외	구할요	하고자할욕
溫	臥	完	王	往	外	要	欲
수수명	신인	면원	왕	척주	석복	아녀	곡흠

5. ㅇ

 그림과 내용을 상상하고 뜻과 음을 외며 한자를 써 봅시다.

浴	勇	容	宇	右	友	憂	尤
목욕욕	날랠용	얼굴용	집우	오른쪽우	벗우	근심우	더욱우
浴	勇	容	宇	右	友	憂	尤
수곡	용력	면곡	면우	1별구	1별우	혈심쇠	왕주

遇	云	雲	運	雄	元	原	願
만날우	이를운	구름운	운전할운	수컷웅	으뜸원	근본원	원할원
遇	云	雲	運	雄	元	原	願
우착	2사	우운	군착	굉추	1왕	엄백소	원혈

172 제2장 기초 한자

 그림과 내용을 상상하고 뜻과 음을 외며 한자를 써 봅시다.

遠	怨	圓	位	危	爲	偉	威
멀 원	원망할 원	둥글 원	자리 위	위태할 위	하 위	위대할 위	위엄 위
遠	怨	圓	位	危	爲	偉	威
원착	석절심	위원	인립	도엄절	조별격셋화	인위	슐녀

由	油	猶	唯	遊	柔	遺	幼
말미암을 유	기름 유	오히려 유	오직 유	놀 유	부드러울 유	끼칠 유	어릴 유
由	油	猶	唯	遊	柔	遺	幼
유	수유	견8유	구추	방인자착	모목	귀착	요력

 그림과 내용을 상상하고 뜻과 음을 외며 한자를 써 봅시다.

育	恩	銀	吟	飮	陰	泣	應
기를육	은혜은	은은	읊을음	마실음	그늘음	울읍	응할응
育	恩	銀	吟	飮	陰	泣	應
돌월	인심	금간	구금	식흠	부금운	수립	엄인추심

依	義	議	醫	意	已	異	移
의지할의	옳을의	의논할의	의원의	뜻의	이미이	다를이	옮길이
依	義	議	醫	意	已	異	移
인의	양아	언의	방시수유	음심	이	전공	화다

그림과 내용을 상상하고 뜻과 음을 외며 한자를 써 봅시다.

益	引	仁	因	忍	認	印	姻
더할 익	끌 인	어질 인	인할 인	참을 인	인정할 인	도장 인	혼인 인
益	引	仁	因	忍	認	印	姻
818명	궁곤	인2	위대	인심	언인	인	녀인

5. ㅇ 175

6 ㅈ

① 字者姉慈 作昨章場

글자(字)를 모르는 무식한 놈(者)은 누이(姉)를 사랑(慈)할 자격이 없으니 / 오늘은 시를 지어(作) 어제(昨) 쓴 글(章)을 더욱 빛나게 하라. 결과는 내일 앞마당(場)에서 발표하겠다.

 뜻을 생각하며 읽어 봅시다.

문자	필자	자형	자비
文字	筆者	姉兄	慈悲

작업	작금	문장	장소
作業	昨今	文章	場所

字	者	姉	慈	作	昨	章	場
글자자	놈자	누이자	사랑자	지을작	어제작	글장	마당장
집은 아들이 대를 잇듯 자도 체계가 있음	늙은이가 사람을 낮추어 보고 말함	다 자란 손위누이	어미새가 새끼에게 먹이를 주는 모양	기술자는 보통 사람이 만들기 어려운 것을 잠깐 사이에 만듦	하루가 잠깐 사이에 지나감	음의 한 단락	햇볕이 잘 드는 넓은 땅
면자	로백	녀자	현둘심	인사	일사	음십	토양
집면 宀 아들자 子	늙을로 耂 흰백 白	계집녀 女 그칠자 朿 (누이자 姉)	검을현 玄 마음심 心	사람인 亻 잠깐사 乍	날일 日 잠깐사 乍	소리음 音 열십 十	흙토 土 빛날양 昜
자간 字間 자원 字源 자해 字解	패자 敗者 전자 前者 근로자 勤勞者	자매결연 姉妹結緣	자선 慈善 자당 慈堂	작품 作品 작곡 作曲 작용 作用 작정 作定	작일 昨日	기장 旗章	장면 場面 극장 劇場 난장 亂場 시장 市場
찌를자 刺	맵시자 姿 재물자 資 방자할자 恣	암컷자 雌 자주빛자 紫		술따를작 酌 벼슬작 爵		남을잔 殘 잠길잠 潛 누에잠 蠶 잠깐잠 暫 섞일잡 雜	단장할장 粧 장사장 葬 막힐장 障	휘장장 帳 베풀장 張 어른장 丈 장인장 匠 창자장 腸

❷ 將壯才材 財在栽再

장수(將)는 **씩씩할**(壯) 뿐만 아니라 **재주**(才)와 덕망을 겸비한 **재목**(材)이어야 한다. / **재물**(財)이 **있으면**(在) 나누어주고 신뢰를 **심어**(栽)두면 국난을 당했을 때 부하들은 **두**(再) 번 세 번 충성한다.

뜻을 생각하며 읽어 봅시다.

장군	장사	천재	재목
將軍	壯士	天才	材木

재물	재학	식재	재건
財物	在學	植栽	再建

將	壯	才	材	財	在	栽	再
장수장	씩씩할장	재주재	재목재	재물재	있을재	심을재	두재
널판에 제물을 벌려놓고 씨족을 거느리고 제사를 지냄	무기를 들고 적을 맞아 싸울 수 있는 남자	초목의 싹이 땅을 뚫고 나옴	집을 지을 때 바탕이 되는 나무	생활의 바탕이 되는 재산	대지를 뚫고 나온 초목의 싹이 땅 위에 있음	담을 칠 때 생나무를 잘라 세운 것이 뿌리를 내려 살게 됨	쌓은 위에 하나 더 쌓음
장월촌	장사	재	목재	패재	재토	재목	1경토
조각널장 爿 달월 月 마디촌 寸	조각널장 爿 선비사 士		나무목 木 재주재 才	조개패 貝 재주재 才	재주재 才 흙토 土	쪼갤재 戈 나무목 木	한일 一 멀경 冂 흙토 土
장래 將來 장교 將校 장성 將星	장렬 壯烈 장정 壯丁 장관 壯觀	재능 才能 재담 才談 재사 才士 재색 才色	재료 材料 재질 材質	재력 財力 재무 財務 재화 財貨 재원 財源	재가 在家 재미 在美 재직 在職 소재 所在	재배 栽培 분재 盆栽	재개 再開 재고 再考 재기 再起 재범 再犯 재회 再會
장려할장 獎 감출장 藏 오장장 臟	엄숙할장 莊 꾸밀장 裝 담장 墻 손바닥장 掌			재앙재 災 어조사재 哉		마를재 裁 실을재 載	벼슬아치재 宰

❸ 爭著低貯 的敵蹟賊

서로 **다툴**(爭) 때 비겁한 자에게 **나타나는**(著) 현상은 자기를 **낮추더라도**(低) 어떻게든 명분을 **쌓아**(貯) 도망갈 궁리만 한다. / 그러나 당당한 자는 **과녁**(的)에 화살을 쏘듯 **원수**(敵)의 **자취**(蹟)를 찾아 **도둑**(賊) 물리치듯 물리친다.

 뜻을 생각하며 읽어 봅시다.

투쟁   저자   고저   저축
闘爭   著者   高低   貯蓄

적중   적군   고적   도적
的中   敵軍   古蹟   盜賊

爭	著	低	貯	的	敵	蹟	賊
다툴쟁	나타날저	낮을저	쌓을저	과녁적	원수적	자취적	도둑적
서로 손과 손으로 물건을 끌어당김	옛날에는 대로 만든 것에 글을 적음	신분이 낮은 사람이 자세를 낮춤	재물을 쌓아 둠	흰 바탕에 그려진 조그만 동그라미	적의 근거지를 침	지나간 발자취를 잘 보존함	흉기를 가지고 남의 재물을 훔침
조윤	초자	인씨1	패면정	백작	적복	족책	패융
손톱조 爪 다스릴윤 尹	풀초 艹 놈자 者	사람인 亻 성씨씨 氏 한일 一	조개패 貝 집면 宀 장정정 丁	흰백 白 작을작 勺	밑동적 啇 칠복 攵	발족 足 꾸짖을책 責	조개패 貝 오랑캐융 戎
쟁취 爭取 쟁의 爭議 쟁탈 爭奪 전쟁 戰爭	저명 著名 저술 著述 현저 顯著	저공 低空 저능 低能 저리 低利 저속 低俗 저질 低質	저장 貯藏 저수 貯水 저금 貯金	적확 的確 표적 標的	적대 敵對 적정 敵情 적진 敵陣 적수 敵手	사적 史蹟 유적 遺蹟	적반하장 賊反荷杖 해적 海賊
		밑저 底 막을저 抵			맞을적 適 물방울적 滴 딸적 摘	쌓을적 積 길쌈할적 績	고요할적 寂 피리적 笛 서적적 籍

④ 全 典 前 展　戰 電 錢 傳

법관은 **온전한**(全) **법**(典)을 만인 앞(前)에 **펴야**(展) 하고 / 부득이 **싸워야**(戰) 할 때는 **번개**(電)처럼 해치워 **돈**(錢)의 낭비를 줄이고 온전한 법을 **전해야**(傳) 한다.

 뜻을 생각하며 읽어 봅시다.

전체　　법전　　전후　　전시
全體　　法典　　前後　　展示

전쟁　　전기　　금전　　전승
戰爭　　電氣　　金錢　　傳承

全	典	前	展	戰	電	錢	傳
온전할전	법전	앞전	펼전	싸울전	번개전	돈전	전할전
좋은 축에 드는(入) 온전한 구슬	책상 위에 꽂혀 있는 책	칼로 나무를 베어 만든 배가 나가는 방향	비단옷을 벗고 누운 모습	옛날에는 창이 유일한 무기	비가 올 때 빛을 펼치는 (申) 번개	쇠를 깎아 만든 돈	실이 풀려나가듯 빨리 달리는 역말을 탄 사람
입왕	책기	듀월도	시육응	단과	우신	금과돌	인전
들입 入 임금 王	책책 冊 책상기 丌	머리부분듀 亠 달월 月 칼도 刂	주검시 尸 쌓을육 壯 옷응 衣	홑단 單 창과 戈	비우 雨 납신 申	쇠금 金 창과 戈	사람인 亻 오로지전 專
전국 全國 전능 全能 전력 全力 전부 全部	전형 典刑 전당 典當	전방 前方 전진 前進	전개 展開 전람 展覽	전공 戰功 전략 戰略 전전긍긍 戰戰兢兢	전격 電擊 전류 電流 전송 電送	전주 錢主 전표 錢票	전달 傳達 전래 傳來 전설 傳說 전통 傳統 전기 傳記
							구를전 轉

⑤ 節絶店接 頂停井正

외상값의 마디(節)를 제때에 끊지(絶) 못하는 가게(店)에는 물건을 댈(接) 수 없듯 / 생각이 정수리(頂)에만 머물러(停) 행동으로 옮기지 못하는 자는 우물(井)에서도 물을 바르게(正) 구하지 못하니 사귀지 말라.

 뜻을 생각하며 읽어 봅시다.

절약 절단 점포 접촉
節約　絶斷　店鋪　接觸

정문 정지 시정 정의
頂門　停止　市井　正義

節	絶	店	接	頂	停	井	正
마디절	끊을절	가게점	댈접	정수리정	머무를정	우물정	바를정
대나무가 자라남에 따라 마디가 생김	칼로 실을 끊음	차지하고 있는 집에서 물건을 벌려놓고 사고 팖	첩이 주인을 위해 손님을 안내함	못의 머리에 비김	사람이 정자 안에 들어가 잠시 머묾	우물의 틀 모양	사람이 땅을 딛고 똑바로 서 있음
죽흡절	사색	엄점	수첩	정혈	인정	정	1지
대죽 竹 밥고소할흡 皀 마디절 卩	실사 糸 빛색 色	집엄 广 점칠점 占	손수 扌 첩첩 妾	장정정 丁 머리혈 頁	사람인 亻 정자정 亭		한일 一 그칠지 止
절제 節制 절후 節侯 절기 節氣 관절 關節	절교 絶交 절명 絶命 절경 絶景 절망 絶望	개점 開店 음식점 飲食店	접객 接客 접대 接待 접경 接境 접속 接續	정상 頂上 정점 頂點 절정 絶頂 등정 登頂	정차 停車 정류 停留 정체 停滯 정전 停電	정화수 井華水	정도 正道 정직 正直 정각 正刻 정초 正初
	끊을절 切 꺾을절 折	점점 漸 점점 點	나비접 蝶	고칠정 訂 (바로잡을교 嬌)			칠정 征

❻ 政定貞情 精靜淨庭

정사(政)를 논하고 정책을 정할(定) 때는 곧은(貞) 마음으로 임하고 사적인 뜻(情)이 없어야 하며 / 내용을 자세히(精) 정할 때는 고요하고(靜) 깨끗한(淨) 마음을 지녀야 함으로 결정에 앞서 먼저 뜰(庭)을 거닐어 봐라.

 뜻을 생각하며 읽어 봅시다.

| 정치 | 정원 | 정숙 | 표정 |
| 政治 | 定員 | 貞淑 | 表情 |

| 정신 | 정숙 | 정화 | 정원 |
| 精神 | 靜肅 | 淨化 | 庭園 |

政	定	貞	情	精	靜	淨	庭
정사정	정할정	곧을정	뜻정	자세할정	고요할정	깨끗할정	뜰정
나라를 다스리고 백성을 바르게 이끎	집안에서 바른 자세로 자리를 정하여 앉음	점을 본 복채를 정직하게 냄	봄철에는 만물이 소생하듯 사람의 마음도 의욕이 넘침	쌀을 푸른 빛이 돌도록 찧음	양쪽에서 팽팽하게 맞서 당김으로써 움직이지 않음	물의 속까지 분별해 볼 수 있을 만큼 맑음	백성들이 사는 집의 뜰
정복	면아	복패	심청	미청	청쟁	수쟁	엄정
바를정 正 칠복 攵	집면 宀 바를아 正	점복 卜 조개패 貝	마음심 忄 푸를청 靑	쌀미 米 푸를청 靑	푸를청 靑 다툴쟁 爭	물수 氵 다툴쟁 爭	집엄 广 조정정 廷
정부 政府 정사 政事 정책 政策	정기 定期 정량 定量 정석 定石	정결 貞潔 정절 貞節	정념 情念 정서 情緒 정열 情熱 정보 情報	정교 精巧 정독 精讀 정미 精米 정병 精兵	정적 靜寂	정결 淨潔 정수 淨水 부정 不淨 청정 淸淨	법정 法庭
					가지런할정 整(제 齊)		나라이름정 鄭 드러낼정 呈 법정정 程

❼ 弟第祭帝 除題諸製

형이 죽어 **아우**(弟) **차례**(第)가 된 **제사**(祭)를 정성껏 모신 **임금**(帝)은 제례 형식이 너무 까다롭다고 판단했다. / 백성들의 고초를 **덜**(除)고자 간편 의례란 **제목**(題)으로 관혼상제 예법을 **모든**(諸) 신하들에게 **지어**(製) 올리라고 명했다.

 뜻을 생각하며 읽어 봅시다.

형제　　낙제　　제사　　제왕
兄弟　　落第　　祭祀　　帝王

제명　　제목　　제군　　제작
除名　　題目　　諸君　　製作

弟	第	祭	帝	除	題	諸	製
아우제	차례제	제사제	임금제	덜제	제목제	모든제	지을제
막대에 가죽끈을 차례로 내려감은 모양	대쪽에 글을 써서 순서대로 엮음	고기를 손으로 제단에 올려놓고 신에게 보임	관과 곤룡포를 입은 모습	집의 계단을 청결하게 하려고 잡물을 제거함	책을 구별하기 위해 붙이는 것	여러 사람이 말을 함	옷감을 치수에 맞게 잘라서 옷을 만듦
아궁별	죽조별	월우시	립장	부여	시혈	언자	제의
가닥아 丫 활궁 弓 삐칠별 丿	대죽 竹 조상할조 弔 삐칠별 丿	달월 月 손, 또우 又 보일시 示	설립 立 긴옷장 帀	언덕부 阝 나여 余	이시 是 머리혈 頁	말씀언 言 놈자 者	억제할제 制 옷의 衣
제수 弟嫂 제자 弟子	제일 第一 급제 及第	제기 祭器 제물 祭物 제수 祭需 제천 祭天	제국 帝國 제정 帝政 제위 帝位	제거 除去 제적 除籍	제재 題材 문제 問題	제반 諸般 제현 諸賢	제분 製粉 제지 製紙 제품 製品
		사귈제 際	울제 啼		끌제 提 둑제 堤		억제할제 制 가지런할제 齊 건널제 濟

⑧ 條早造調 朝助祖族

매화 **가지(條)**마다 **일찍(早)** 꽃이 영그니 시인은 시를 **짓고(造)** 악공은 거문고 줄을 **고르는(調)**구나. / **아침(朝)** 일찍 손자의 **도움(助)**을 받아 매화나무 앞에 선 **할아비(祖)**는 **겨레(族)**의 번영을 두 손 모아 기원했다.

 뜻을 생각하며 읽어 봅시다.

조건　　조만　　조성　　조절
條件　早晚　造成　調節

조석　　조력　　조손　　민족
朝夕　助力　祖孫　民族

條	早	造	調	朝	助	祖	族
가지조	일찍조	지을조	고를조	아침조	도울조	할아비조	겨레족
큰나무 줄기에 매달린 곁가지	해가 지평선 위로 떠오름	신 앞에 나아가 일할 것을 아룀	말을 두루 어울리게 함	해가 돋는데 서쪽 하늘에 조각배 같은 달이 뜸	힘을 더함	사당에 위폐가 차례차례 모셔져 있음	유사시에 같은 핏줄의 무리가 한 깃발 아래 무기를 들고 모임
유목	일십	고착	언주	간월	차력	시차	방인시
아득할유 攸 나무목 木	날일 日 열십 十	알리고 告 쉬엄쉬엄갈 辶	말씀언 言 두루주 周	해돋을간 倝 달월 月	또차 且 힘력 力	보일시 示 또차 且	모방 方 사람인 人 화살시 矢
조리 條理 조목 條目 조약 條約	조급 早急 조숙 早熟 조실부모 早失父母	조선 造船 조작 造作 조림 造林	조미 調味 조정 調整 조화 調和 조사 調査	조정 朝廷 조야 朝野 조회 朝會 조조 早朝 이조 李朝	조성 助成 조언 助言 조장 助長 내조 內助	조모 祖母 조국 祖國 조상 祖上	족속 族屬 족벌 族閥 족보 族譜
				비출조 照 조수조 潮	다룰조 操 마를조 燥	짤조 組 구실조 租 (부 賦) 조상할조 弔 조짐조 兆	

⑨ 存尊卒宗 種鐘終從

대장군의 지위에 **있으(存)**면서도 아랫사람을 더 **높이고(尊)** **군사(卒)**들을 **으뜸(宗)**으로 여기니 / 장군의 높은 뜻이 마음의 **씨(種)**가 되어 **쇠북종(鐘)** 소리처럼 퍼지는구나. 군졸들은 임무를 **마칠(終)** 때까지 장군을 **좇아(從)** 충성을 다 하더라.

뜻을 생각하며 읽어 봅시다.

존재 존경 졸병 종교
存在 尊敬 卒兵 宗敎

종자 종각 종료 추종
種子 鐘閣 終了 追從

存	尊	卒	宗	種	鐘	終	從
있을존	높을존	군사졸	으뜸종	씨종	쇠북종	마칠종	좇을종
연약한 어린 아이가 잘 있도록 보살핌	술잔을 두 손으로 바쳐 들고 올림	옷을 입은 사람이 열 명씩 열을 지어 있음	조상의 혼백을 모시는 집	곡식의 묘를 거듭 심어 나감	쇠로 만든 종소리가 아이의 울음소리와 같음	겨울은 감긴 실의 끝과 같은 마지막 계절	사람의 뒤를 따라 걸음
재자	추촌	두인둘십	면시	화중	금동	사동	척인둘족
재주재 才 아들자 子	괴수추 酋 마디촌 寸	머리부분두 亠 사람인 人 열십 十	집면 宀 보일시 示	벼화 禾 무거울중 重	쇠금 金 아이동 童	실사 糸 겨울동 冬	자축거릴척 彳 사람인 人 발족 止
존망 存亡 존폐 存廢	존대 尊待 존영 尊影 존체 尊體 자존 自尊	졸업 卒業 졸도 卒倒	종가 宗家 종주국 宗主國 개종 改宗	종류 種類 종족 種族 다종 多種	종루 鐘樓	종결 終決 종말 終末 종전 終戰	종군 從軍 종범 從犯 종래 從來 복종 服從
		못날졸 拙					세로종 縱

⑩ 左坐罪主 注住朱宙

왼(左)편에 앉은(坐) 자가 자신의 허물(罪)을 주인(主)에게 뒤집어씌웠다. / 그런 자와는 함께 논에 물대며(注) 살(住) 수 없으니 이마에 붉은(朱) 글씨를 새겨 한 하늘(宙) 아래 살지 못하게 하라.

뜻을 생각하며 읽어 봅시다.

좌천 좌석 죄벌 주인
左遷 坐席 罪罰 主人
주사 주소 주홍 우주
注射 住所 朱紅 宇宙

左	坐	罪	主	注	住	朱	宙
원좌	앉을좌	허물죄	주인주	물댈주	살주	붉을주	하늘주
목수가 일할 때 왼손이 오른손을 도움	땅 위에 마주앉은 두 사람	법망에 걸려들 그릇된 짓	등잔은 한 방의 중심	물의 주된 줄기	사람이 머물러 삶	소나무 중간의 관솔의 빛깔	천체가 매달린 듯한 공간에 비김
1별공	인둘토	망비	주왕	수주	인주	별미	면유
한일 一 삐칠별 丿 장인공 工	사람인 人 흙토 土	그물망 罒 아닐비 非	불똥주 丶 임금왕 王	물수 氵 주인주 主	사람인 亻 주인주 主	삐칠별 丿 아닐미 未	집면 宀 말미암을유 由
좌우 左右 좌측 左側 좌익 左翼	좌선 坐禪 좌시 坐視 좌정 坐定 연좌 連坐	죄수 罪囚 죄인 罪人 죄송 罪悚	주상 主上 주장 主張 주객 主客 주치 主治	주입 注入 주목 注目 주유소 注油所 주시 注視	주거 住居 주민 住民 주택 住宅 안주 安住	주단 朱丹 주황 朱黃	
도울좌 佐				고을주 州 물가주 洲 기둥주 柱	그루주 株	두루주 周	

⑪ 酒晝中重 衆卽曾增

술(酒)을 낮(晝)부터 마시는 자는 얼굴 가운데(中) 무거운(重) 형벌이 내려져 딸기 코가 된다. / 무리(衆) 중에서도 이런 자는 곧(卽) 발각되니 일찍(曾)부터 이런 악행이 더해(增)지지 않도록 경계하라.

 뜻을 생각하며 읽어 봅시다.

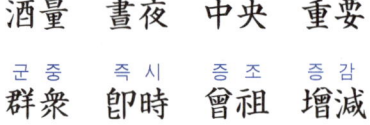

酒	晝	中	重	衆	卽	曾	增
술주	낮주	가운데중	무거울중	무리중	곧즉	일찍증	더할증
술병(酉)에 들어 있는 술	해가 떠서 지는 과정을 선으로 나타냄	사물의 한가운데를 꿰뚫은 모양	사람이 등에 무거운 짐을 지고 선 모양	태양 아래 사람들이 무리지어 일함	고소한 냄새가 나는 밥상머리에 구부리고 앉자마자 먹음	떡시루의 켜켜이 놓인 떡의 모양	흙을 거듭하여 쌓음
수유	율단	중	천리	혈별수	흡절	8창일	토증
물수 氵 닭유 酉	붓율 聿 아침단 旦		일천천 千 마을리 里	피혈 血 뼈칠별 丿 물수 水	밥고소할흡 皀 마디절 卩	여덟팔 八 창창 囧 날일 日	흙토 土 일찍증 曾
주조 酒造 음주 飮酒 두주불사 斗酒不辭	주간 晝間 주경야독 晝耕夜讀	중간 中間 중계 中繼 중단 中斷 적중 的中	중벌 重罰 중용 重用 중점 重點 중복 重複	중구난방 衆口難防 중론 衆論 중생 衆生	즉각 卽刻 즉결 卽決 즉석 卽席 즉흥 卽興 즉위 卽位	미증유 未曾有	증강 增强 증산 增産 증설 增設 증대 增大
	뛰어날준 俊 법도준 準 좇을준 遵	버금중 仲				미워할증 憎 줄증 贈	찔증 蒸 증세증 症

⑫ 證只枝知 地指志紙

나를 속인 명확한 **증거(證)**는 없지만 **다만(只)** 한 **가지(枝)** 평소의 네 소행으로 **알(知)** 수 있다. / 무른 **땅(地)**에 **손가락(指)**을 꽂듯 네 **뜻(志)**을 아니 **종이(紙)**에 이 사연을 적어 두고두고 너를 경계하게 하리라.

 뜻을 생각하며 읽어 봅시다.

증거	지금	지엽	지식
證據	只今	枝葉	知識

토지	지문	의지	지폐
土地	指紋	意志	紙幣

證	只	枝	知	地	指	志	紙
증거증	다만지	가지지	알지	땅지	손가락지	뜻지	종이지
단 위에 올라가 사실을 말함	입에서 나온 말이 흩어져 여운이 있음	나무의 줄기에서 갈라져 나감	화살이 활에서 나오듯 입에서 나온 말로 사람의 마음을 앎	굴곡진 지형은 큰 뱀이 서리고 있는 모양	손으로 가르켜서 모든 뜻을 나타냄	마음이 움직여 가는 바	실 같은 섬유질이 나무뿌리같이 줄을 이룸
언등	구8	목지	시구	토야	수지	사심	사씨
말씀언 言 오를등 登	입구 口 여덟팔 八	나무목 木 지탱할지 支	화살시 矢 입구 口	흙토 土 어조사야 也	손수 扌 맛지 旨	선비사 士 마음심 心	실사 糸 성씨씨 氏
증명 證明 증서 證書 증언 證言 반증 反證	지관 只管 단지 但只	전지 剪枝	지각 知覺 지능 知能 지피지기 知彼知己 통지 通知	지점 地點 지형 地形 지구 地球 지위 地位 벽지 僻地	지압 指壓 지장 指章 지명 指名 지목 指目 지시 指示	지망 志望 지사 志士 지향 志向 지원 志願 지조 志操	지면 紙面 지상 紙上 지필묵 紙筆墨 파지 破紙
	갈지 之		슬기지 智	못지 池		기록할지 誌	더딜지 遲

6. ㅈ

⑬ 持直眞進 盡質集執

인내심을 **가지고**(持) 행동을 **곧게**(直) 하면 **참**(眞)된 길로 **나아갈**(進) 수 있고 / 정성을 **다하여**(盡) 마음을 닦으면 선한 **바탕**(質)의 자질을 **모을**(集) 수 있어 참된 행복을 **잡을**(執) 수 있다.

뜻을 생각하며 읽어 봅시다.

지구	직통	진리	진보
持久	直通	眞理	進步

진력	소질	집회	집착
盡力	素質	集會	執着

持	直	眞	進	盡	質	集	執
가질지	곧을직	참진	나아갈진	다할진	바탕질	모을집	잡을집
관청에서 보낸 공문을 손에 가지고 있음	여러 사람이 보면 숨겨진 것도 그 진상이 밝혀짐	신선이 되어 속인의 눈에 보이지 않게 구름을 타고 하늘로 올라감	새가 날아서 앞으로 나아감	화로의 깜부기불이 꺼져감	재물은 인간 생활을 영위하는 바탕	새가 둥지를 찾아 나무에 모여듦	세상을 놀라게 할 만큼 큰 죄를 지은 자를 붙잡음
수사	십목은	비목은8	추착	진명	근둘패	추목	행환
손수 扌 절사 寺	열십 十 눈목 目 니은은 ㄴ	비수비 匕 눈목 目 니은은 ㄴ 여덟팔 八	새추 隹 쉬엄쉬엄갈 착 辶	깜부기불진 灬 그릇명 皿	도끼근 斤 조개패 貝	새추 隹 나무목 木	다행행 幸 알환 丸
지론 持論 지병 持病 소지 所持 견지 堅持	직진 直進 직매 直賣 직선 直線 직언 直言 직접 直接	진상 眞相 진가 眞價 진실 眞實	진로 進路 진급 進級 진퇴양난 進退兩難	매진 賣盡 자진 自盡	질량 質量 질박 質朴 질의 質疑 질문 質問	집결 集結 집산 集散 집약 集約 집중 集中	집권 執權 집념 執念 집필 執筆 집행 執行 집무 執務
	벼슬직 職 짤직 織	누를진 鎭	티끌진 塵	보배진 珍 떨칠진 振 진칠진 陣 베풀진 陳	병질 疾 차례질 秩 조카질 姪		부를징 徵 징계할징 懲

확인과 연습

1. 뜻과 음을 외며 내용을 머리 속에 그려 봅시다.

1. 字者姉慈 　　作昨章場
2. 奬壯才材 　　財在栽再
3. 爭著低貯 　　的敵蹟賊
4. 全典前展 　　戰電錢傳
5. 節絶店接 　　頂停井正
6. 政定貞情 　　精靜淨庭
7. 弟第祭帝 　　除題諸製
8. 條早造調 　　朝助祖族
9. 存尊卒宗 　　種鐘終從
10. 左坐罪主 　　注住朱宙
11. 酒畫中重 　　衆卽曾增
12. 證只枝知 　　地指志紙
13. 持直眞進 　　盡質集執

2. 자의 모양을 생각하며 읽어 봅시다.

1. **글자**를 모르는 무식한 **놈**은 **누이**를 **사랑**할 자격이 없으니 / 오늘은 시를 **지어** 어제 쓴 글을 더욱 빛나게 하라. 결과는 내일 앞**마당**에서 발표하겠다.

2. **장수**는 **씩씩할** 뿐만 아니라 **재주**와 덕망을 겸비한 **재목**이어야 한다. / **재물**이 있으면 나누어주고 신뢰를 **심어**두면 국난을 당했을 때 부하들은 **두** 번 세 번 충성한다.

3. 서로 **다툴** 때 비겁한 자에게 **나타나는** 현상은 자기를 **낮추더라도** 어떻게든 명분을 **쌓아** 도망갈 궁리만 한다. / 그러나 당당한 자는 **과녁**에 화살을 쏘듯 **원수**의 **자취**를 찾아 **도둑** 물리치듯 물리친다.

4. 법관은 **온전한** 법을 만인 **앞**에 **펴야** 하고 / 부득이 **싸워야** 할 때는 **번개**처럼 해치워 돈의 낭비를 줄이고 온전한 법을 **전해야** 한다.

5. 외상값의 **마디**를 제때에 **끊지** 못하는 **가게**에는 물건을 **댈** 수 없듯 / 생각이 **정수리**에만 **머물러** 행동으로 옮기지 못하는 자는 **우물**에서도 물을 **바르게** 구하지 못하니 사귀지 말라.

6. **정사**를 논하고 정책을 **정할** 때는 **곧은** 마음으로 임하고 사적인 **뜻**이 없어야 하며 / 내용을 **자세히** 정할 때는 **고요하고 깨끗한** 마음을 지녀야 함으로 결정에 앞서 먼저 **뜰**을 거닐어 봐라.

7. 형이 죽어 **아우 차례**가 된 **제사**를 정성껏 모신 **임금**은 제례 형식이 너무 까다롭다고 판단했다. / 백성들의 고초를 **덜고**자 간편 의례란 **제목**으로 관혼상제 예법을 **모든** 신하들에게 **지어** 올리라고 명했다.

8. 매화 **가지**마다 **일찍** 꽃이 영그니 시인은 시를 **짓고** 악공은 거문고 줄을 **고르는**구나. / 아침 일찍 손자의 **도움**을 받아 매화나무 앞에 선 **할아비**는 **겨레**의 번영을 두 손 모아 기원했다.

9. 대장군의 지위에 **있으면서**도 아랫사람을 더 **높이고 군사**들을 **으뜸**으로 여기니 / 장군의 높은 뜻이 마음의 **씨**가 되어 **쇠북종** 소리처럼 퍼지는구나. 군졸들은 임무를 **마칠** 때까지 장군을 **좇아** 충성을 다 하더라.

10. **왼편**에 **앉은** 자가 자신의 **허물**을 **주인**에게 뒤집어씌웠다. / 그런 자와는 함께 논에 **물대며 살** 수 없으니 이마에 **붉은** 글씨를 새겨 한 **하늘** 아래 살지 못하게 하라.

11. **술**을 **낮**부터 마시는 자는 얼굴 **가운데 무거운** 형벌이 내려져 딸기코가 된다. / **무리** 중에서도 이런 자는 **곧** 발각되니 **일찍**부터 이런 악행이 **더해**지지 않도록 경계하라.

12. 나를 속인 명확한 **증거**는 없지만 **다만** 한 **가지** 평소의 네 소행으로 **알** 수 있다. / 무른 **땅**에 **손가락**을 꽂듯 네 **뜻**을 아니 **종이**에 이 사연을 적어 두고두고 너를 경계하게 하리라.

13. 인내심을 **가지고** 행동을 **곧게** 하면 **참된** 길로 **나아갈** 수 있고 / 정성을 **다하여** 마음을 닦으면 선한 **바탕**의 자질을 **모을** 수 있어 참된 행복을 **잡을** 수 있다.

 그림과 내용을 상상하고 뜻과 음을 외며 한자를 써 봅시다.

字	者	姉	慈	作	昨	章	場
글자자	놈자	누이자	사랑자	지을작	어제작	글장	마당장
字	者	姉	慈	作	昨	章	場
면자	로백	녀자	현둘심	인사	일사	음십	토양

將	壯	才	材	財	在	栽	再
장수장	씩씩할장	재주재	재목재	재물재	있을재	심을재	두재
將	壯	才	材	財	在	栽	再
장월촌	장사	재	목재	패재	재토	재목	1경토

 그림과 내용을 상상하고 뜻과 음을 외며 한자를 써 봅시다.

爭	著	低	貯	的	敵	蹟	賊
다툴쟁	나타날저	낮을저	쌓을저	과녁적	원수적	자취적	도둑적
爭	著	低	貯	的	敵	蹟	賊
조운	초자	인씨1	패면정	백작	적복	족책	패웅

全	典	前	展	戰	電	錢	傳
온전할전	법전	앞전	펼전	싸울전	번개전	돈전	전할전
全	典	前	展	戰	電	錢	傳
입왕	책기	듀월도	시육응	단과	우신	금과둘	인전

 그림과 내용을 상상하고 뜻과 음을 외며 한자를 써 봅시다.

節	絕	店	接	頂	停	井	正
마디절	끊을절	가게점	댈접	정수리정	머무를정	우물정	바를정
節	絕	店	接	頂	停	井	正
죽흡절	사색	엄점	수첩	정혈	인정	정	1지

政	定	貞	情	精	靜	淨	庭
정사정	정할정	곧을정	뜻정	자세할정	고요할정	깨끗할정	뜰정
政	定	貞	情	精	靜	淨	庭
정복	면아	복패	심청	미청	청쟁	수쟁	엄정

 그림과 내용을 상상하고 뜻과 음을 외며 한자를 써 봅시다.

弟	第	祭	帝	除	題	諸	製
아우제	차례제	제사제	임금제	덜제	제목제	모든제	지을제
弟	第	祭	帝	除	題	諸	製
아궁별	죽조별	월우시	립장	부여	시혈	언자	제의

條	早	造	調	朝	助	祖	族
가지조	일찍조	지을조	고를조	아침조	도울조	할아비조	겨레족
條	早	造	調	朝	助	祖	族
유목	일십	고착	언주	간월	차력	시차	방인시

194 제2장 기초 한자

 그림과 내용을 상상하고 뜻과 음을 외며 한자를 써 봅시다.

存	尊	卒	宗	種	鐘	終	從
있을존	높을존	군사졸	으뜸종	씨종	쇠북종	마칠종	좇을종
存	尊	卒	宗	種	鐘	終	從
재자	추촌	두인둘십	면시	화중	금동	사동	척인둘족

左	坐	罪	主	注	住	朱	宙
왼좌	앉을좌	허물죄	주인주	물댈주	살주	붉을주	하늘주
左	坐	罪	主	注	住	朱	宙
1별공	인둘토	망비	주왕	수주	인주	별미	면유

 그림과 내용을 상상하고 뜻과 음을 외며 한자를 써 봅시다.

酒	晝	中	重	衆	卽	曾	增
술주	낮주	가운데중	무거울중	무리중	곧즉	일찍증	더할증
酒	晝	中	重	衆	卽	曾	增
수유	율단	중	천리	혈별수	흡절	8창일	토증

證	只	枝	知	地	指	志	紙
증거증	다만지	가지지	알지	땅지	손가락지	뜻지	종이지
證	只	枝	知	地	指	志	紙
언등	구8	목지	시구	토야	수지	사심	사씨

 그림과 내용을 상상하고 뜻과 음을 외며 한자를 써 봅시다.

持	直	眞	進	盡	質	集	執
가질 지	곧을 직	참 진	나아갈 진	다할 진	바탕 질	모을 집	잡을 집
持	直	眞	進	盡	質	集	執
수사	십목은	비목은8	추착	진명	근둘패	추목	행환

7 ㅊ, ㅋ, ㅌ, ㅍ

① 且次此借 着察參昌

화음에는 으뜸과 버금 또(且) 버금(次) 딸림 화음이 있는데 이(此)를 잘 빌려(借)와 작곡을 하면 / 곡이 귀에 착 붙어(着) 누구나 아름다움을 살필(察) 수 있어 모두 연주를 듣고자 참여해(參) 창성할(昌) 것이다.

 뜻을 생각하며 읽어 봅시다.

| 구차
苟且 | 차기
次期 | 차후
此後 | 대차
貸借 |

| 접착
接着 | 관찰
觀察 | 참가
參加 | 창성
昌盛 |

且	次	此	借	着	察	參	昌
또차	버금차	이차	빌차	붙을착	살필찰	참여할참	창성할창
제기 위에 음식을 쌓고 또 쌓은 모양	지쳐 하품을 하며 다음으로 처짐	사람이 구부리고 서서 머무름	백성이 나라 땅을 오래 빌려 경작함	양은 의좋게 서로 보며 떼를 이룸	집에서 지내는 제사 음식을 정성들여 돌봄	사람의 머리 위에 삼태성이 빛남	해같이 공명정대하게 말함
차	빙흠	지비	인석	양목	면제	사셋인삼	일왈
	얼음빙 冫 하품흠 欠	그칠지 止 비수비 匕	사람인 亻 옛석 昔	양양 羊 눈목 目	집면 宀 제사제 祭	사사사 厶 사람인 人 터럭삼 彡	날일 日 가로왈 曰
차치 且置 중차대 重且大	차석 次席 차례 次例 차차 次次 석차 席次	여차 如此 피차 彼此	차관 借款 차금 借金 차용 借用 차신 借信	착수 着手 착복 着服 착용 着用 착신 着信	시찰 視察 성찰 省察 고찰 考察	참관 參觀 참석 參席 참고 參考	번창 繁昌
		어긋날차 差		섞일착 錯 잡을착 捉 찬성할찬 贊 기릴찬 讚		참혹할참 慘 부끄러워할 참 慙	곳집창 倉 비롯할창 創 푸를창 蒼 푸를창 滄

198 제2장 기초 한자

❷ 唱窓菜採 責册妻處

우렁찬 **노랫**(唱)소리가 오두막집의 **창**(窓)을 통해 계곡에 울려 퍼지니 **나물**(菜) **캐던**(採) 아낙네가 넋을 잃는구나. / 아낙네는 스스로를 **꾸짖고**(責) **책**(册)을 꺼내 읽으니 **아내**(妻)가 해야 할 일들이 **곳**(處)곳에 적혀 있구나.

 뜻을 생각하며 읽어 봅시다.

가창　　창문　　채소　　채광
歌唱　窓門　菜蔬　採鑛

책망　　책봉　　처첩　　처세
責望　册封　妻妾　處世

唱	窓	菜	採	責	册	妻	處
노래창	창창	나물채	캘채	꾸짖을책	책책	아내처	곳처
노래를 할 때 입을 크게 벌리고 부름	벽에 구멍을 내어 밝은 빛을 받아들임	캐어 먹을 수 있는 풀	손으로 나무 열매를 따거나 뿌리를 캠	꾼 돈을 갚으라고 가슴을 가시로 찌르는 것처럼 꾸짖음	대쪽에 글을 써서 엮어맨 모양	비를 들고 청소하는 여자	걸음을 멈추고 책상에 걸터앉아 쉼
구창	혈사심	초조목	수채	됴패	책	십계녀	호쇠궤
입구 口 창성할창 昌	굴혈 穴 사사사 厶 마음심 心	풀초 艹 손톱조 爫 나무목 木	손수 扌 빛채 采	흙토 土 조개패 貝		열십 十 돼지머리계 彐 계집녀 女	범호 虍 천천히걸을 쇠 夊 책상궤 几
창극 唱劇 창법 唱法 독창 獨唱	창구 窓口 창호지 窓戶紙 동창 同窓	채식 菜食 채독 菜毒 산채 山菜	채집 採集 채용 採用 채택 採擇	책임 責任 질책 叱責 책망 責望	책방 册房 책명 册名 책상 册床	처복 妻福 처제 妻弟 엄처시하 嚴妻侍下	처사 處事 처소 處所 처녀 處女
화창할창 暢		채색채 彩	빚채 債		꾀책 策	슬퍼할처 悽	

③ 尺天泉淺 鐵淸晴請

인간의 **자**(尺)로서 **하늘**(天)을 재려는 것은 옹달**샘**(泉)이 바다와 맞서려는 것과 같은 **얕은**(淺) 소견 탓이다. / **쇠**(鐵)는 단단할수록 **맑은**(淸) 소리를 내며 마음이 **갤**(晴)수록 **청하는**(請) 것이 적어짐을 깨쳐라.

 뜻을 생각하며 읽어 봅시다.

척량	천지	온천	천박
尺量	天地	溫泉	淺薄

철칙	청결	청천	청구
鐵則	淸潔	晴天	請求

尺	天	泉	淺	鐵	淸	晴	請
자척	하늘천	샘천	얕을천	쇠철	맑을청	갤청	청할청
손목에서 팔꿈치까지의 거리를 나타내어 길이를 잼	머리 위에 있는 허공	땅 속에서 물이 솟아나 내를 이룬 모습	물이 적음	예리한 무기를 만들 수 있는 금속	푸르게 보이는 물은 맑고 깨끗함	해가 푸른 하늘에 드러남	젊은이가 윗사람에게 부탁 말씀을 드림
시을	1대	백수	수과둘	금재구왕	수청	일청	언청
주검시 尸 굽을을 乚	한일 一 큰대 大	흰백 白 물수 水	물수 氵 창과 戈	쇠금 金 쪼갤재 戈 입구 口 임금왕 王	물수 氵 푸를청 靑	날일 日 푸를청 靑	말씀언 言 푸를청 靑
척도 尺度 월척 越尺 지척 咫尺	천고마비 天高馬肥 천생연분 天生緣分 구천 九天	원천 源泉	천견 淺見 천려 淺慮 천학 淺學 심천 深淺	철교 鐵橋 철도 鐵道 철물 鐵物 철권 鐵拳	청계 淸溪 청량 淸凉 청소 淸掃 청탁 淸濁	청랑 晴朗	청원 請願 청혼 請婚 불청객 不請客
열척 拓 내칠척 斥 겨레척 戚	일천천 千	옮길천 遷 천거할천 薦	천할천 賤 밟을천 踐	밝을철 哲 뚫을철 徹 뾰쪽할첨 尖 더할첨 添	첩첩 妾		

④ 聽體初招 村最秋追

사랑의 고백을 **들었**(聽)을 땐 **몸**(體)이 떨리고 이름을 **처음**(初) **불렀**(招)을 땐 행복했노라. / **마을**(村)에서 **가장**(最) 조용한 동산에 올라 **가을**(秋)을 맞으니 나를 **따라**(追) 동산에 올랐던 그녀가 그립구나.

 뜻을 생각하며 읽어 봅시다.

시청	체격	시초	초빙
視聽	體格	始初	招聘

촌락	최고	추수	추적
村落	最高	秋收	追跡

聽	體	初	招	村	最	秋	追
들을청	몸체	처음초	부를초	마을촌	가장최	가을추	따를추
곧은 마음에서 나온 말을 들음	뼈와 살과 오장 육부	옷감을 잘라 마름질하는 것	손짓하여 부름	나무가 많은 곳에 질서있게 모여삶	적병의 귀를 가장 많이 베어 온 자에게 큰 상을 줌	곡식을 거두어 말리는 계절	물건을 차곡차곡 쌓아올리듯 앞사람의 뒤를 한 발자국씩 따라감
이왕직심	골곡두	의도	수도구	목촌	왈취	화화	퇴착
귀이 耳 임금왕 王 곧을직 直 마음심 心	뼈골 骨 굽을곡 曲 콩두 豆	옷의 衣, 衤 칼도 刀	손수 扌 칼도 刀 입구 口	나무목 木 마디촌 寸	가로왈 曰 취할취 取	벼화 禾 불화 火	쌓일퇴 自 쉬엄쉬엄갈 착 辶
청강 聽講 청취 聽取 청허 聽許 경청 敬聽	체내 體內 체육 體育 체위 體位 체중 體重 체질 體質	초간 初刊 초기 初期 초봉 初俸 초산 初産 초설 初雪	초래 招來 초대 招待 초청 招請	촌부 村夫 촌장 村長 벽촌 僻村	최강 最強 최근 最近 최대 最大 최신 最新 최적 最適	추계 秋季 추상 秋霜 추풍낙엽 秋風落葉 천추 千秋	추종 追從 추격 追擊 추방 追放 추념 追念
관청청 廳	바꿀체 替	초나라초 楚 주춧돌초 礎 작을초 肖 뛰어넘을초 超 뽑을초 抄	촛불촉 燭 닿을촉 觸 재촉할촉 促	총총 銃 거느릴총 總 귀밝을총 聰	높을최 崔 재촉할최 催		뽑을추 抽 (초 抄,뺄발 拔) 추할추 醜

⑤ 推畜祝春　出充忠蟲

떠**밀(推)**어 도살장으로 보낸 **가축(畜)**의 명복을 **빌(祝)**며 **봄(春)**을 맞아 / 밭을 갈러 **나가니(出)** 들 **가득히(充) 충성(忠)**스럽던 누렁이의 울음소리가 **벌레(蟲)** 소리에 섞여 들리는구나.

 뜻을 생각하며 읽어 봅시다.

추진	가축	축복	춘몽
推進	家畜	祝福	春夢

출입	충만	충성	곤충
出入	充滿	忠誠	昆蟲

推	畜	祝	春	出	充	忠	蟲
밀추	가축축	빌축	봄춘	날출	가득할충	충성충	벌레충
새가 날개를 저어 적을 밀어내듯 손으로 상대를 밀어냄	농사로 가산을 더욱 불림	사람이 신에게 소원을 말하여 빎	햇볕을 받아 풀이 싹틈	싹이 흙 위로 터져나온 모양	아기가 걸을 수 있도록 자람	마음 속에서 우러나온 참된 뜻	많은 작은 동물
수추	현전	시형	3인일	철감	돌인	중심	충셋
손수 扌 새추 隹	검을현 玄 밭전 田	보일시 示 맏형 兄	석삼 三 사람인 人 날일 日	싹틀철 屮 입벌릴감 凵	아이돌 厶 걷는사람인 儿	가운데중 中 마음심 心	벌레충 虫
추대 推戴 추앙 推仰 추계 推計	축산 畜産 축사 畜舍	축사 祝辭 축연 祝宴 축원 祝願 축의 祝儀	춘경 春耕 춘경 春景 춘곤 春困 춘색 春色	출근 出勤 출산 出産 출발 出發 출범 出帆 출항 出港	충당 充當 충분 充分 충실 充實 충일 充溢 충원 充員	충간 忠諫 충심 忠心 충의 忠義 충효 忠孝	충치 蟲齒 해충 害蟲 성충 成蟲
	쌓을축 蓄 쌓을축 築 찰축 蹴	쫓을축 逐 오그라들축 縮					부딪칠충 衝

⑥ 取吹就治　致則親針

심란하여 피리를 **취해**(取) **부니**(吹) 울 적함이 **나아가**(就) 슬픔이 되어 스스로를 **다스릴**(治) 수 없구나. / 이 지경에 **이르니**(致) 나를 다스리던 **법**(則)도 **친한**(親) 벗의 충고도 **바늘**(針)이 되어 나를 찌르지 못하는구나.

 뜻을 생각하며 읽어 봅시다.

取捨　鼓吹　就職　治療
취사　고취　취직　치료

致富　法則　親舊　針術
치부　법칙　친구　침술

取	吹	就	治	致	則	親	針
취할취	불취	나아갈취	다스릴치	이를치	법칙	친할친	바늘침
죽은 적의 귀를 손으로 잘라 옴	하품하듯 입김을 붊	서울터를 닦고 성을 더욱 높게 쌓아 완성함	물이 흐르듯 이치에 맞게 가정과 나라를 이끎	일정한 곳에 이르러 목적한 바를 이룸	재물을 칼로 자르듯 공평하게 나눔	나무 포기처럼 많은 자식들을 보살피는 어버이	쇠로 된 바늘
이우	구흠	경우	수태	지복	패도	립목견	금십
귀이 耳 또우 又	입구 口 하품흠 欠	서울경 京 더욱우 尤	물수 氵 늙을태 台	이를지 至 칠복 攵	조개패 貝 칼도 刂	설립 立 나무목 木 볼견 見	쇠금 金 열십 十
취득 取得 취재 取材 채취 採取	취입 吹入 취주 吹奏	취임 就任 취침 就寢 취학 就學	치국 治國 치안 治安 이열치열 以熱治熱	치사 致死 운치 韻致 송치 送致	교칙 校則 원칙 原則 규칙 規則	친교 親交 친목 親睦 친필 親筆 친지 親知	침선 針線 침소봉대 針小棒大
재미취 趣		곁측 側 잴측 測 가엾을측 惻 층층 層	값치 値 둘치 置 어릴치 稚 부끄러울치 恥			옻칠할칠 漆 일컬을칭 稱	베개침 枕 잠길침 沈 침노할침 侵 잠잘침 寢 적실침 浸

⑦ 快他打脫 探貪太泰

유**쾌한**(快) 하루를 보내기 위해 어제와 **다르게**(他) 공을 **칠**(打)까, 아니면 이 도시를 **벗어날**(脫)까? / 허황된 것만 **찾고**(探) 남의 것만 **탐내다**(貪) 보니 공허한 마음만 **커지고**(太) **커지는**(泰)구나.

 뜻을 생각하며 읽어 봅시다.

쾌락　자타　타격　탈퇴
快樂　自他　打擊　脫退

탐구　탐욕　태초　태연
探究　貪慾　太初　泰然

快	他	打	脫	探	貪	太	泰
쾌할쾌	다를타	칠타	벗을탈	찾을탐	탐낼탐	클태	클태
마음에 걸리는 일을 터놓고 이야기하여 해결함	사람은 뱀과는 다른 동물	손에 망치를 들고 못을 쳐서 박음	곤충이 허물을 벗고 그 형체를 바꿈	손으로 깊은 곳을 더듬어 찾음	돈에 마음이 이끌려 몹시 모으려고 함	大에 ､(불똥주)를 더하여 참으로 큼	두 손으로 받아내기에는 너무 큰 물
심쾌	인야	수정	월태	수멱8목	금패	대주	3인수
마음심 ↑ 터놓을쾌 夬	사람인 亻 어조사야 也	손수 扌 장정정 丁	달월 月 기쁠태 兌	손수 扌 덮을멱 冖 여덟팔 八 나무목 木	이제금 今 조개패 貝	큰대 大 불똥주 ､	석삼 三 사람인 人 물수 氺
쾌감 快感 쾌면 快眠 쾌승 快勝 쾌재 快哉 쾌속 快速	타국 他國 타인 他人 배타 排他 이타 利他	타파 打破 타자 打者 타개 打開 구타 毆打	탈의 脫衣 탈출 脫出 탈모 脫毛 탈고 脫稿	탐문 探問 탐사 探査 탐지 探知 탐정 探偵	탐관오리 貪官汚吏 탐심 貪心 식탐 食貪	태부족 太不足	태연자약 泰然自若 태산북두 泰山北斗
	온당할타 妥 떨어질타 墮	흐릴탁 濁 맡길탁 托 씻을탁 濯 쪼을탁 琢	숯탄 炭 탄식할탄 歎 탄알탄 彈	빼앗을탈 奪	탑탑 塔 끓일탕 湯		게으를태 怠 위태로울태 殆

제2장 기초 한자

⑧ 態宅討通 統退投特

확고한 **태도**(態)로 **집**(宅)에 도착해 나를 **치려고**(討) 기다리는 부하들을 뜻이 **통하게**(通) 설득한 후 / 다시 그들을 **거느리고**(統) 군을 **물러날**(退) 뜻을 명확히 한 사표를 **던진**(投) 후 함께 **특별한**(特) 사업을 시작했다.

 뜻을 생각하며 읽어 봅시다.

태도	주택	토벌	통달
態度	住宅	討伐	通達

통솔	퇴각	투타	특별
統率	退却	投打	特別

態	宅	討	通	統	退	投	特
태도태	집택	칠토	통할통	거느릴통	물러날퇴	던질투	특별할특
마음을 스스로 능히 움직이고 드러낼 수 있음	사람이 몸을 의지하여 사는 곳	법(寸)에 따라 죄인을 잡아 말로 다스림	골목길이 큰 길로 이어짐	실이 번거롭게 이어지듯 사람의 일도 계통이 있음	아침부터 하늘에 머물렀던 해가 서쪽으로 넘어감	손으로 창을 던짐	소는 제사에 많이 쓰여 관청에서 소중히 다룸
능심	면탁	언촌	용착	사충	간착	수수	우시
능할능 能 마음심 心	집면 宀 맡길탁 乇	말슴언 言 마디촌 寸	골목길용 甬 쉬엄쉬엄갈 辶	실사 糸 가득할충 充	머물간 艮 쉬엄쉬엄갈 辶	손수 扌 칠수 殳	소우 牛 관청시 寺
태세 態勢 교태 嬌態 천태만상 千態萬象	택지 宅地 댁내 宅內 저택 邸宅	토벌 討伐 토론 討論	통행 通行 통화 通話 통로 通路 통학 通學 통속 通俗	통수 統帥 통계 統計 통괄 統括 통합 統合	퇴보 退步 퇴정 退廷 퇴직 退職 퇴치 退治	투구 投球 투망 投網 투고 投稿 투자 投資 투숙 投宿	특기 特技 특명 特命 특사 特使 특선 特選 특수 特殊
	가릴택 擇 못택 澤	토할토 吐 토끼토 兎	아플통 痛			통할투 透 싸울투 鬪	

⑨ 破波判敗 便篇平評

바위를 깨트리는(破) 물결(波)같이 끈질기고 독수리처럼 예리하게 판단하면(判) 어떤 승부에서도 패하지(敗) 않을 것이다. / 노후를 편히(便) 책(篇)을 보며 평탄하게(平) 사는 길이 어떤 것인지 평론해(評) 보자.

 뜻을 생각하며 읽어 봅시다.

파괴　파도　판단　패배
破壞　波濤　判斷　敗北
편리　옥편　평범　평론
便利　玉篇　平凡　評論

破	波	判	敗	便	篇	平	評
깨트릴파	물결파	판단할판	패할패	편할편	책편	평탄할평	평론할평
돌로 가죽을 두드리면 터짐	물 표면의 움직임	칼로 물건을 자르듯 옳고 그름을 분명히 밝힘	재물이 부딪혀서 못쓰게 됨	사람이 불편한 것을 고쳐서 편하게 함	대쪽에 글을 써서 실로 꿰어 엮은 것	물 위에 뜬 부평초 모양	어느 쪽에도 치우침이 없는 말
석피	수피	반도	패복	인경	죽편	평	언평
돌석 石 가죽피 皮	물수 氵 가죽피 皮	반반 半 칼도 刂	조개패 貝 칠복 攵	사람인 亻 고칠경 更	대죽 竹 현판편 扁		말씀언 言 평탄할평 平
파격 破格 파기 破棄 파멸 破滅 파산 破散 파손 破損	파고 波高 파동 波動 파장 波長 풍파 風波	판결 判決 판명 判明 판별 判別 판정 判定 판이 判異	패가망신 敗家亡身 패망 敗亡 참패 慘敗 부패 腐敗	편법 便法 편지 便紙 간편 簡便 변소 便所	장편 長篇 전편 全篇	평면 平面 평지 平地 평등 平等 평균 平均 평안 平安	평가 評價 평의 評議
파할파 龱	물갈래파 派	널빤지판 板 판목판 版 팔판 販			엮을편 編 두루편 遍		

⑩ 閉廢布抱 浦暴表票

문을 **닫아**(閉)걸고 식음을 **폐한**(廢) 채 **베**(布) 폭 위에 바람 **안은**(抱) 바다를 그리니 / **물가**(浦)의 **사나운**(暴) 폭풍이 베 **거죽**(表)을 뚫고 나와 곳곳에 **표**(票)를 남기는구나.

 뜻을 생각하며 읽어 봅시다.

개폐　　폐기　　포목　　포부
開閉　　廢棄　　布木　　抱負

포구　　폭군　　표리　　득표
浦口　　暴君　　表裏　　得票

閉	廢	布	抱	浦	暴	表	票
닫을폐	폐할폐	베포	안을포	물가포	사나울폭	거죽표	표표
문에 빗장을 건 모양	오랫동안 집을 떠나 방치되어 못 쓰게 됨	아버지가 자식을 매로 다스리듯 천을 방망이로 다듬질함	손으로 끌어 모아 가슴에 싸안음	강이나 내에 큰 조수가 드나드는 곳	쌀을 햇볕에 말리려고 손을 내밂	털가죽 옷은 털이 바깥쪽으로 나 있음	물건의 중요 부분에 보기 쉽게 다는 표
문재	엄발	1별건	수포	수보	일공수	2의	아시
문문 門 재주재 才	집엄 广 필발 發	한일 一 삐칠별 丿 수건건 巾	손수 扌 쌀포 包	물수 氵 아무개보 甫	날일 日 함께공 共 물수 水	두이 二 옷의 衣	덮을아 襾 보일시 示
폐문 閉門 폐쇄 閉鎖 폐회 閉會	폐간 廢刊 폐교 廢校 폐수 廢水 폐유 廢油	포고 布告 반포 頒布	포옹 抱擁	포전 浦田	폭주 暴酒 폭행 暴行 폭로 暴露 폭등 暴騰 포악 暴惡	표면 表面 표지 表紙 표상 表象 표현 表現	표결 票決 매표 買票 전표 錢票
	허파폐 肺		세포포 胞 배부를포 飽		폭포폭 瀑 폭발할폭 爆 폭폭 幅		표할표 標 뜰표 漂

⑪ 品楓豊彼 避必匹筆

좋은 **등급**(品)의 **단풍나무**(楓)는 잎이 **풍성하니**(豊) **저**(彼) 나무처럼 기다려라. / 그리고 악연을 **피하고**(避) 때를 기다리면 **반드시**(必) 네 **짝**(匹)을 만날 테니 **붓**(筆)방아만 찧으며 괴로워 말라.

뜻을 생각하며 읽어 봅시다.

품격	단풍	풍부	피차
品格	丹楓	豊富	彼此

피신	필수	배필	필설
避身	必須	配匹	筆舌

品	楓	豊	彼	避	必	匹	筆
등급품	단풍나무풍	풍성할풍	저피	피할피	반드시필	짝필	붓필
여러 층의 사람들의 모임	가을 바람이 불면 나뭇잎들이 붉게 물듦	제사 음식이 넉넉하게 담긴 그릇	벗겨낸 가죽처럼 떨어져 나간 사람	남의 눈을 피해서 슬금슬금 도망감	마음에 말뚝을 박듯 결심함	감추어 둔 피륙을 둘로 나누면 각각이 서로 짝이 됨	대나무로 붓대를 만듦
구셋	목풍	곡두	척피	피착	심별	방8	죽율
입구 口	나무목 木 바람풍 風	굽을곡 曲 콩두 豆	자축거릴척 彳 가죽피 皮	피할피 辟 (시구신) 쉬엄쉬엄갈 착 辶	마음심 心 삐칠별 丿	상자방 匚 여덟팔 八	대죽 竹 붓율 聿
품질 品切 품질 品質 품행 品行	단풍 丹楓	풍년 豊年 풍작 豊作 풍만 豊滿 풍성 豊盛 풍어 豊漁	피아 彼我 피안 彼岸	피난 避難 피서 避暑 피임 避妊	필사 必死 필승 必勝 필연 必然 필요 必要 기필 期必	필마 匹馬 필부 匹夫	필담 筆談
				입을피 被 피곤할피 疲			마칠필 畢

확인과 연습

1 뜻과 음을 외며 내용을 머리 속에 그려 봅시다.

1. 且次此借   着察參昌
2. 唱窓菜採   責册妻處
3. 尺天泉淺   鐵淸晴請
4. 聽體初招   村最秋追
5. 推畜祝春   出充忠蟲
6. 取吹就治   致則親針
7. 快他打脫   探貪太泰
8. 態宅討通   統退投特
9. 破波判敗   便編平評
10. 閑廢布抱   浦暴表票
11. 品楓豊彼   避必匹筆

2 자의 모양을 생각하며 읽어 봅시다.

1. 화음에는 으뜸과 버금 **또** 버금딸림 화음이 있는데 **이**를 잘 **빌려**와 작곡을 하면 / 곡이 귀에 착 **붙어** 누구나 아름다움을 **살필** 수 있어 모두 연주를 듣고자 **참여해 창성할** 것이다.

2. 우렁찬 **노랫소리**가 오두막집의 **창**을 통해 계곡에 울려 퍼지니 **나물 캐던** 아낙네가 넋을 잃는구나. / 아낙네는 스스로를 **꾸짖고 책**을 꺼내 읽으니 **아내**가 해야 할 일들이 **곳곳**에 적혀 있구나.

3. 인간의 **자**로서 **하늘**을 재려는 것은 옹달**샘**이 바다와 맞서려는 것과 같은 **얕은** 소견 탓이다. / **쇠**는 단단할수록 **맑은** 소리를 내며 마음이 **갤수록 청하는** 것이 적어짐을 깨쳐라.

4. 사랑의 고백을 **들었**을 땐 **몸**이 떨리고 이름을 **처음 불렀**을 땐 행복했노라. / 마을에서 **가장** 조용한 동산에 올라 **가을**을 맞으니 나를 **따라** 동산에 올랐던 그녀가 그립구나.

5. 떠밀어 도살장으로 보낸 **가축**의 명복을 빌며 **봄**을 맞아 / 밭을 갈러 **나가니** 들 가득히 **충성**스럽던 누렁이의 울음소리가 벌레 소리에 섞여 들리는구나.

6. 심란하여 피리를 **취해 부니** 울적함이 **나아가** 슬픔이 되니 스스로를 **다스릴** 수 없구나. / 이 지경에 **이르니** 나를 다스리던 **법도** 친한 벗의 충고도 **바늘**이 되어 나를 찌르지 못하는구나.

7. 유**쾌한** 하루를 보내기 위해 어제와 **다르게** 공을 칠까, 아니면 이 도시를 **벗어날까**? / 허황된 것만 **찾고** 남의 것만 **탐내다** 보니 공허한 마음만 **커지고 커지**는구나.

8. 확고한 **태도**로 **집**에 도착해 나를 **치려고** 기다리는 부하들을 나의 뜻이 **통하게** 설득한 후 / 다시 그들을 **거느리고** 군을 **물러날** 뜻을 명확히 한 사표를 **던진** 후 함께 **특별한** 사업을 시작했다.

9. 바위를 **깨트리는 물결**같이 끈질기고 독수리처럼 예리하게 **판단하면** 어떤 승부에서도 **패하지** 않을 것이다. / 노후를 편히 **책**을 보며 **평탄하게** 사는 길이 어떤 것인지 **평론해** 보자.

10. 문을 **닫아**걸고 식음을 **폐한** 채 **베** 폭 위에 바람 **안은** 바다를 그리니 / **물가**의 **사나운** 폭풍이 베 **거죽**을 뚫고 나와 곳곳에 **표**를 남기는구나.

11. 좋은 **등급**의 **단풍나무**는 잎이 **풍성**하니 저 나무처럼 기다려라. / 그리고 악연을 **피하고** 때를 기다리면 **반드시** 네 **짝**을 만날 테니 **붓**방아만 찧으며 괴로워 말라.

 그림과 내용을 상상하고 뜻과 음을 외며 한자를 써 봅시다.

且	次	此	借	着	察	參	昌
또차	버금차	이차	빌차	붙을착	살필찰	참여할참	창성할창
且	次	此	借	着	察	參	昌
차	빙흠	지비	인석	양목	면제	사셋인삼	일왈

唱	窓	菜	採	責	冊	妻	處
노래창	창창	나물채	캘채	꾸짖을책	책책	아내처	곳처
唱	窓	菜	採	責	冊	妻	處
구창	혈사심	초조목	수채	묘패	책	십계녀	호쇠궤

 그림과 내용을 상상하고 뜻과 음을 외며 한자를 써 봅시다.

尺	天	泉	淺	鐵	淸	晴	請
자척	하늘천	샘천	얕을천	쇠철	맑을청	갤청	청할청
尺	天	泉	淺	鐵	淸	晴	請
시을	1대	백수	수과돌	금재구왕	수청	일청	언청

聽	體	初	招	村	最	秋	追
들을청	몸체	처음초	부를초	마을촌	가장최	가을추	따를추
聽	體	初	招	村	最	秋	追
이왕직심	골곡두	의도	수도구	목촌	왈취	화화	퇴착

 그림과 내용을 상상하고 뜻과 음을 외며 한자를 써 봅시다.

推	畜	祝	春	出	充	忠	蟲
밀추	가축축	빌축	봄춘	날출	가득할충	충성충	벌레충
推	畜	祝	春	出	充	忠	蟲
수추	현전	시형	3인일	철감	돌인	중심	충셋

取	吹	就	治	致	則	親	針
취할취	불취	나아갈취	다스릴치	이를치	법칙	친할친	바늘침
取	吹	就	治	致	則	親	針
이우	구흠	경우	수태	지복	패도	립목견	금십

 그림과 내용을 상상하고 뜻과 음을 외며 한자를 써 봅시다.

快	他	打	脫	探	貪	太	泰
쾌할쾌	다를타	칠타	벗을탈	찾을탐	탐낼탐	클태	클태
快	他	打	脫	探	貪	太	泰
심쾌	인야	수정	월태	수먹8목	금패	대주	3인수

態	宅	討	通	統	退	投	特
태도태	집택	칠토	통할통	거느릴통	물러날퇴	던질투	특별할특
態	宅	討	通	統	退	投	特
능심	면탁	언촌	용착	사충	간착	수수	우시

 그림과 내용을 상상하고 뜻과 음을 외며 한자를 써 봅시다.

破	波	判	敗	便	篇	平	評
깨트릴파	물결파	판단할판	패할패	편할편	책편	평탄할평	평론할평
破	波	判	敗	便	篇	平	評
석피	수피	반도	패복	인경	죽편	평	언평

閉	廢	布	抱	浦	暴	表	票
닫을폐	폐할폐	베포	안을포	물가포	사나울폭	거죽표	표표
閉	廢	布	抱	浦	暴	表	票
문재	엄발	1별건	수포	수보	일공수	2의	아시

 그림과 내용을 상상하고 뜻과 음을 외며 한자를 써 봅시다.

品	楓	豊	彼	避	必	匹	筆
등급품	단풍나무풍	풍성할풍	저피	피할피	반드시필	짝필	붓필
品	楓	豊	彼	避	必	匹	筆
구셋	목풍	곡두	척피	피착	심별	방8	죽율

8 ㅎ

1. 下夏何賀 河學閑寒

느티나무 **아래**(下)에서 **여름**(夏)을 나는 노인을 **어찌**(何) **하례하지**(賀) 않겠으며 / **냇물**(河)에서 수영을 **배우는**(學) **한가한**(閑) 아이는 한여름인지 **찬**(寒) 겨울인지 모르니 이 또한 복된 일이 아닌가?

뜻을 생각하며 읽어 봅시다.

상하   하절   기하   축하
上下　夏節　幾何　祝賀

하천   학교   한가   한서
河川　學校　閑暇　寒暑

下	夏	何	賀	河	學	閑	寒
아래하	여름하	어찌하	하례할하	물하	배울학	한가할한	찰한
일정한 위치를 나타낸 아래	더워서 다리를 드러낸 모양	두 사람이 어느 정도의 짐을 멘 모양	경사스러운 일에 물건을 보내 축하함	중국 황하를 말함	양손에 책을 잡고 스승을 본받는 아이	문에 나무를 걸어 출입을 못하게 함	사람이 움집에서 마른 풀더미로 몸을 감싸고 추위를 막음
하	혈쇠	인가	가패	수가	국효멱자	문목	면모8빙
	머리혈 頁 천천히걸을 쇠 夂	사람인 亻 옳을가 可	더할가 加 조개패 貝	물수 氵 옳을가 可	양손잡을국 臼 본받을효 爻 덮을멱 冖 아들자 子	문문 門 나무목 木	집면 宀 수풀모 茻 여덟팔 八 얼음빙 冫
하류 下流 하부 下部 하급 下級 하등 下等 하위 下位	하기 夏期 하계 夏季 하복 夏服 성하 盛夏	하필 何必 하시 何時 하여간 何如間 하처 何處	하객 賀客 하례 賀禮 경하 慶賀 연하 年賀	하구 河口 하상 河床 산하 山河 운하 運河	학비 學費 학생 學生 학습 學習 학구 學究	한담 閑談 한산 閑散 한적 閑寂 한직 閑職	한파 寒波 한해 寒害 한기 寒氣
		멜하 荷			학학 鶴		가물한 旱 땀한 汗

❷ 恨限韓漢 割合恒害

망국의 **한(恨)**을 품은 고구려 유민들은 발해를 건국해 **한정(限)**된 영토를 넓혀 **나라이름(韓)**을 **한수(漢)**까지 떨쳤다. / 정복한 땅을 **나눌(割)** 것은 나누고 **합할(合)** 것은 합하니 **항상(恒) 해칠(害)** 기회만 노리던 오랑캐도 꼼짝 못했다.

 뜻을 생각하며 읽어 봅시다.

<ruby>恨歎<rt>한탄</rt></ruby>　<ruby>限定<rt>한정</rt></ruby>　<ruby>韓國<rt>한국</rt></ruby>　<ruby>漢水<rt>한수</rt></ruby>
<ruby>割賦<rt>할부</rt></ruby>　<ruby>合同<rt>합동</rt></ruby>　<ruby>恒常<rt>항상</rt></ruby>　<ruby>害蟲<rt>해충</rt></ruby>

恨	限	韓	漢	割	合	恒	害
한할한	한정한	나라이름한	한수한	나눌할	합할합	항상항	해칠해
심장이 멈출 정도로 엉어리진 한	높은 언덕이라도 그 한계가 있음	군사들이 성의 둘레를 지키는 해돋는 쪽	중국의 역대 왕조와 문화가 한수라는 강을 중심으로 일어남	칼로 어느 것을 벰	세 사람의 의견을 모음	마음이 끊임없이 뻗침	함부로 내뱉는 말은 집안을 어수선하게 함
심간	부간	간위	수근	해도	집구	심긍	면꽁구
마음심 忄 머물간 艮	언덕부 阝 머물간 艮	해돋을간 倝 가죽위 韋	물수 氵 진흙근 堇	해칠해 害 칼도 刂	모을집 亼 입구 口	마음심 忄 뻗칠긍 亘	집면 宀 삼꽁 丰 입구 口
여한 餘恨 포한 抱恨	한계 限界 한도 限度 무한 無限 연한 年限 제한 制限	한복 韓服 한식 韓食 한옥 韓屋 한족 韓族	한자 漢字 문외한 門外漢	할당 割當 할애 割愛 할거 割據 할복 割腹 분할 分割	합류 合流 합방 合邦 합산 合算 합작 合作 합리 合理	항구 恒久 항시 恒時 항성 恒星	해독 害毒 해악 害惡 자해 自害 방해 妨害
				머금을함 含 다함 咸 빠질함 陷	막을, 대항할 항 抗 배로물건널 항 航	거리항 巷 항구항 港 목덜미항 項	

③ 海解幸向 鄕虛許現

바다(海)에 배를 띄워 돛을 푸니(解) 다행(幸)하게도 동풍이 불어 고향으로 향할(向) 수 있었다. / 시골(鄕)에 도착하여 빈(虛) 땅을 빌려 경작하고자 청하니 모두들 반기며 허락했다(許). 가을에 정성을 다한 결실이 나타났다(現).

 뜻을 생각하며 읽어 봅시다.

해양　해방　행복　향상
海洋　解放　幸福　向上
향수　허공　허락　현재
鄕愁　虛空　許諾　現在

海	解	幸	向	鄕	虛	許	現
바다 해	풀 해	다행 행	향할 향	시골 향	빌 허	허락할 허	나타날 현
바다는 물이 항상 가득함	소를 잡아 칼로서 뿔과 뼈와 살을 발라냄	일찍 죽지 않음을 나타냄	북쪽 창을 본뜬 자	촌에서 음식을 나눠먹는 모습	범이 사는 곳에는 다른 짐승이 얼씬도 하지 않음	남의 말을 듣고 엇갈린 견해가 풀림	옥은 갈수록 그 빛이 드러나 보임
수매	각도우	토두십	별경구	요흡읍	호구	언오	왕견
물수 氵 매양매 每	뿔각 角 칼도 刀 소우 牛	흙토 土 머리부분두 亠 열십 十	삐칠별 丿 멀경 冂 입구 口	작을요 幺 밥고소할흡 皀 고을읍 阝	범호 虍 언덕구 丘,丠	말씀언 言 낮오 午	임금왕 王 볼견 見
해류 海流 해전 海戰 인해 人海	해금 解禁 해빙 解氷 해산 解散 해부 解剖 해석 解釋	행운 幸運 다행 多幸	방향 方向 향방 向方 향학 向學	향속 鄕俗 향우 鄕友	허무 虛無 허욕 虛慾 허위 虛僞 허약 虛弱	허가 許可 허용 許容 허다 許多	현몽 現夢 현대 現代 현재 現在 현존 現存 출현 出現
	그해 該 돼지해 亥 씨해 核			울릴향 響 누릴향 享 (형통할형 亨)	험할험 險 시험할험 驗	법헌 憲 추녀헌 軒 드릴헌 獻	

④ 賢協兄形 刑惠呼好

어진(賢) 이가 불쌍한 사람들을 도우(協) 듯 맏(兄)형은 그 **형상(形)**을 온화하게 가져야 한다. / 그래서 **형벌(刑)**이 아닌 은혜(惠)와 자비의 모습으로 동생들을 부르면(呼) 모두들 **좋아할(好)** 것이다.

 뜻을 생각하며 읽어 봅시다.

| 현명 | 협동 | 백형 | 형상 |
| 賢明 | 協同 | 伯兄 | 形狀 |

| 형벌 | 혜택 | 호흡 | 호오 |
| 刑罰 | 惠澤 | 呼吸 | 好惡 |

賢	協	兄	形	刑	惠	呼	好
어질현	도울협	맏형	형상형	형벌형	은혜혜	부를호	좋을호
굳은 마음으로 재물을 모아 베풂	여러(十) 사람이 힘을 합침	아우를 타이르고 지도하는 사람	평평한 종이나 나무판에 그림을 그림	죄인을 형틀에 매고 칼로 벰	학력이 있는 사람은 오로지 남을 위해 사랑을 베풀기를 바람	누구를 입으로 부를 때는 숨을 내쉼	여자가 아기를 안고 있으면 마음이 흐뭇해짐
신우패	십력셋	구인	견삼	견도	전심	구호	녀자
신하신 臣 또우 又 조개패 貝	열십 十 힘력 力	입구 口 걷는사람인 儿	평평할견 幵 터럭삼 彡	평평할견 幵 칼도 刂	물레전 叀 마음심 心	입구 口 어조사, 온호 乎	계집녀 女 아들자 子
현량 賢良 현철 賢哲	협력 協力 협의 協議 협조 協助	형수 兄嫂 형제 兄弟 종형 從兄 인형 仁兄	형성 形成 형용 形容 형질 形質 형체 形體	형기 刑期 형법 刑法 형사 刑事	은혜 恩惠 호혜 互惠	호가 呼價 호출 呼出 호소 呼訴	호기 好期 호전 好轉 호평 好評 호의 好意
나타날현 顯 활시위현 弦 악기줄현 鉉 고을현 縣 매달현 懸	으를협 脅	형통할형 亨		개똥벌레형 螢	지혜혜 慧 어조사혜 兮		서로호 互

⑤ 號湖或混 婚紅弘化

　귀신의 **부르짖는**(號) 소리가 **호수**(湖)에서 **간혹**(或) 바람 소리에 **섞여**(混) 들리니 / **혼인하**(婚)는 날 **붉고**(紅) **넓은**(弘) 천을 호수에 드리워 용으로 **화하게**(化) 하면 귀신을 막을 수 있다.

뜻을 생각하며 읽어 봅시다.

호곡	호수	혹시	혼합
號哭	湖水	或是	混合

혼약	홍안	홍익	화석
婚約	紅顔	弘益	化石

號	湖	或	混	婚	紅	弘	化
부르짖을호	호수호	혹혹	섞을혼	혼인할혼	붉을홍	넓을홍	화할화
이름을 부르는 소리가 범의 울음소리처럼 우렁참	넓고 큰 물이 고여 있는 곳	무기를 들고 국민과 국토를 지킴	몇 줄기의 물이 같은 곳으로 흘러 뒤섞임	옛날에는 신부를 해 저 물녘에 맞이함	실에 분홍 물감을 가공하여 들인 빛깔	팔꿈치가 구부러지도록 활시위를 당김	사람이 교화되어 변함
호호	수호	과구일	수곤	녀혼	사공	궁사	인비
이름호 号 범호 虎	물수 氵 오랑캐호 胡	창과 戈 입구 口 한일 一	물수 氵 같을곤 昆	계집녀 女 어두울혼 昏	실사 糸 장인공 工	활궁 弓 사사사 厶	사람인 亻 비수비 匕
구호 口號 별호 別號 아호 雅號	호남 湖南 호반 湖畔	혹간 或間 혹왈 或曰 혹자 或者 설혹 設或	혼동 混同 혼성 混成 혼잡 混雜 혼돈 混沌	혼인 婚姻 혼기 婚期 혼담 婚談 혼례 婚禮 혼수 婚需	홍등 紅燈 홍상 紅裳 홍옥 紅玉	홍보 弘報 홍익인간 弘益人間	퇴화 退化 감화 感化 교화 敎化
보호할호 護	넓을호 浩 가는터럭호 毫 호걸호 豪		넋혼 魂	문득홀 忽		넓을홍 洪 큰기러기홍 鴻	

❻ 花貨和話 畫華歡丸

꽃(花)은 재화(貨)보다 아름답고 화목함(和)은 칭찬의 말(話)보다 귀하다. / 그림(畫)을 그려 이 뜻을 더욱 빛나게(華) 하니 모두 기뻐하며(歡) 보물 한 알(丸)을 가슴에 묻는구나.

 뜻을 생각하며 읽어 봅시다.

화원	화물	화목	화제
花園	貨物	和睦	話題

화가	화려	환영	환약
畫家	華麗	歡迎	丸藥

花	貨	和	話	畫	華	歡	丸
꽃화	재화화	화목할화	말할화	그림화	빛날화	기뻐할환	알환
풀싹같이 움텄던 꽃망울이 봄볕을 받고 변하여 꽃이 됨	돈으로 바꿀 수 있는 것	곡식이 익는 계절엔 마음도 말도 느긋해짐	혀로 말을 함	밭에 경계선을 긋듯이 붓으로 줄을 침	초목의 꽃이 번성하여 드리워진 모양이 아름다움	기쁜 일을 만나면 하품하듯 마치 황새 울음소리 같은 환성을 지름	사람이 굽히고 굴에 들어가는 모양
초화	화패	화구	언설	율전감	초수	관흠	9주
풀초 ⺾ 화할화 化	화할화 化 조개패 貝	벼화 禾 입구 口	말씀언 言 혀설 舌	붓율 聿 밭전 田 입벌릴감 凵	풀초 ⺾ 드리울수 垂	황새관 雚 하품흠 欠	아홉구 九 불똥주 丶
화병 花瓶 화원 花園 화초 花草 화용 花容	화차 貨車 은화 銀貨 통화 通貨 잡화 雜貨	화락 和樂 화평 和平 화답 和答	화두 話頭 화술 話術 대화 對話 비화 秘話	화랑 畫廊 화구 畫具	화사 華辭 화교 華僑 영화 榮華	환락 歡樂 환성 歡聲 환송 歡送 환호 歡呼 환희 歡喜	환조 丸彫
			재앙화 禍 (액厄 앙殃)		굳을확 確 늘릴확 擴 거둘확 穫		

❼ 患活皇回 會孝效後

근심(患)은 살(活)아 있는 자를 상하게 하니 황제(皇)께선 마음을 돌(回)려 전사한 왕자를 잊고 / 남은 왕자들을 모아(會) 효도(孝)를 받으며 죽은 왕자의 충절을 본받게(效) 한다면 뒷(後)날 이 원통함을 풀 수 있을 것이오.

 뜻을 생각하며 읽어 봅시다.

患憂 死活 皇帝 回轉
환우 사활 황제 회전

會議 孝道 效果 後援
회의 효도 효과 후원

患	活	皇	回	會	孝	效	後
근심환	살활	황제황	돌회	모을회	효도효	본받을효	뒤후
꼬챙이에 찔린 것처럼 마음이 아픔	막혔던 물줄기가 터져 흐름	임금보다 높은 이가 쓴 관 모양	물건이 빙빙 도는 모양	얼굴에 이목구비가 모인 모양	자식이 늙은 부모를 업고 있는 모양	어질고 학식 있는 사람과 사귀도록 타이르면 인격 형성에 보탬이 됨	걸음을 조금씩 걸어 뒤짐
관심	수설	백왕	위구	인1창일	로자	교복	척요쇠
꼬챙이관 串 마음심 心	물수 氵 혀설 舌	흰백 白 임금왕 王	에울위 囗 입구 口	사람인 人 한일 一 창창 囧 날일 日	늙으로 耂 아들자 子	사귈교 交 칠복 攵	자축거릴척 彳 작을요 幺 천천히걸을쇠 夂
환난 患難 환자 患者 환후 患候 내환 內患 우환 憂患	활력 活力 활로 活路 활어 活魚 활기 活氣	황성 皇城 황실 皇室 황후 皇后	회고 回顧 회군 回軍 회람 回覽 회복 回復 회피 回避	회담 會談 회식 會食 집회 集會	효부 孝婦 효성 孝誠 효심 孝心	효능 效能 효력 效力 효험 效驗	후기 後期 후퇴 後退 후진 後進
굳셀환 桓 고리환 環 돌아올환 還		하물며황 況 거칠황 荒		뉘우칠회 悔 품을회 懷	얻을회 獲 그을회 劃 가로횡 橫	새벽효 曉	

⑧ 厚訓休凶 胸興希喜

동기간의 우애를 **두텁게(厚)** 하라는 선친의 **가르침(訓)**이 **쉴(休)** 때도 길하거나 **흉할(凶)** 때도 함께 해 / 항상 **가슴(胸)**에 따뜻한 바람을 **일어나게(興)** 하니 이보다 더 **바라고(希) 기쁜(喜)** 일이 어디에 있겠는가?

 뜻을 생각하며 읽어 봅시다.

농후　훈계　휴식　흉년
濃厚　訓戒　休息　凶年

흉곽　흥망　희망　희노
胸廓　興亡　希望　喜怒

厚	訓	休	凶	胸	興	希	喜
두터울후	가르칠훈	쉴휴	흉할흉	가슴흉	일어날흥	바랄희	기쁠희
바위가 겹친 모양	냇물 흐르듯 이치를 쫓음	사람이 나무 그늘 아래서 쉼	땅이 꺼지고 금이 간 모양	몸 속의 폐나 심장을 감싼 곳	힘을 합하여 마주들고 일으킴	수놓은 베는 드물어 누구나 갖고 싶어함	북 치고 노래함
엄일자	언천	인목	감십	월포흉	여동	십포	사묘구
굴바위엄 厂 날일 日 아들자 子	말씀언 言 내천 川	사람인 亻 나무목 木	입벌릴감 凵 열십 十	달월 月 쌀포 勹 흉할흉 凶	마주들여 舁 한가지동 同	열십 十 베포 布	선비사 士 한글모 묘 입구 口
후대 厚待 후덕 厚德 후의 厚誼 후안 厚顏	훈련 訓練 훈육 訓育 훈화 訓化	휴가 休暇 휴양 休養 휴강 休講	흉가 凶家 흉상 凶狀 흉계 凶計	흉복 胸腹 흉부 胸部	흥미 興味 흥취 興趣 흥업 興業	희구 希求 희원 希願	희비 喜悲 희극 喜劇 희소식 喜消息
제후후 侯 기후후 候 목구멍후 喉		가질휴 携		숨들이쉴흡 吸		드물희 稀	희롱할희 戱 (롱弄) 탄식할희 噫 (탄歎 오嗚) 빛날희 熙

확인과 연습

1 뜻과 음을 외며 내용을 머리 속에 그려 봅시다.

1. 下夏何賀　河學閑寒
2. 恨限韓漢　割合恒害
3. 海解幸向　鄕虛許現
4. 賢協兄形　刑惠呼好
5. 號湖或混　婚紅弘化
6. 花貨和話　畫華歡丸
7. 患活皇回　會孝效後
8. 厚訓休凶　胸興希喜

2 자의 모양을 생각하며 읽어 봅시다.

1. 느티나무 **아래**에서 **여름**을 나는 노인을 **어찌 하례**하지 않겠으며 / **냇물**에서 수영을 **배우는 한가한** 아이는 한여름인지 **찬** 겨울인지 모르니 이 또한 복된 일이 아닌가?

2. 망국의 **한**을 품은 고구려 유민들은 발해를 건국해 **한정**된 영토를 넓혀 **나라이름을 한수**까지 떨쳤다. / 정복한 땅을 **나눌** 것은 나누고 **합할** 것은 합하니 **항상 해칠** 기회만 노리던 오랑캐도 꼼짝 못했다.

3. **바다**에 배를 띄워 돛을 **푸니 다행**하게도 동풍이 불어 고향으로 **향할** 수 있었다. / **시골**에 도착하여 **빈** 땅을 빌려 경작하고자 청하니 모두들 반기며 **허락했다**. 가을에 정성을 다한 결실이 **나타났다**.

4. **어진** 이가 사람들을 **도우듯** 맏형은 그 **형상**을 온화하게 가져야 한다. / 그래서 **형벌**이 아닌 **은혜**와 자비의 모습으로 동생들을 **부르면** 모두들 **좋아할** 것이다.

5. 귀신의 **부르짖는** 소리가 **호수**에서 간혹 바람 소리에 **섞여** 들리니 / **혼인**하는 날 **붉고 넓은** 천을 호수에 드리워 용으로 **화하게** 하면 귀신을 막을 수 있다.

6. 꽃은 **재화**보다 아름답고 **화목함**은 칭찬의 **말**보다 귀하다. / **그림**을 그려 이 뜻을 더욱 **빛나게** 하니 모두 **기뻐하며** 보물 한 **알**을 가슴에 묻는구나.

7. **근심**은 살아 있는 자를 상하게 하니 **황제**께선 마음을 **돌려** 전사한 왕자를 잊고 / 남은 왕자들을 **모아 효도**를 받으며 죽은 왕자의 충절을 **본받게** 한다면 **뒷날** 이 원통함을 풀 수 있을 것이오.

8. 동기간의 우애를 **두텁게** 하라는 선친의 **가르침이 쉴** 때도 길하거나 **흉할** 때도 함께 해 / 항상 **가슴**에 따뜻한 바람을 **일어나게** 하니 이보다 더 **바라고 기쁜** 일이 어디에 있겠는가?

그림과 내용을 상상하고 뜻과 음을 외며 한자를 써 봅시다.

下	夏	何	賀	河	學	閑	寒
아래 하	여름 하	어찌 하	하례할 하	물 하	배울 학	한가할 한	찰 한
下	夏	何	賀	河	學	閑	寒
하	혈쇠	인가	가패	수가	국효멱자	문목	면모8빙

恨	限	韓	漢	割	合	恒	害
한할 한	한정 한	나라이름 한	한수 한	나눌 할	합할 합	항상 항	해칠 해
恨	限	韓	漢	割	合	恒	害
심간	부간	간위	수근	해도	집구	심긍	면꽁구

 그림과 내용을 상상하고 뜻과 음을 외며 한자를 써 봅시다.

海	解	幸	向	鄕	虛	許	現
바다 해	풀 해	다행 행	향할 향	시골 향	빌 허	허락할 허	나타날 현
海	解	幸	向	鄕	虛	許	現
수매	각도우	토듀십	별경구	요흡읍	호구	언오	왕견

賢	協	兄	形	刑	惠	呼	好
어질 현	도울 협	맏 형	형상 형	형벌 형	은혜 혜	부를 호	좋을 호
賢	協	兄	形	刑	惠	呼	好
신우패	십력셋	구인	견삼	견도	전심	구호	녀자

8. ㅎ

 그림과 내용을 상상하고 뜻과 음을 외며 한자를 써 봅시다.

號	湖	或	混	婚	紅	弘	化
부르짖을호	호수호	혹혹	섞을혼	혼인할혼	붉을홍	넓을홍	화할화
號	湖	或	混	婚	紅	弘	化
호호	수호	과구일	수곤	녀혼	사공	궁사	인비

花	貨	和	話	畵	華	歡	丸
꽃화	재화화	화목할화	말할화	그림화	빛날화	기뻐할환	알환
花	貨	和	話	畵	華	歡	丸
초화	화패	화구	언설	율전감	초수	관흠	9주

228 제2장 기초 한자

 그림과 내용을 상상하고 뜻과 음을 외며 한자를 써 봅시다.

患	活	皇	回	會	孝	效	後
근심환	살활	황제황	돌회	모을회	효도효	본받을효	뒤후
患	活	皇	回	會	孝	效	後
관심	수설	백왕	위구	인1창일	로자	교복	척요쇠

厚	訓	休	凶	胸	興	希	喜
두터울후	가르칠훈	쉴휴	흉할흉	가슴흉	일어날흥	바랄희	기쁠희
厚	訓	休	凶	胸	興	希	喜
엄일자	언천	인목	감십	월포흥	여동	십포	사묘구

8. ㅎ

⑨ 총정리

♣ 뜻과 음을 외며 내용을 머리 속에 그려 봅시다.

1 ㄱ

1. 街佳家價　歌加可假
2. 各脚間看　渴減感敢
3. 江降講强　開個皆客
4. 更去巨居　擧建劍格
5. 堅決結潔　景耕輕經
6. 慶競驚敬　溪季計界
7. 鷄古孤苦　故固考告
8. 曲穀困坤　功空共公
9. 果課科過　官觀關光
10. 廣交校敎　橋究救求
11. 久舊句國　君軍郡卷
12. 權勸貴歸　均極近勤
13. 根今禁急　給及起記
14. 其基期幾　氣技旣吉

2 ㄴ, ㄷ, ㄹ

1. 暖難男年　念怒農能
2. 多丹旦但　單短端斷
3. 達談答堂　當代待對
4. 德到度道　島徒都圖
5. 讀獨毒督　突洞童同
6. 冬動頭鈍　得等登燈
7. 落樂亂卵　浪郞來冷
8. 略良量兩　凉旅麗歷
9. 連練列烈　裂劣令領
10. 例禮勞路　露綠論料
11. 柳留流陸　倫律理利

3 ㅁ, ㅂ

1. 莫晚滿末　亡忙忘望
2. 妹每買賣　免勉眠名
3. 命明鳴母　暮妙苗墓
4. 茂武務無　舞默問聞
5. 勿物未味　美尾民密
6. 反飯半發　房防放訪
7. 拜背杯培　繁番伐罰
8. 犯凡法壁　變辨邊別
9. 病兵保步　報復福服
10. 伏本奉逢　夫扶富部
11. 婦否浮分　不佛拂朋
12. 悲備卑肥　費秘貧氷

4 ㅅ

1. 仕寺史使　舍射謝師
2. 死私思事　絲産散算
3. 殺尚常賞　商相霜想
4. 傷喪序書　暑昔惜席
5. 先仙線鮮　善船選雪
6. 說設姓性　成城誠盛
7. 省星聖聲　世洗稅細
8. 勢歲少所　消素笑俗
9. 速續孫松　送受授守
10. 收誰須雖　愁樹壽數
11. 修秀叔淑　宿肅孰熟
12. 瞬順純盾　旬巡術崇
13. 習拾乘承　勝市是時
14. 詩視施試　始式植識
15. 神信新失　室實甚深

5. ㅇ

1. 兒我惡安　案顏眼暗
2. 嚴仰愛哀　夜野弱若
3. 約藥洋養　揚陽讓魚
4. 語億憶嚴　業余餘如
5. 汝與亦易　逆然煙研
6. 硯熱悅炎　葉永英迎
7. 榮藝吾悟　午誤烏屋
8. 溫臥完王　往外要欲
9. 浴勇容宇　右友憂尤
10. 遇云雲運　雄元原願
11. 遠怨圓位　危爲偉威
12. 由油猶唯　遊柔遺幼
13. 育恩銀吟　飮陰泣應
14. 依義議醫　意已異移
15. 益引仁因　忍認印姻

6. ㅈ

1. 字者姉慈　作昨章場
2. 將壯才材　財在栽再
3. 爭著低貯　的敵蹟賊
4. 全典前展　戰電錢傳
5. 節絶店接　頂停井正
6. 政定貞情　精靜淨庭
7. 弟第祭帝　除題諸製
8. 條早造調　朝助祖族
9. 存尊卒宗　種鐘終從
10. 左坐罪主　注住朱宙
11. 酒晝中重　衆卽曾增
12. 證只枝知　地指志紙
13. 持直眞進　盡質集執

7 ㅊ, ㅋ, ㅌ, ㅍ

1. 且次此借　着察參昌
2. 唱窓菜採　責册妻處
3. 尺天泉淺　鐵淸晴請
4. 聽體初招　村最秋追
5. 推畜祝春　出充忠蟲
6. 取吹就治　致則親針
7. 快他打脫　探貪太泰
8. 態宅討通　統退投特
9. 破波判敗　便篇平評
10. 閑廢布抱　浦暴表票
11. 品楓豊彼　避必匹筆

8 ㅎ

1. 下夏何賀　河學閑寒
2. 恨限韓漢　割合恒害
3. 海解幸向　鄕虛許現
4. 賢協兄形　刑惠呼好
5. 號湖或混　婚紅弘化
6. 花貨和話　畵華歡丸
7. 患活皇回　會孝效後
8. 厚訓休凶　胸興希喜

총정리 233

자의 모양을 생각하며 읽어 봅시다.

1 ㄱ

1. **거리**가 **아름다운** 마을의 **집**은 집 **값**이 자꾸 올라 / 마을 사람들의 **노래** 소리가 점점 **더** 신명난다는 말은 **옳은** 말이지 **거짓**말이 아니다.

2. 오아시스를 발견하고 서로 뛰어들려는 **각각**의 **다리 사이로 보니** 시궁창 물은 양반이라. / **목마름**을 **덜**고자 허덕이던 조금 전까지의 **느낌**이 **감히** 되살아나지 않는구나.

3. 뜻한 바 있어 **강(江)**가로 **내려**가 오두막을 짓고 학문을 **익히**고 몸을 **굳세**게 단련하니 / 심신이 바다같이 **열리**고 맺힌 원한이 **낱낱**이 **다** 풀려 이제는 원수도 **손**으로 맞겠다.

4. 나라를 되찾자 **다시** 고향으로 돌아**가** 커서 조국의 앞날을 짊어질 새싹들과 함께 **살며** / 그들을 위해 쌍수를 **들어** 찬성하는 주민들과 함께 학교를 세우고 칼을 뽑아 뜻이 하늘에 **이르도록** 빌었다.

5. 인연을 **굳게 정하여 맺으려면** 몸과 마음을 **깨끗이** 닦아야 한다. / 그러기 위해 **볕** 바른 땅을 구해 낮에는 **밭갈**고 밤에는 **가벼운 책**을 읽도록 하라.

6. 석봉의 집에 **경사**가 **다투**어 일어나니 모두들 놀라고 **공경**하더라. / 효성이 **시냇**물같이 **끝**없어 세속의 셈으로는 **셈할 수 없는 지경**이더라.

7. **닭**은 **예**로부터 주인이 **외롭**고 **괴로울** 때 대신 울어 그 심정을 위로했다. / 그런 **연고**로 동화에선 주인의 **굳은** 결심을 **헤아려** 모두에게 **알리**는 전령사로 표현되기도 한다.

8. 벼의 머리가 **굽**을 때까지 **곡식**을 키우기에 **곤했**던 **땅**은 / 추수가 끝나자 그 **공**으로 한 상 잘 대접받으니 **비었**던 가슴이 채워졌다. 그러니 땅도 농부도 모두 **함께 공평**하구나.

9. **과실**의 수확에 세금을 **매기**는 문제를 과거의 시험 **과목**에 넣은 것은 **지나가**는 일시적인 일인가? / 아니면 **벼슬**의 속성으로 **볼** 때 부패하기 쉬우니 뇌물에 대한 마음의 **빗장**과 사심에 대한 경계의 **빛**으로 삼고자 함인가?

10. 사람을 **넓게 사귀**라고 **학교**에선 **가르치**고 / 군에선 **다리**를 잘 **연구**하면 위기에 처한 아군을 **구원**할 수 있는 방법을 **구할** 수 있다고 가르친다.

11. **오래**된 옛 글귀에 **나라**가 흥하려면 / **임금**은 **군사**를 잘 훈련시켜 **고을**을 튼튼히 지키며 **책**을 많이 편찬하여 백성의 심성을 맑게 해야 한다고 했다.

12. **권세** 잡기를 **권하**는 것은 내게 **귀한** 것이 **돌아오**길 바래서가 아니라, / 너라면 사람을 **고르게** 뽑고 서로를 **지극히 가깝게** 모두를 **부지런히** 일하게 할 수 있으리라 믿기 때문이다.

13. **뿌리내린** 자식에 대한 후원을 **이제**는 **금하**고 더 **급한** 곳을 찾자. / 그리하여 앞으로 **줄** 도움이 바르게 **미치도록 일어나** 직접 소년 소녀 가장을 찾아 낱낱의 사정을 **기록해** 두자.

14. 양지 바른 땅을 구해 **그 터**에 실버타운을 짓길 **바라**고 **몇** 십 년을 준비했다. / 온 **기운**을 쏟고 정성과 **재주**를 **이미** 다 했으니 이제는 **길한** 일만 남았을 거다.

2 ㄴ, ㄷ, ㄹ

1. **따뜻한** 여름에는 살기가 **어렵지** 않겠지만 지혜로운 **사내**라면 **해**를 넘길 준비를 한다. / 즉, 겨우살이를 **생각**하고 미리 준비하면 춥고 배고파 **성내**는 가족들의 애처로움과 내년 **농사**의 걱정을 **능히** 떨칠 수 있다.

2. **많은** 사람들은 새해가 되면 **붉은 아침** 해를 **다만** 자신의 복을 빌러 맞으러 간다. / 그러나 광부는 달동네의 서민을 위해 **홀로 짧은** 곡괭이를 들고 막장의 **끝**에서 석탄 덩어리를 **끊어 낸다**.

3. 예절에 **통달한** 사람은 윗분의 **말씀**에 **대답하는** 소리가 **집** 밖으로 나가지 않게 하고 / 마땅히 대신해야 할 일을 할 때 **기다림** 없이 **대답**과 동시에 행동한다.

4. **큰** 덕에 **이른** 사람은 **법도**에 어긋난 **길**을 걸을까 경계하고, / 자신만의 **섬** 속에서 허우적거리는 속된 **무리**들을 큰 **도움**으로 인도하여 스스로의 운명을 개척할 수 있는 밑 **그림**을 그리게 이끌어 준다.

5. 많은 책을 **읽고 홀로** 사색하기를 즐기면 세속의 **독한** 기운이 정화되어 스스로를 **살필** 수 있고 / **갑자기** 하는 일이 없어져 산골의 **아이**와 **한가지**로 순박한 삶을 살 수 있다.

6. 명나라를 응징하는 것이 마땅하나 **겨울**에는 몸을 **움직이는** 것도 불편하고 **머리**의 회전도 **둔해**진다. / 그래서 **얻는** 것이 별로 없을 듯 하니 토벌의 **무리**를 이끌고 원정에 **오르기** 전에 **등잔**을 밝혀놓고 숙고해봄이 옳다.

7. 과거에 **떨어진** 울적함을 달래려고 **즐길** 거리를 찾아 나선 사내는 마음만 더 **어지러워** 강가를 찾아갔다가 큰 **알** 하나를 발견했다. / **물결**에 밀리는 알을 주운 **사내**는 그것을 집으로 가져**오니 차갑던** 가슴이 따뜻해졌다.

8. 복잡한 것을 간략하게 악한 것을 **어질게** 헤아릴 수 있는 **두** 가지의 장점만 갖춘다면 / 서늘한 가을 들판에 홀로 선 **나그네**에게도 **곱게 지낼** 수 있는 여유가 생길 것이다.

9. 전통 검법의 맥을 **잇고** 비법을 **익히기** 위한 피나는 수련 끝에 **벌여둔** 일을 감당할 **매운** 솜씨를 익혔다. / 가슴을 **찢을** 듯한 훈련을 견딘 덕분에 **용렬했던** 성품도 만인을 **명령할** 수

있는 **우두머리**의 자질로 바뀌었다.

10. 궁중에 들어와 **법식**대로 **예절**을 지키며 산다는 것이 이렇게 **수고롭고** 힘든 **길**인 줄 진작 알았더라면 / 곱단이의 **이슬** 맺힌 **푸른** 눈을 뒤에 두고 **말할** 곳 하나 없고 마음 **헤아려** 주는 이 하나 없는 이곳에 오지는 않았으리라.

11. 수양**버들** 늘어선 강가에 **머물며 흐르는** 물을 굽어보니 섬을 떠나 **뭍**으로 온 세월이 까마득하구나. / **인륜**과 **법률**만으로 세상을 **다스릴** 수 있다는 믿음이 점점 사라져 가니 변호사로 남아 있는 것이 **이로운** 길일까?

3 ㅁ, ㅂ

1. 불빛 하나 **없는 늦은** 밤에 바람 가득 **찬 끝** 없는 바다를 바라보며 공을 다투는 동지들을 생각해 본다. / **망한** 조국을 찾으려고 **바쁘게**, 끼니도 **잊은** 채 뛴 것은 대가를 **바란** 것이 아니었는데.

2. 집안 사정도 모르고 **손아래누이**는 매양 옷을 **사기** 위해 무엇을 팔까 궁리만 하고 / 아버지는 부도를 **면하려고 힘쓰**는데 하나뿐인 아들은 잠만 **자**면서 합격자 명단에 **이름**이 들어 있기를 바란다.

3. **목숨**을 바쳐 조국의 앞날을 **밝게** 한 아들의 전사 통지서를 받고 울며 지새던 **어미**는 / 아들이 보고 파 **저물** 무렵 국립묘지를 찾았더니 **묘**하게도 그가 좋아하던 석류나무 **싹**이 **무덤** 가에 돋아나 있었다.

4. **무성한** 숲 속에서 한 **호반**이 **힘써** 무술을 연마하기에 여념이 **없고** / 그 곁엔 그의 충견이 **춤추**는 듯한 모습을 **말없이** 지켜보며 마음으로 주인의 뜻을 **묻고 듣고** 하더라.

5. 마마 길이 아니면 가지를 **말고** 만물의 이치를 깨닫지 **아니**하고서는 인생의 참 **맛**을 모르나니 / 고로 **아름다운** 임금은 마음의 **꼬리**에 백성들의 소망을 **빽빽이** 달고 있어야 하나이다.

6. 힘 빠진 군사들을 진영으로 **돌이켜**와 **밥**을 배불리 먹이니 다시 **반쯤**은 사기가 **피어**오르는구나. / 병사의 **방**마다 적을 **막을** 철책을 쳐놓고 대장군의 막사로 **찾아가** 다시 작전을 의논하리라.

7. **절**하는 제자의 **등**을 두드리며 잔을 권하고 힘을 **북돋았다**. / 그리고 **번성하기** 위해 할 일을 **차례**로 일러주고 어떻게 적을 **치고** 군령을 어기는 자를 **벌** 줘야 하는지도 일러주었다.

8. 잘못을 **범하지** 않고 **평범하게** 살려면 **법**을 철벽같이 지켜야 하고 / **변함없이 분별**의 경지에 머물려면 **가**로만 돌지 말고 나와 타의 입장이 **다름**을 이해해야 한다.

9. **병**든 **군사**를 **보호하기** 위해 적의 추격에도 불구하고 **걸음**을 늦추니 / 은혜를 **갚고자** 하는 마음들이 사기를 **회복시켜** 적을 물리쳤다. 군사들은 화를 **복**으로 바꾼 장군의 덕을 칭송하며 **옷**깃을 여미고 다시 한번 충성을 맹세했다.

10. **업드려** 청하건대 사람의 **근본**을 살펴 그에 맞게 **받들어** 대우하면 충신을 **만날** 수 있고 / **사내**는 의를 **도와** 궐기해야 마음이 **넉넉해져** 천하를 구할 무리(**떼**)를 얻을 수 있으니 굽어 살피소서.

11. **부인**이 남편을 받들지 **않으면** 가족이 물 위에 **뜬** 기름같이 **나누어지고** / 진실한 마음이 **아니면 부처님**이 **떨치고** 돌아서듯 **벗**과의 우정도 허물어진다.

12. 실패의 **슬픔**을 맛보지 않으려면 미리 **갖추어** 행하고 자신을 **낮은** 곳에 두어 오만을 **살찌게** 하지 않아야 하고 / 수입의 범위를 넘는 **소비**를 삼가고 나머지를 **숨겨두면 가난함**에서 벗어나 **얼음** 어는 겨울에도 따뜻이 지낼 수 있을 것이다.

4 ㅅ

1. **벼슬**을 버리고 **절**로 들어가 **역사** 공부를 하던 중 깨달은 바가 있어 하인을 **시켜** 짐을 옮겨왔다. / 움**집**을 짓고 활을 **쏘며** 병법을 연구하여 훗날 왜구의 침략으로부터 나라를 구하니 임금은 크게 **사례**하고 겨레의 **스승**으로 삼았다.

2. **죽을** 때가 가까워진 아버지는 **사사**로운 정을 버리고 깊이 **생각하여** 사후의 **일**을 처리했다. / 가업인 **실** 공장은 정부인이 **낳은** 장남에게 물려주고 **흩어져** 살 자식들에게는 공평하게 **셈**을 하여 재산을 분배하니 형제의 우애가 더욱 두터워졌다.

3. 자신을 **죽이려는** 친구를 오히려 **높이고** 감싸며 **항상** 보살피는 사람에게 **상**을 주는 것이 마땅하고 / **장사꾼**들이 눈앞의 이익을 위해 **서로** 헐뜯으면 **서릿**발 같은 벌을 내려 무엇이 중요한가를 **생각하게** 해야 한다.

4. 형제끼리 불화하여 부모의 속을 **상하게** 한 자식들은 부모를 잃고서야 뉘우치고 **차례차례** 맹세의 **글**을 써서 속죄했다. / 그 후론 추우나 **더우나 옛**일을 생각하며 서로를 **아끼고** 어떤 **자리**에서도 서로 도왔다.

5. **먼저 신선**이 된 사람은 죽은 사람들을 **줄** 세워 표정이 **고운** 이를 가리고 / 그중 **착한** 사람을 하늘의 **배**에 태워 보내면 옥황상제는 그들을 다시 **가려** 마음이 **눈** 같은 이는 신선으로

삼는다.

6. 성현의 **말씀**에 덕을 쌓으려면 **베풀**되 자신의 **성명**을 밝히지 않는 **성품**을 지녀야 하고 / **이루**는 자가 되려면 **재** 너머 자갈밭도 **정성**을 다해 풍**성한** 결실을 맺게 하는 근면성을 지녀야 한다고 하셨다.

7. 점성가가 밤하늘을 **살핀** 후 유독 빛나는 한 **별**을 보고 말하길 **성인**이 **소리** 없이 나타나 / **세상**을 깨끗이 씻고 세금을 줄이고 **가늘**어진 국운을 튼튼히 하겠다고 했다.

8. 활기찬 **기세**로 새해를 맞으니 **젊음**의 혈기가 용솟음치는 바 / 이 기운을 **꺼지게** 하지 말고 재가 **희게** 될 때까지 활활 태우면 내년에는 **웃**으면서 **풍속**의 날을 맞으리라.

9. **빠르게** 대를 **이어** 50에 **손자**를 본 할아버지는 **솔**처럼 오래 살라는 축원과 함께 / **보내온** 소나무 분재를 **받고** 답례로 매화 분을 **주어** 의리를 **지켰다**.

10. 알찬 수확을 **거두기** 위해선 **누구**나 땀흘려 일해야 하고 그 수확은 **모름지기** 땀의 결실이어야 한다. **비록** 그것이 부와 명성과 거리가 먼 것일지라도. / 그리고 **근심**의 **나무**를 키우지 말고 **목숨**이 끝나는 날까지 최선을 다한 날을 **세어** 보아라.

11. 스스로를 **닦고** 닦아 **빼어난** 인품을 지닌 **아재비**의 **맑은** 성품을 닮고자 / **자나** 깨나 **엄숙**한 마음으로 **누구**의 장점이든 그것을 본받아 나의 것으로 **익혔다**.

12. **잠깐**도 쉬지 않고 **순하고 순수하게** 마음의 **방패**를 닦으니 / **열흘**도 되지 않아 어진 기운이 온몸을 **두루돌아 꾀**를 쓰지 않아도 모두 나를 **높게** 받들더라.

13. 한자 한 자를 **익힐** 때마다 냇가에서 돌을 하나씩 **주워**와 쌓았더니 그것이 돈 무더기가 되어 자가용을 **탈** 운명으로 **이어졌다**. / 고난을 **이기려면 저자** 거리에서 빌빌거리지 말고 이 말을 귀담아 듣고 **때**를 놓치지 말라.

14. 과거에선 **글귀**를 짓게 할 것이 아니라 백성들의 어려움을 **보고** 어떻게 **베풀** 것인가를 **시험해야** 한다. / 그렇게 될 때 **비로소** 과거의 바른 **법**을 심어 백성들의 고충을 **알**려고 할 것이다.

15. 요망한 **귀신**을 믿으면 새로운 것을 찾으려는 의지를 **잃게** 되고 / 또 마음의 **집**과 노력의 **열매**까지 잃게 되니 더 **심해지기** 전에 마음 **깊은** 곳에 구조대를 파견하라.

5.

1. 한 **아이**가 **나**에게 말하기를 **악한** 마음을 버리면 **편안해지고** / **책상**은 얼굴의 **눈**과 같으니 이를 택하면 **어둠**을 밝혀 줄 지식을 얻게 된다고 했다.

2. **바위**도 **우러러**보는 너의 돌 머리도 **사랑**의 기쁨과 이별의 **슬픔**을 아는구나. / 밤 늦도록 들판을 헤매던 네 여리고 **약한** 마음은 수학에는 돌이었던 석두와 **같지** 않구나.

3. **약속되지** 않은 **약**을 먹는 것은 **큰바다** 같은 병을 **기르는** 것이고 / 이름을 날리려고 햇볕 아래서 자선을 떠벌리면 미끼를 **사양하는 고기만도** 못하다.

4. 법관이 되라는 아버님 **말씀**을 억만 번 **생각해** 봐도 **엄하게**만 느껴질 뿐 실감이 나지 않는다. / 가업을 이을 **나**를 기어이 고시촌에 **남게** 함은 나를 버리는 것과 **같구나**.

5. **너에게 줄** 것은 주먹이요 **또** 네가 받은 상과 **바꾸어야** 할 건 벌이다. / 하늘을 **거스르고** 땅을 속여 얻은 **그런** 상이 상이냐? **연기**처럼 사라지는 그런 명성을 좇지 말고 스스로를 **갈고** 닦아라.

6. **벼루**가 닳을수록 지식은 더해지고 가슴이 **더울수록 기쁨**의 **불꽃**이 찬란하며 / **잎**이 무성하고 생명이 길수록 **꽃**을 **맞는** 기쁨이 더 크다.

7. 부귀 **영화**는 재주만으로 가능하나 참된 삶은 **나 스스로 깨달아야** 한다. / 일해야 할 **낮** 시간을 **그르친다면** 노년에는 **까마귀** 소리 요란한 **집** 속에 갇혀 살 것이다.

8. **따뜻한** 아랫목에 **누워** 완전한 **임금**이 되는 길을 생각해 본다. / 원나라에 볼모로 잡혀 **가** 안팎의 수모를 견딘 것은 다시 돌아가 나라를 **구한** 내 백성을 외침 없이 살게 **하고자함**이 아니었던가?

9. 만찬 초대를 받아 **목욕**을 하고 **날래게** 얼굴을 매만진 후 즐겁게 **집**을 나서긴 했는데 / 식사 내내 **오른쪽**에 앉은 **벗**의 **근심**스런 표정이 마음에 걸려 기분을 풀어주려고 **더욱** 수선을 떨었다.

10. 길에서 **만난** 도사가 **이르기를** 남자란 **구름** 속을 헤매듯 인생을 **운전하는** 것이 아니며 / 또 **수컷**의 **으뜸**가는 자질은 위기의 **근본**을 밝히기 **원하는** 의지의 강도에 있다고 했다.

11. 교훈은 **먼** 곳에 있지 않다. 연산군을 보면 **원망** 때문에 **둥글고** 원만해야 지킬 군왕의 **자리**를 지키지 못했으며 / 또 나라를 **위태롭게 했을** 뿐만 아니라 위대함은 고사하고 최소한의 **위엄**마저도 잃게 되지 않았던가?

12. 감산으로 **말미암아 기름** 값이 올라 **오히려** 소득은 많아져서 가진 것은 **오직** 돈뿐인 아랍인은 / **놀** 궁리만 하고 외교상 **부드러움**이 **끼치게** 될 이익을 모른 채 우선 단 것만 찾으니 **어리도다**.

13. 자식을 **기를** 때 **은혜**를 알게 하면 **은혼식** 날 충만의 시를 **읊**을 수 있고 / 술을 **마시듯** 그 늘지게 키우면 울고 탄식할 운명이 **응할** 것이다.

14. 서로 **의지하며 옳고** 그름을 **의논할** 수 있는 **의원**은 육체의 병뿐만 아니라 마음의 병도 고

칠 수 있지만 / **뜻**이 **이미 달라** 신뢰할 수 없다면 병원을 **옮겨야** 한다.

15. 서로에게 이익이 **더해지는** 관계로 이끌려면 매사를 **어짐**의 바탕에서 **인과**가 분명하게 일을 처리해야 한다. / 그리고 **참고 인정하고** 격려하다 보면 그녀의 마음에 **도장**을 찍고 **혼인**하는 날이 오리라.

6 ㅈ

1. **글자**를 모르는 무식한 **놈**은 **누이**를 **사랑**할 자격이 없으니 / 오늘은 시를 **지어 어제** 쓴 글을 더욱 빛나게 하라. 결과는 내일 앞**마당**에서 발표하겠다.

2. **장수**는 **씩씩할** 뿐만 아니라 **재주**와 덕망을 겸비한 **재목**이어야 한다. / **재물**이 **있으면** 나누어주고 신뢰를 **심어**두면 국난을 당했을 때 부하들은 **두** 번 세 번 충성한다.

3. 서로 **다툴** 때 비겁한 자에게 **나타나는** 현상은 자기를 **낮추더라도** 어떻게든 명분을 **쌓아** 도망갈 궁리만 한다. / 그러나 당당한 자는 **과녁**에 화살을 쏘듯 **원수**의 **자취**를 찾아 **도둑** 물리치듯 물리친다.

4. 법관은 **온전한 법**을 만인 앞에 **펴야** 하고 / 부득이 **싸워야** 할 때는 **번개**처럼 해치워 돈의 낭비를 줄이고 온전한 법을 **전해야** 한다.

5. 외상값의 **마디**를 제때에 **끊지** 못하는 **가게**에는 물건을 **댈** 수 없듯 / 생각이 **정수리**에만 머물러 행동으로 옮기지 못하는 자는 **우물**에서도 물을 **바르게** 구하지 못하니 사귀지 말라.

6. **정사**를 논하고 정책을 **정할** 때는 **곧은** 마음으로 임하고 사적인 **뜻**이 없어야 하며 / 내용을 **자세히** 정할 때는 **고요하고 깨끗한** 마음을 지녀야 함으로 결정에 앞서 먼저 **뜰**을 거닐어 봐라.

7. 형이 죽어 **아우 차례**가 된 **제사**를 정성껏 모신 **임금**은 제례 형식이 너무 까다롭다고 판단했다. / 백성들의 고초를 **덜고자** 간편 의례란 **제목**으로 관혼상제 예법을 **모든** 신하들에게 **지어** 올리라고 명했다.

8. 매화 **가지**마다 **일찍** 꽃이 영그니 시인은 시를 **짓고** 악공은 거문고 줄을 **고르는**구나. / 아침 일찍 손자의 **도움**을 받아 매화나무 앞에 선 **할아비**는 **겨레**의 번영을 두 손 모아 기원했다.

9. 대장군의 지위에 **있으면서도** 아랫사람을 더 **높이고 군사**들을 **으뜸**으로 여기니 / 장군의 높은 뜻이 마음의 **씨**가 되어 **쇠북종** 소리처럼 퍼지는구나. 군졸들은 임무를 **마칠** 때까지 장군을 **좇아** 충성을 다 하더라.

10. **왼**편에 **앉은** 자가 자신의 **허물**을 주인에게 뒤집어씌웠다. / 그런 자와는 함께 논에 **물대며 살** 수 없으니 이마에 **붉은** 글씨를 새겨 한 **하늘** 아래 살지 못하게 하라.

11. **술**을 **낮**부터 마시는 자는 얼굴 **가운데 무거운** 형벌이 내려져 딸기코가 된다. / **무리** 중에서도 이런 자는 **곧** 발각되니 **일찍**부터 이런 악행이 **더해**지지 않도록 경계하라.

12. 나를 속인 명확한 **증거**는 없지만 **다만** 한 **가지** 평소의 네 소행으로 **알** 수 있다. / 무른 **땅**에 **손가락**을 꽂듯 네 **뜻**을 아니 **종이**에 이 사연을 적어 두고두고 너를 경계하게 하리라.

13. 인내심을 **가지고** 행동을 **곧게** 하면 **참**된 길로 **나아갈** 수 있고 / 정성을 **다하여** 마음을 닦으면 선한 **바탕**의 자질을 **모을** 수 있어 참된 행복을 **잡을** 수 있다.

7 ㅊ, ㅋ, ㅌ, ㅍ

1. 화음에는 으뜸과 버금 **또** 버금딸림 화음이 있는데 **이**를 잘 **빌려**와 작곡을 하면 / 곡이 귀에 착 **붙어** 누구나 아름다움을 **살필** 수 있어 모두 연주를 듣고자 **참여해 창성할** 것이다.

2. 우렁찬 **노랫소리**가 오두막집의 **창**을 통해 계곡에 울려 퍼지니 **나물 캐던** 아낙네가 넋을 잃는구나. / 아낙네는 스스로를 **꾸짖고 책**을 꺼내 읽으니 **아내**가 해야 할 일들이 **곳**곳에 적혀 있구나.

3. 인간의 **자**로서 **하늘**을 재려는 것은 옹달**샘**이 바다와 맞서려는 것과 같은 **얕은** 소견 탓이다. / **쇠**는 단단할수록 **맑은** 소리를 내며 마음이 **갤수록 청하는** 것이 적어짐을 깨쳐라.

4. 사랑의 고백을 **들었**을 땐 **몸**이 떨리고 이름을 **처음** 불렀을 땐 행복했노라. / 마을에서 가장 조용한 동산에 올라 **가을**을 맞으니 나를 **따라** 동산에 올랐던 그녀가 그립구나.

5. 떠**밀**어 도살장으로 보낸 **가축**의 명복을 **빌며 봄**을 맞아 / 밭을 갈러 **나가니** 들 가득히 **충성**스럽던 누렁이의 울음소리가 벌레 소리에 섞여 들리는구나.

6. 심란하여 피리를 **취해** 부니 울적함이 **나아가** 슬픔이 되니 스스로를 **다스릴** 수 없구나. / 이 지경에 **이르니** 나를 다스리던 **법도 친한** 벗의 충고도 **바늘**이 되어 나를 찌르지 못하는구나.

7. 유**쾌한** 하루를 보내기 위해 어제와 **다르게** 공을 **칠까**, 아니면 이 도시를 **벗어날까**? / 허황된 것만 **찾고** 남의 것만 **탐내다** 보니 공허한 마음만 **커지고 커지**는구나.

8. 확고한 **태도**로 **집**에 도착해 나를 **치려고** 기다리는 부하들을 나의 뜻이 **통하게** 설득한 후 / 다시 그들을 **거느리고** 군을 **물러날** 뜻을 명확히 한 사표를 **던진** 후 함께 **특별한** 사업을 시작했다.

9. 바위를 **깨트리는 물결**같이 끈질기고 독수리처럼 예리하게 **판단하면** 어떤 승부에서도 **패하지** 않을 것이다. / 노후를 **편히 책**을 보며 **평탄하게** 사는 길이 어떤 것인지 **평론해** 보자.

10. 문을 **닫아걸고** 식음을 **폐한** 채 **베** 폭 위에 바람 **안은** 바다를 그리니 / **물가의 사나운** 폭풍이 베 **거죽**을 뚫고 나와 곳곳에 **표**를 남기는구나.

11. 좋은 **등급**의 **단풍나무**는 잎이 **풍성하니 저** 나무처럼 기다려라. / 그리고 악연을 **피하고** 때를 기다리면 **반드시** 네 **짝**을 만날 테니 **붓방아**만 찧으며 괴로워 말라.

8 ㅎ

1. 느티나무 **아래**에서 **여름**을 나는 노인을 **어찌 하례**하지 않겠으며 / 냇물에서 수영을 배우는 **한가한** 아이는 한여름인지 **찬** 겨울인지 모르니 이 또한 복된 일이 아닌가?

2. 망국의 **한**을 품은 고구려 유민들은 발해를 건국해 **한정**된 영토를 넓혀 **나라이름을 한수**까지 떨쳤다. / 정복한 땅을 **나눌** 것은 나누고 **합할** 것은 합하니 **항상 해칠** 기회만 노리던 오랑캐도 꼼짝 못했다.

3. **바다**에 배를 띄워 돛을 **푸니 다행**하게도 동풍이 불어 고향으로 **향할** 수 있었다. / **시골**에 도착하여 **빈** 땅을 빌려 경작하고자 청하니 모두들 반기며 **허락했다**. 가을에 정성을 다한 결실이 **나타났다**.

4. **어진** 이가 사람들을 **도우듯 맏형**은 그 **형상**을 온화하게 가져야 한다. / 그래서 **형벌**이 아닌 **은혜**와 자비의 모습으로 동생들을 **부르면** 모두들 **좋아할** 것이다.

5. 귀신의 **부르짖는** 소리가 호수에서 간혹 바람 소리에 **섞여** 들리니 / 혼인하는 날 **붉고 넓은** 천을 호수에 드리워 용으로 **화하게** 하면 귀신을 막을 수 있다.

6. **꽃**은 **재화**보다 아름답고 **화목함**은 칭찬의 말보다 귀하다. / 그림을 그려 이 뜻을 더욱 **빛나게** 하니 모두 **기뻐하며** 보물 한 **알**을 가슴에 묻는구나.

7. **근심**은 **살아** 있는 자를 상하게 하니 **황제**께선 마음을 **돌려** 전사한 왕자를 잊고 / 남은 왕자들을 **모아 효도**를 받으며 죽은 왕자의 충절을 **본받게** 한다면 **뒷날** 이 원통함을 풀 수 있을 것이오.

8. 동기간의 우애를 **두텁게** 하라는 선친의 **가르침이 쉴** 때도 길하거나 **흉할** 때도 함께 해 / 항상 **가슴**에 따뜻한 바람을 **일어나게** 하니 이보다 더 **바라고 기쁜** 일이 어디에 있겠는가?

♣ 뜻을 짐작하며 읽어 봅시다.

1 ㄱ

街路	佳人	家屋	價値	歌舞	加減	可否	假面
各種	脚光	間食	看守	渴望	減少	感覺	敢行
江湖	昇降	講習	強弱	開拓	個別	皆勤	主客
更新	去來	巨物	居住	擧手	建設	劍術	資格
堅固	決定	結婚	潔白	景致	耕作	輕薄	經緯
慶事	競技	驚歎	恭敬	溪谷	季節	計劃	境界
鷄冠	古今	孤獨	苦悶	故鄕	固守	考慮	告白
曲直	穀食	困難	乾坤	功勞	空虛	共同	公正
果實	課稅	科目	過勞	官吏	觀覽	關係	光彩
廣大	交際	校室	敎師	橋梁	硏究	救援	求職
悠久	舊式	句節	國家	君臣	軍人	郡守	卷數
權勢	勸獎	貴賤	歸鄕	均等	極盡	近來	勤勉
根源	今時	禁止	緩急	供給	及第	起床	記錄
其間	基礎	期待	幾日	氣運	技藝	旣存	吉凶

2 ㄴ, ㄷ, ㄹ

暖房　困難　男女　年月　念慮　憤怒　農業　能力

多少	丹楓	元旦	但只	單獨	長短	端正	斷絶
通達	談話	答辯	堂叔	當然	代身	待接	對答
德望	到着	度量	道路	島嶼	暴徒	都邑	圖書
讀書	獨立	毒藥	監督	突擊	洞窟	童話	同感
冬眠	動作	頭角	鈍濁	得失	等級	登山	燈盞
墮落	娛樂	混亂	産卵	浪費	郎君	來日	冷凍
簡略	良好	計量	兩班	淸凉	旅客	高麗	履歷
連續	練習	列擧	猛烈	破裂	拙劣	命令	頭領
例外	禮節	勞苦	路上	甘露	草綠	論議	料金
楊柳	留學	流配	陸地	倫理	法律	理致	利益

3 ㅁ, ㅂ

莫强	晩鐘	滿員	末端	敗亡	忙閑	忘失	望鄕
妹夫	每樣	買收	賣渡	免除	勉學	睡眠	名聲
生命	明暗	悲鳴	母子	歲暮	巧妙	苗木	陵墓
茂盛	武器	義務	有無	舞踊	默念	問答	聽聞
勿論	物質	未來	味覺	美醜	首尾	官民	密林
反復	飯饌	折半	發展	房門	防蟲	放學	訪問
拜禮	背叛	祝杯	培養	繁盛	番號	伐木	罰金

犯罪	凡例	法規	鐵壁	變化	辨明	江邊	別味
疾病	兵士	保護	步行	報恩	回復	禍福	服裝
屈伏	本能	奉仕	相逢	農夫	扶助	富貴	部隊
主婦	否認	浮力	分擔	不當	佛經	拂拭	朋黨
喜悲	準備	卑賤	肥滿	消費	秘密	貧富	氷山

4 ㅅ

出仕	寺刹	歷史	使役	舍監	射手	謝禮	師範
死守	私心	思考	事業	絹絲	生產	集散	算數
殺蟲	尙存	常識	賞罰	商術	相互	秋霜	想念
傷處	喪失	序論	書籍	避暑	今昔	惜別	席次
先後	神仙	直線	鮮明	善良	船舶	選出	雪辱
說明	設立	姓名	性品	成功	城門	精誠	豊盛
省察	星霜	聖人	音聲	世態	洗濯	稅關	細密
氣勢	歲拜	老少	所感	燃消	素朴	微笑	風俗
速度	繼續	子孫	松林	送金	受領	授受	守護
收穫	誰何	必須	雖然	愁心	樹木	壽命	數學
修養	秀才	叔姪	淑女	宿泊	嚴肅	孰誰	熟達
瞬間	順序	純眞	矛盾	初旬	巡察	技術	崇拜
習慣	拾得	乘客	承繼	勝敗	市長	是非	時節

詩調　監視　施設　試驗　始終　法式　植木　識別
鬼神　信念　新舊　失敗　敎室　充實　甚難　深淺

5。

兒童	彼我	善惡	安寧	考案	顔面	眼鏡	暗黑
嚴石	信仰	愛慕	悲哀	夜間	野外	弱勢	萬若
約束	補藥	洋服	養育	讚揚	陽地	辭讓	魚族
言語	億萬	追憶	嚴禁	業務	余等	殘餘	如實
汝等	授與	亦是	貿易	逆賊	必然	煙氣	研磨
硯滴	熱烈	喜悅	炎症	落葉	永遠	英才	迎接
榮華	藝術	吾等	覺悟	午後	錯誤	烏鵲	屋上
溫暖	臥病	完全	王侯	往來	內外	要求	欲求
沐浴	勇敢	容貌	屋宇	左右	朋友	憂慮	尤妙
奇遇	云謂	雲集	運動	雄壯	元首	原理	念願
遠近	怨望	圓盤	位置	危險	行爲	偉大	威嚴
由來	油脂	猶豫	唯一	遊覽	柔順	遺言	幼弱
育成	恩惠	金銀	吟味	飮酒	陰陽	感泣	應募
依支	義理	議論	醫院	意思	已往	異性	移動
損益	引力	仁慈	因緣	忍耐	認定	印鑑	婚姻

6 ㅈ

文字	筆者	姉兄	慈悲	作業	昨今	文章	場所
將軍	壯士	天才	材木	財物	在學	植栽	再建
鬪爭	著者	高低	貯蓄	的中	敵軍	古蹟	盜賊
全體	法典	前後	展示	戰爭	電氣	金錢	傳承
節約	絶斷	店鋪	接觸	頂門	停止	市井	正義
政治	定員	貞淑	表情	精神	靜肅	淨化	庭園
兄弟	落第	祭祀	帝王	除名	題目	諸君	製作
條件	早晚	造成	調節	朝夕	助力	祖孫	民族
存在	尊敬	卒兵	宗敎	種子	鐘閣	終了	追從
左遷	坐席	罪罰	主人	注射	住所	朱紅	宇宙
酒量	晝夜	中央	重要	群衆	卽時	曾祖	增減
證據	只今	枝葉	知識	土地	指紋	意志	紙幣
持久	直通	眞理	進步	盡力	素質	集會	執着

7 ㅊ, ㅋ, ㅌ, ㅍ

苟且	次期	此後	貸借	接着	觀察	參加	昌盛
歌唱	窓門	菜蔬	採鑛	責望	冊封	妻妾	處世
尺量	天地	溫泉	淺薄	鐵則	淸潔	晴天	請求

視聽	體格	始初	招聘	村落	最高	秋收	追跡
推進	家畜	祝福	春夢	出入	充滿	忠誠	昆蟲
取捨	鼓吹	就職	治療	致富	法則	親舊	針術
快樂	自他	打擊	脫退	探究	貪慾	太初	泰然
態度	住宅	討伐	通達	統率	退却	投打	特別
破壞	波濤	判斷	敗北	便利	玉篇	平凡	評論
開閉	廢棄	布木	抱負	浦口	暴君	表裏	得票
品格	丹楓	豊富	彼此	避身	必須	配匹	筆舌

8 ㅎ

上下	夏節	幾何	祝賀	河川	學校	閑暇	寒暑
恨歎	限定	韓國	漢水	割賦	合同	恒常	害蟲
海洋	解放	幸福	向上	鄕愁	虛空	許諾	現在
賢明	協同	伯兄	形狀	刑罰	惠澤	呼吸	好惡
號哭	湖水	或是	混合	婚約	紅顏	弘益	化石
花園	貨物	和睦	話題	畫家	華麗	歡迎	丸藥
患憂	死活	皇帝	回轉	會議	孝道	效果	後援
濃厚	訓戒	休息	凶年	胸廓	興亡	希望	喜怒

제 3 장

뜻으로 분류한 1800자

1. ㄱ	250
2. ㄴ, ㄷ, ㄹ	252
3. ㅁ, ㅂ	254
4. ㅅ	256
5. ㅇ	259
6. ㅈ	261
7. ㅋ, ㅌ, ㅍ	263
8. ㅎ	264

1. 한자는 한 글자에 여러 가지 뜻이 있다. 대표훈을 기억해 두면 후속 학습에 많은 도움이 된다.
2. 대부분 가장 많이 쓰이는 뜻을 대표훈으로 삼았으나 자의 분류상 필요한 몇 자는 분류상 적합한 뜻으로 대표훈을 삼았다.
3. 이 장을 잘 익혀 두면 방대한 한자를 간략하게 체계화할 수 있다.

뜻으로 분류한 1800자

♣ 이야기를 생각하며 관련자들을 정리해 봅시다.

1 ㄱ

1. 街佳家價 歌加可假

街 [거리가] 거리항巷

家 [집가] 집택宅, 옥屋, 당當, 실室, 사舍, 원院, 관館, 궁宮, 우宇/방방房/안방규閨/창창窓/문문門/행랑랑廊/사당묘廟/곳집창倉, 창고고庫/시렁가架/정자정亭/다락루樓, 누각각閣/기와와瓦/추녀헌軒/난간란欄/층계계階, 단段/층층층層/터기基/주춧돌초礎/기둥주柱/들보량梁/마당장場/제단단壇/돈대대臺/탑탑塔/관청서署, 청廳, 시寺/옥옥獄/역역驛

價 [값가] 값치値

歌 [노래가] 노래요謠, 창唱

加 [더할가] 더할익益, 증增, 첨添/점점점漸

可 [옳을가] 옳을의義

假 [거짓가] 거짓위僞/속일사詐, 기欺/꾈유誘

2. 各脚間看 渴減感敢

間 [사이간] 겨를가暇

渴 [목마를갈] 마를고枯, 조燥

減 [덜감] 덜손損, 제除/깎을삭削

感 [느낄감] 기쁠희喜, 열悅, 환歡/성낼분憤, 노怒/슬플비悲, 애哀/슬퍼할개慨, 처悽/즐길락樂, 긍肯/즐거워할오娛/쾌할쾌快/재미취趣/놀유遊/희롱할희戲, 롱弄/누릴향享/두려울공恐/두려워할구懼, 외畏/으를협脅/닿을촉觸/냄새취臭/향기향香/어지러울분紛, 란亂

3. 江降講强 開個皆客

强 [굳셀강] 굳셀건健, 강剛, 환桓/약할약弱/쇠잔할쇠衰

開 [열개] 열계啓, 척拓

皆 [다개] 다함咸/모든제諸/두루주周, 편遍

4. 更去巨居 擧建劍格

更 [다시갱, 고칠경] 다시부復/고칠개改, 정訂/바로잡을교矯

去 [갈거] 갈왕往, 지之/떠날리離/떨어질거距/건널도渡, 섭涉, 제濟

居 [살거] 살주住

劍 [칼검] 칼도刀(휘두를휘揮)/칼날인刃/비수비匕/도끼근斤(쪼갤석析)/화살시矢/활궁弓/활시위현弦/주살익弋/총총銃/대포포砲/탄알탄彈/알환丸/쏠사射/방패간干, 순盾/창과戈, 모矛(찌를자刺/던질투投)

갑옷갑甲 : 새을乙, 남녘병丙, 장정정丁, 중앙무戊, 몸기己, 별경庚, 매울신辛, 북방임壬, 열번째천간(북방)계癸

5. 堅決結潔 景耕輕經

決 [정할결] 정할정定/한정한限

結 [맺을결] 맺을계契/약속할약約

輕 [가벼울경] 무거울중重

6. 慶競驚敬 溪季計界

競 [다툴경] 다툴쟁爭/부딪힐충衝, 격激

界 [지경계] 지경경境, 역域

7. 鷄古孤苦 故固考告

古 [예고] 예구舊/옛석昔/새신新

固 [굳을고] 굳을견堅, 경硬, 확確/변할변變

考 [헤아릴고] 헤아릴료料, 량量

높을고高 : 상尙, 탁卓, 존尊, 륭隆/높일숭崇/우러를앙仰/낮을저低, 비卑

8. 曲穀困坤 功空共公

曲 [굽을곡] 굽을굴屈/곧을정貞, 직直

空 [빌공] 빌허虛/가득할충充/찰만滿/막힐장障/대롱관管/구멍공孔, 혈穴/뚫을철撤/통할통通, 투透/꿸관貫

共 [함께공] 함께구俱/아우를병竝/겸할겸兼

9. 果課科過 官觀關光

官 [벼슬관] 벼슬사仕, 작爵, 경卿, 직職/관원원員/아전리吏

觀 [볼관] 볼견見, 간看, 감監, 람覽, 시視/돌아볼고顧/보일시示/거울감鑑, 경鏡

關 [빗장관] 자물쇠쇄鎖

光 [빛광] 빛날화華, 요曜, 희熙, 휘輝, 란爛/비출조照/그림자영影/비칠영映

1. ㄱ 251

10. 廣交校教 橋究救求

廣 [넓을광] 넓을홍弘, 홍洪, 호浩, 박博, 보普/폭폭幅/늘릴확擴

交 [사귈교] 사귈제際

教 [가르칠교] 가르칠훈訓/스승사師/배울학學

求 [구할구] 구할수需, 요要

11. 久舊句國 君軍郡卷

國 [나라국] 나라방邦

軍 [군사군] 군사병兵, 졸卒

郡 [고을군] 고을읍邑, 현縣, 주州/마을촌村, 리里, 부府/골동洞, 곡谷/이웃린隣/경기기畿

12. 權勸貴歸 均極近勤

勸 [권할권] 장려할장獎/북돋을배培

貴 [귀할귀] 천할천賤

勤 [부지런할근] 힘쓸노努, 면勉, 무務, 려勵/수고로울로勞

13. 根今禁急 給及起記

今 [이제금] 어제작昨

禁 [금할금] 말무毋, 물勿/꺼릴기忌

急 [급할급] 긴요할긴緊/재촉할촉促, 최催/빠를속速/민첩할민敏/느릴완緩/더딜지遲/천천히서徐

起 [일어날기] 일어날흥興/앉을좌坐/누울와臥/업드릴복伏

記 [기록할기] 기록할록錄, 지誌

14. 其基期幾 氣技旣吉

其 [그기] 그궐厥, 해該

氣 [기운기] 힘력力, 기세세勢/권세권權

吉 [길할길] 복복福/상스러울상祥/흉할흉凶/재앙재災, 앙殃, 액厄, 화禍

2 ㄴ, ㄷ, ㄹ

1. 暖難男年 念怒農能

難 [어려울난] 궁할궁窮

農 [농사농] 지게호戶/멜하荷, 담擔/짐질부負/밭전田/논답畓/밭갈경耕/씨뿌릴파播/거둘수收, 확穫

2. 多丹旦但 單短端斷

多 [많을다] 넉넉할부富, 유裕, 우優/빽빽할밀密/여러루累/적을과寡, 소少/성길소疎/드물희稀/겨우근僅/가난할빈貧

但 [다만단] 다만지只

短 [짧을단] 길영永, 장長

斷 [끊을단] 끊을절切, 절絕

3. 達談答堂 當代待對

當 [마땅할당] 마땅할의宜/맞을적適/반드시필必/모름지기수須/떳떳할용庸/온당할타妥

對 [대답할대] 대답할답答, 낙諾/응할응應/허락할허許/물을문問

　큰대大 : 큰덕德/클거巨, 태太, 태泰/작을소小, 초肖, 미微

4. 德到度道 島徒都圖

到 [이를도] 이를격格, 지至, 치致/미칠급及/다다를부赴/임할림臨

道 [길도] 길도途, 로路/지름길경徑

都 [도읍도] 서울경京/저자시市/시골향鄉

圖 [그림도] 그림화畵/병풍병屛

5. 讀獨毒督 突洞童同

讀 [읽을독] 욀송誦/읊을음吟, 영詠

獨 [홀로독] 홑단單/낱개個/각각각各/오직유唯/오로지전專/스스로자自

突 [갑자기돌] 문득홀忽/엄습할습襲

同 [한가지동] 같을여如, 약若, 사似/다를리異, 타他, 수殊, 별別/특별할특特

6. 冬動頭鈍 得等登燈

鈍 [둔할둔] 날카로울예銳/뽀쪽할첨尖

得 [얻을득] 얻을획獲/잃을실失, 상喪

登 [오를등] 오를승昇/내릴강降

燈 [등잔등] 촛불촉燭

7. 落樂亂卵 浪郞來冷

落 [떨어질락] 떨어질타墮

來 [올래] 돌아올귀歸, 환還, 반返/돌이킬반反/들입入/들일납納/날출出

8. 略良量兩 凉旅麗歷

略 [간략할략] 대개개槪/평범할범凡/자세할상詳, 정精

9. 連練列烈 裂劣令領

連 [이을련] 이을락絡, 계繼, 속續, 계系, 승承/잇닿을련聯/전할전傳/인연연緣/맬유維/걸릴계係/얽을구構

練 [익힐련] 익힐강講, 습習/익숙할관慣/단련할련鍊

列 [벌일렬] 벌일라羅

劣 [용렬할렬] 못날졸拙/이지러질결缺/어리석을우愚/날랠용勇/사나울맹猛, 폭暴

10. 例禮勞路 露綠論料

禮 [예절례] 거동의儀/절배拜

11. 柳留流陸 倫律理利

留 [머무를류] 머물정停
理 [다스릴리] 다스릴치治
利 [이로울리] 해칠해害/방해할방妨

3 ㅁ, ㅂ

1. 莫晩滿末 亡忙忘望

末 [끝말] 끝계季, 단端
望 [바랄망] 바랄기期, 희希/원할원願

2. 妹每買賣 免勉眠名

3. 命明鳴母 暮妙苗墓

命 [목숨명] 목숨수壽
明 [밝을명] 밝을랑朗, 소昭, 철哲/어두울명冥, 암暗
妙 [묘할묘] 기이할기奇/괴이할괴怪/공교로울교巧

苗 [싹묘] 나무목木, 수樹/대죽竹/그루주株/뿌리근根/줄기간幹/가지조條, 지枝/잎엽葉/과실과果/열매실實(딸적摘)/복숭아도桃/오얏리李/배리梨/밤률栗/소나무송松/측백나무백柏/매화매梅/버들양楊, 류柳/단풍풍楓/계수나무계桂/박달나무단檀/오동나무오梧, 동桐/뽕나무상桑/수풀림林/나무빽빽할삼森

4. 茂武務無 舞默問聞

無 [없을무] 없을막莫, 무无, 망罔/있을유有, 존存, 재在/지탱할지支
聞 [들을문] 들을청聽

5. 勿物未味 美尾民密

味 [맛미] 맛볼상嘗/엿당糖/달감甘/매울신辛, 렬烈/실산酸/소금염鹽

美 [아름다울미] 아름다울가佳/고울선鮮, 려麗/꾸밀장裝, 식飾/단장할단粧/가루분粉/추할추醜

民 [백성민] 사람인人/놈자者/사내남男, 부夫, 랑郎/계집녀女/각시낭娘/아내부婦, 처妻/첩첩妾/왕비비妃/아이아兒, 동童/젊을소少/장정정丁/어른장丈/늙을로老/늙은이옹翁/선비사士, 유儒/호반무武/신하신臣/종노奴/계집종비婢/중승僧/나그네려旅/장인공工

6. 反飯半發 房防放訪

反 [돌이킬반] 찬성할찬贊

防 [막을방] 막을저抵, 항抗, 거拒/물리칠배排, 각却/내칠척斥/쫓을축逐

放 [놓을방] 벗을탈脫/둘치置/가둘수囚

7. 拜背杯培 繁番伐罰

番 [차례번] 차례질秩, 서序, 제第

8. 犯凡法壁 變辨邊別

法 [법법] 법헌憲, 규規, 칙則, 정程, 식式, 전典, 범範/법도준準, 도度/법식례例/법률률律/벼리기紀, 강綱

壁 [벽벽] 담장墻/둑제堤/에울위圍/외성곽郭/요새새塞/진칠진陣

9. 病兵保步 報復福服

病 [병들병] 병질疾/염병역疫/증세증症/아플통痛/피곤할피疲/곤할곤困/깨어날소蘇/회복할복復

保 [보호할보] 보호할호護/호위할위衛

報 [갚을보] 갚을상償/사례할사謝

10. 伏本奉逢 夫扶富部

本 [근본본] 근본원原/근원원源

奉 [받들봉] 들거擧

逢 [만날봉] 만날우遇

11. 婦否浮分 不佛拂朋

浮 [뜰부] 뜰표漂, 범汎

分 [나눌분] 나눌할割, 반班, 구區

不 [아닐부] 아닐불弗, 비非, 미未/아니부否

12. 悲備卑肥 費秘貧氷

備　[갖출비] 갖출구具/미리예豫
費　[소비할비] 쓸용用/검소할검儉

秘　[숨길비] 감출장藏/쌀포包/덮을개蓋/묶을속束/가릴폐蔽
氷　[얼음빙] 얼동凍/찰한寒, 랭冷/서늘할량凉

4 ㅅ

1. 仕寺史使 舍射謝師

使　[시킬사] 부릴역役

2. 死私思事 絲産散算

死　[죽을사] 죽일살殺/따라죽을순殉/주검시尸/조상할조弔/장사장葬/묻을매埋/무덤분墳, 묘墓, 릉陵/비석비碑/썩을부腐
思　[생각할사] 생각념念/생각할상想, 억憶, 려慮, 류惟/판단할판判/분별할변辨/견줄비比/비교할교較/잊을망忘/망령될망妄
事　[일사] 업업業/경영할영營/파할파罷/사건건件
絲　[실사] 베틀기機/기계기械/솜면綿/실마리서緒/짤직織, 조組/길쌈적績/베포布/비단견絹, 백帛, 금錦/수건건巾/장막막幕/휘장장帳/기기旗/옷의衣, 복服/치마상裳/띠대帶/갓관冠/입을피被/옷해질폐敝/바늘침針/기울보補
産　[낳을산] 날생生

3. 殺尙常賞 商相霜想

商　[장사상] 살매買/팔판販, 매賣/가게점店/무역할무貿/바꿀역易, 체替, 환換,
相　[서로상] 서로호互

4. 傷喪序書 暑昔惜席

書　[글서] 글귀시詩, 구句/글월문文/글장章/문서권券/베낄사寫/점점點/줄선線/그을획劃/편지간簡/우편우郵

빛색色 : 검을흑黑, 현玄/흰백白, 흴소素/푸를청靑, 창蒼, 창滄, 벽碧, 록綠, 쪽람藍/붉을적赤, 단丹, 주朱, 홍紅/자주빛자紫/누를황黃/채색채彩/옻칠할칠漆/짙을농濃/묽을담淡

5. 先仙線鮮 善船選雪

船 [배선] 배주舟/큰배박舶/배댈박泊/항구항港/배로물건널항航

選 [가릴선] 가릴택擇/뽑을초抄, 추抽/뺄발拔

6. 說設姓性 成城誠盛

姓 [성씨성] 성씨씨氏

性 [성품성] 청렴할렴廉/겸손할겸謙/자랑할과誇/공손할공恭/부지런할근勤/게으를태怠/거만한오傲, 만慢/방자할자恣/음탕할음淫

成 [이룰성] 드디어수遂/마침내경竟

誠 [정성성] 간절할간懇/지극할극極/다할진盡

7. 省星聖聲 世洗稅細

省 [살필성] 살필찰察, 량諒, 심審, 독督/검사할검檢/조사할사査/경계할경警, 계戒/뉘우칠회悔

洗 [씻을세] 씻을탁濯/머리감을목沐/목욕할욕浴/헤엄칠영泳

8. 勢歲少所 消素笑俗

9. 速續孫松 送受授守

送 [보낼송] 보낼견遣

授 [줄수] 줄여與, 여予, 급給, 부付, 사賜, 증贈/바칠공貢/드릴헌獻/받을수受/맡길탁托, 위委, 임任/부칠기寄/맡을사司

守 [지킬수] 어길위違

물수水 : 물락洛/물방울적滴/샘천泉/시내계溪/폭포폭瀑/내천川/못연淵, 담罩, 지池, 택澤, 호湖/강강江/물하河/바다해海/큰바다양洋/조수조潮/물가애涯, 주洲, 포浦/흐를류流/물따라내려갈연沿/물넘칠람濫/망망할망茫/물질펀할만漫/젖을습濕, 윤潤/적실침浸/잠길잠潛, 침沈/빠질함陷, 몰沒/셀루漏/즙액液

10. 收誰須雖 愁樹壽數

誰 [누구수] 누구숙孰/아무모某

數 [셀수] 셈할계計, 산算/한일壹/두이貳/석삼參/넉사四/다섯오五/여섯륙六/일곱칠七/여덟팔八/아홉구九/열십十, 십拾/일백백百/일천천千/일만만萬/억억億/조조兆/몇기幾

11. 修秀叔淑 宿肅孰熟

宿 [잘숙] 잠잘면眠, 침寢/졸수睡/꿈

몽夢/베개침枕

12. 瞬順純盾 旬巡術崇

瞬　[잠깐순] 잠깐경頃, 잠暫
術　[꾀술] 꾀책策/꾀할기企, 모謀

13. 習拾乘承 勝市是時

拾　[주을습] 버릴사捨, 기棄
乘　[탈승] 말탈기騎

14. 詩視施試 始式植識

施　[베풀시] 베풀설設, 선宣, 진陳, 장張
試　[시험할시] 시험할험驗
始　[비로소시] 비롯할창創/처음초初/먼저선先
植　[심을식] 심을재栽

　　밥식食 : 밥반飯/잔치연宴/주릴기飢, 아餓/배부를포飽/토할토吐/차다茶/머금을함含/마실음飮/그릇기器, 명皿/쟁반반盤/질그릇도陶

15. 神信新失 室實甚深

神　[귀신신] 귀신귀鬼/신선선仙/신령령靈/넋혼魂, 백魄/점칠점占/점복卜

몸신身 : 몸체體, 기己/세포포胞/뼈골骨/고기육肉/힘줄근筋/피혈血/맥脈/손수手(꺾을절折)/주먹권拳/손바닥장掌/손가락지指/마디촌寸/손톱조爪/발족足/다리각脚/마디절卩/머리두頭, 혈頁, 수首(터럭모毛, 발髮/가는터럭호毫)/정수리정頂/얼굴면面, 용容, 안顔/이마액額/귀이耳/눈목目, 안眼(눈썹미眉/소경맹盲)/입구口(입술순脣/이치齒/어금니아牙/혀설舌/목구멍후喉)/코비鼻/목덜미항項/뇌뇌腦/살갗부膚(땀한汗)/살찔비肥/어깨견肩/가슴흉胸/젖유乳/등배背/배복腹/허리요腰/오장장臟/허파폐肺/밥통위胃/간간肝/창자장腸/

甚　[심할심] 심할극劇
深　[깊을심] 그윽할유幽/얕을천淺

　마음심心 : 착할선善/순박할박朴/순수할순純/순할순順/외로울고孤/근심우憂, 수愁, 환患/참혹할참慘/괴로울고苦/괴로워할뇌惱/불쌍히여길련憐, 민憫/가엾을측惻/위로할위慰

　악할악惡 : 간사할간姦, 사邪/원망할원怨/배반할반叛/핍박할박迫/누를진鎭, 압壓, 억抑/억제할제制/부끄러워할참慙, 괴愧/부끄러울치恥/욕욕辱

5.

1. 兒我惡安 案顔眼暗

我 [나아] 나오吾, 여余, 여予/너여汝
安 [편안할안] 편할편便/편안할강康, 녕寧, 일逸
案 [책상안] 책상궤几/평상상床

2. 巖仰愛哀 夜野弱若

愛 [사랑애] 사랑자慈/사모할련戀, 모慕/아낄석惜/좋을호好/미워할증憎

3. 約藥洋養 揚陽讓魚

養 [기를양] 기를육育
揚 [날릴양] 떨칠분奮, 불拂, 진振/흔들요撓
陽 [볕양] 볕경景/그늘음陰
讓 [사양할양] 삼가할근謹, 신愼
魚 [고기어] 고기잡을어漁/조개패貝

4. 語億憶嚴 業余餘如

語 [말씀어] 말씀언言, 설說, 담談/말사詞, 사辭/말할화話, 론論/의논할의議/말잘할변辯/비평할비批/평론할평評/맹세할맹盟/기릴송頌, 예譽, 찬讚/송사할송訟/하소연할소訴/청할청請/알릴고告/아뢸알謁/통역할역譯/말없을묵默

嚴 [엄할엄] 엄숙할숙肅/장중할장莊
餘 [남을여] 남을잔殘/끼칠유遺

어조사어於 : 어조사야耶, 야也, 이而, 우于, 의矣, 재哉, 혜兮, 호乎

5. 汝與亦易 逆然煙研

亦 [또역] 또차且, 우又
研 [갈연] 갈마磨/닦을수修/쫄탁琢

6. 硯熱悅炎 葉永英迎

硯 [벼루연] 종이지紙/붓필筆/먹묵墨

7. 榮藝吾悟 午誤烏屋

8. 溫臥完王 往外要欲

溫 [따뜻할온] 따뜻할난暖/더울열熱, 서暑

王	[임금왕]	황제황皇, 임금제帝, 군君/제후후侯		
欲	[하고자할욕]	하위爲/욕심욕慾/탐낼탐貪		

9. 浴勇容宇 右友憂尤

友	[벗우]	벗붕朋
尤	[더욱우]	더욱유愈/하물며황況/오히려유猶

10. 遇云雲運 雄元原願

云	[이를운]	이를위謂/일컬을칭稱
雲	[구름운]	바람풍風/김기汽/비우雨/안개무霧/이슬로露/서리상霜/눈설雪/우뢰뢰雷/번개전電/떨어질령零
元	[으뜸원]	으뜸종宗

11. 遠怨圓位 危爲偉威

遠	[멀원]	멀요遙, 유悠/가까울근近
圓	[둥글원]	둥글단團/고리환環/공구球/모방方
位	[자리위]	자리좌座, 석席
危	[위태할위]	위태할태殆/험할험險
偉	[위대할위]	뛰어날준俊, 걸傑/호걸호豪/빼어날수秀

12. 由油猶唯 遊柔遺幼

由	[말미암을유]	써이以/그럴연然/연고고故/인할인因/구실조租, 부賦/곧즉卽, 내乃
柔	[부드러울유]	연할연軟/거칠황荒
幼	[어릴유]	어릴치稚, 몽蒙

13. 育恩銀吟 飮陰泣應

恩	[은혜은]	은혜혜惠
銀	[은은]	쇠금金, 철鐵/쇳돌광鑛/강철강鋼/구리동銅/납연鉛
泣	[울읍]	울곡哭, 명鳴/눈물루淚/탄식할오嗚, 탄歎/희嘻/웃을소笑

소리음音 : 소리성聲/운운韻/울릴향響/악기줄현絃/거문고금琴/피리적笛/불취吹/북고鼓

14. 依義議醫 意已異移

依	[의지할의]	의지할거據, 뢰賴
意	[뜻의]	뜻지志, 정情/품을회懷
已	[이미이]	이미기旣
移	[옮길이]	옮길천遷, 반般

15. 益引仁因 忍認印姻

| 引 | [끌인] | 끌제提, 연延/이끌도導/밀 |

추推/천거할천薦

仁 [어질인] 어질량良, 현賢/너그러울 관寬/용서할서恕

忍 [참을인] 견딜내耐

날일日 : 달월月/별성星, 진辰/책력력

曆/초하루삭朔/주일주週/열흘순旬/윤달윤閏/해년年, 세歲/때시時/새벽효曉, 신晨/아침조朝, 단旦/낮주晝, 오午/저녁석夕/저물모暮/어두울혼昏/밤야夜/기후후候/가물한旱/갤청晴/화창할창暢

6 ㅈ

1. 字者姉慈 作昨章場

作 [지을작] 지을조造, 제製, 술述/마를재裁

쥐자子 : 소축丑/범인寅/토끼묘卯/용진辰/뱀사巳/말오午/양미未/원숭이신申/닭유酉/개술戌/돼지해亥/날짐승금禽/짐승수獸/코끼리상象/범호虎/사슴록鹿/토끼토兎/뱀사蛇/용룡龍/거북귀龜/꼬리미尾

2. 將壯才材 財在栽再

將 [장수장] 장수수帥
才 [재주재] 재주기技, 예藝
材 [재목재] 널빤지판板/판목판版/조각널장爿, 조각편片/판국局
財 [재물재] 재물자資/재화화貨/보배보寶, 진珍/옥옥玉/돈전錢, 폐幣/품삯임賃/녹록祿/빌릴대貸, 차借/빚채債

再 [두재] 두량兩/쌍쌍雙/겹칠복複/곱배倍/반반半

3. 爭著低貯 的敵蹟賊

貯 [쌓을저] 쌓을축蓄, 축築, 적積
蹟 [자취적] 걸음보步/다닐행行/밟을답踏, 천踐, 리履/뛸도跳, 용踊/뛰어넘을초超/넘을월越/달아날도逃, 주走, 분奔/넘어질도倒/발자취적跡

4. 全典前展 戰電錢傳

前 [앞전] 뒤후後/왼좌左/오른쪽우右/위상上/아래하下/밑저底/동녘동東/서녘서西/남녘남南/북녘북北/가로종縱/세로횡橫/곁측側, 방傍

展 [펼전] 펼신伸, 연演, 서敍/오그라들축縮

戰 [싸울전] 싸울투鬪/집적거릴도挑/침노할침侵/범할범犯/오랑캐호胡,

이夷, 융戎, 만蠻/도둑도盜, 적賊/노략질할략掠/빼앗을탈奪

5. 節絕店接 頂停井正

正 [바를정] 바를아雅/가지런할정整, 제齊/어긋날차差/기울경傾/비낄사斜/치우칠파頗/폐단폐弊

6. 政定貞情 精靜淨庭

政 [정사정] 조정정廷
靜 [고요할정] 고요할숙寂, 선禪/시끄러울소騷/번거로울번煩
庭 [뜰정] 동산원園

7. 弟第祭帝 除題諸製

祭 [제사제] 제사사祀

8. 條早造調 朝助祖族

早 [일찍조] 일찍증曾/늦을만晩
族 [겨레족] 겨레척戚

새조鳥 : 갈매기구鷗/큰기러기홍鴻/까마귀오烏/까치작鵲/봉새봉鳳/학학鶴/새추佳/기러기안雁/참새작雀/제비연燕/암컷자雌/수컷웅雄/깃우羽/날개익翼/날비飛/펄럭일번飜

/새을乙

9. 存尊卒宗 種鐘終從

種 [씨종] 씨핵核, 위緯
終 [마칠종] 마칠료了, 필畢/그칠지止

10. 左坐罪主 注住朱宙

罪 [허물죄] 벌벌罰
主 [주인주] 손객客, 빈賓/맞을영迎/모실시侍

11. 酒晝中重 衆卽會增

酒 [술주] 술따를작酌/술취할취醉
中 [가운데중] 가운데앙央/가변邊
衆 [무리중] 무리당黨, 등等, 도徒, 류類, 군群, 배輩, 서庶/떼부部, 대隊

12. 證只枝知 地指志紙

證 [증거증] 증거부符/도장인印
知 [알지] 알인認, 식識/깨달을각覺, 오悟/슬기지智/지혜혜彗/귀밝을총聰/형통할형亨/통달할달達/미혹할미迷, 혹惑/의심할의疑
地 [땅지] 땅곤坤/뭍륙陸/섬도島/메산山, 강岡/큰산악岳/봉우리봉峯/

재성城, 령嶺/언덕부阜, 류츂, 아阿, 애厓, 구丘, 안岸/들야野, 교郊/바위암巖/돌석石/덩어리괴塊/모래사沙/사막막漠/흙토土, 양壤/진흙근堇/니泥

持 [가질지]가질휴携/취할취取
眞 [참진]진실로구苟
進 [나아갈진]나아갈취就
集 [모을집]모을회會, 모募/모일사社/흩을산散
執 [잡을집]잡을구拘, 포捕, 착捉/안을포抱

13. 持直眞進 盡質集執

7 ㅊ, ㅋ, ㅌ, ㅍ

1. 且次此借 着察參昌

次 [버금차] 버금아亞, 부副, 중仲
此 [이차] 이사斯, 시是, 자玆/저피彼
着 [붙을착] 붙을속屬, 부附/봉할봉封/매달현懸/결괘掛

수레차車 : 수레여輿/운전할운運/몰구驅/다룰조操/바퀴륜輪/구를전轉/실을재載/실어낼수輸

2. 唱窓菜採 責册妻處

責 [꾸짖을책] 징계할징懲
册 [책책] 책권卷, 경經, 편篇/서적적籍/장부부簿/새길각刻, 명銘, 간刊/인쇄할쇄刷/엮을편編

3. 尺天泉淺 鐵淸晴請

尺 [자척] 잴측測/되승升/말두斗
天 [하늘천] 하늘건乾, 주宙
淸 [맑을청] 맑을숙淑/흐릴탁濁/깨끗할정淨, 결潔/더러울오汚/물들일염染/쓸소掃

4. 聽體初招 村最秋追

招 [부를초] 부를빙聘, 소召, 징徵
追 [따를추] 따를종從, 수隨/좇을준遵/거스를역逆

풀초草 : 싹아芽/나물채菜/채소소蔬/오이과瓜/버섯균菌/삼마麻

5. 推畜祝春 出充忠蟲

畜 [가축축] 칠목牧/말마馬/소우牛/양양羊/돼지돈豚, 시豕, 해亥/개견

犬, 술戌, 구狗/닭계鷄/알란卵/가죽피皮, 혁革/뿔각角

祝 [빌축] 빌기祈/하례할하賀

春 [봄춘] 여름하夏/가을추秋/겨울동冬

蟲 [벌레충] 벌봉蜂/꿀밀蜜/나비접蝶/반디불형螢/누에잠蠶

6. 取吹就治 致則親針

親 [친할친] 계보보譜/아비부父/어미모母/아들자子/맏형兄/아우제弟/누이자姉, 매妹/할아비조祖/손자손孫/시어미고姑/며느리부婦/아재비숙叔/조카질姪

7. 快他打脫 探貪太泰

打 [칠타] 칠공攻, 격擊, 토討, 벌伐, 정征/손뼉칠박拍

探 [찾을탐] 찾을색索, 심尋

8. 態宅討通 統退投特

統 [거느릴통] 거느릴총總, 솔率, 어御

9. 破波判敗 便篇平評

破 [깨뜨릴파] 폭발할폭爆/산무너질붕崩/무너질괴壞/헐훼毁

波 [물결파] 물결랑浪/물갈래파派

敗 [패할패] 망할망亡/멸망할멸滅/그르칠오誤/이길승勝, 극克

平 [평탄할평] 고를균均, 조調

10. 閉廢布抱 浦暴表票

表 [거죽표] 속리裏/안내內/바깥외外

票 [표표] 표할표標

11. 品楓豊彼 避必匹筆

品 [등급품] 등급급級

豊 [풍성할풍] 성할성盛/번성할번繁/창성할창昌

匹 [짝필] 짝배配, 우偶

8 ㅎ

1. 下夏何賀 河學閑寒

何 [어찌하] 어찌기豈, 나那, 내奈, 언焉, 해奚

閑 [한가할한] 바쁠망忙

2. 恨限韓漢 割合恒害

韓 [나라이름한] 당나라당唐
恒 [항상항] 항상상常/매양매每/자주루屢, 빈頻/혹혹或

3. 海解幸向 鄕虛許現

解 [풀해] 풀석釋
現 [나타날현] 나타날저著, 현顯/숨을은隱

4. 賢協兄形 刑惠呼好

協 [도울협] 도울원援, 조助, 부扶, 좌佐/이바지할공供
兄 [맏형] 맏백伯, 맹孟
形 [형상형] 형상상狀, 상像/모양모貌, 양樣/본모模/본받을방倣/맵시자姿
呼 [부를호] 숨쉴식息/숨들이쉴흡吸

5. 號湖或混 婚紅弘化

號 [부르짖을호] 부르짖을규叫
混 [섞을혼] 섞일잡雜, 착錯
婚 [혼인할혼] 혼인인姻/중매매媒/낄개介

불화火 : 불탈연燃/불사를소燒/불꽃염炎/끌소消/연기연煙/재회灰/숯탄炭/화로로爐/끓일탕湯/찔증蒸/익을숙熟

벼화禾 : 벼도稻/볏집고稿/쌀미米/보리맥麥/기장서黍/조속粟/콩두豆/양식량糧/곡식곡穀

6. 花貨和話 畵華歡丸

花 [꽃화] 꽃부리영英/꽃다울방芳/국화국菊/난초란蘭/연련蓮
和 [화목할화] 화목할목睦

7. 患活皇回 會孝效後

回 [돌회] 돌선旋, 순循/두루돌순巡

8. 厚訓休凶 胸興希喜

厚 [두터울후] 도타울돈敦, 독篤/엷을박薄
休 [쉴휴] 쉴게憩

제 4 장

압축 자료

1. 대표음　　　268
2. 대표 그림　　　269
3. 기초 한자 대표음 이야기　　　270
4. 축소 그림(부수자, 기초 한자)　　　272
5. 총자 일람표　　　275

1, 2, 3장을 공부한 다음
이 장에 있는 그림들이 1 장의 그림으로 연상될 때까지
폼을 이용하여 집중적으로 상 그리기 훈련을 하세요.

1. 대표 음

각 장면의 첫음을 외면서 대표음 밑에 숨은 단원의 모든 음을 외워 봅시다.

		일 풍 죽 일 초 우 충 견 신 면 인 부 사 대 왈 도 시 멱 왕 공 퇴 공 마 리
가 각 강 갱 견 경 계 곡 과 광 구 권 근 기	난 다 달 덕 독 동 락 략 련 례 류	막 매 명 무 물 반 배 범 병 복 부 비
사 사 살 상 선 설 성 세 속 수 수 순 습 시 신	아 암 약 어 여 연 영 온 욕 우 원 유 육 의 익	자 장 쟁 전 절 정 제 조 존 좌 주 증 지
차 창 척 청 추 취 쾌 태 파 폐 품	하 한 해 현 호 화 환 후	

2. 대표 그림

이 페이지에 그려진 9개의 단원 대표 그림의 창을 열 때마다 그 아래에 1장의 그림(각 단원의 전체 그림, 총 9장)이 떠오르면 한자 공부는 사실상 끝.

3. 기초 한자 대표음 이야기 (ㄱ에서 ㅎ까지)

1. 街各江 가자 **각**각 **강**변으로, 그리고 달리고 또 달려
   更堅慶 **갱**신하자 **견**고한 10분대 벽을 그리고 **경**축하자. (마라토너)
   鷄曲果 **계곡과**
   廣久權 **광구권**은
   根其   **끈기**의 상징(지표가 파여 계곡이 되기까지, 시추에서 원유를 생산하기까지)

2. 暖多達 난 **다달**았다,
   德讀冬 **덕독동**(깨달음의 경지)에.
   落略連 **타락**과 **모략**이 **련**이은 네 삶은,
   例柳   **례**외 없이 **류**배로 마감하리라.

3. 莫妹命 **막**가파의 **매**정한 **명**색만 어미인 계모는
   茂勿反 콩쥐에게 **무**우와 **물**이 **반**인 죽만 먹이고
   拜犯病 **배**를 훔친 **범**인으로 몰아 **병**들게 하더니
   伏婦悲 결국 시커먼 **복**장이 들어나 동네 **부**인들에게 몰매 맞는 **비**극의 주인공이 되었구나.

4. 仕死殺 **사사살** 고양이 걸음으로
   傷先說 **상**선에 올라 **설**탕을 훔치다 잡혀
   省勢速 **성**난 기세로 두들기는 주먹에 **속**절없이 터져
   收修瞬 **수**확은 커녕 실**수**한 **순**간
   習詩神 **습**기찬 갑판에 던져져 **시신**처럼 뻗었구나.

5. 兒嚴約 **아**암 **약**속하지 해 놓고
   語汝硯 **어 여연**기 좀 하자 더듬거리면
   榮溫浴 **영영 온욕**을 즐기긴 틀렸으니
   遇遠由 **우**선 **원**유를 딴 루트를 통해 확보하여
   育依益 **육**갑떠는 산유국**의** 횡포로부터 국**익**을 보호하자.

6. 字將爭　　자장 쟁반은
　　全節政　　먹기 **전** 배고픔이 **절정**에 달했을 때 비비고
　　弟條存　　**제조**상궁의 **존**재는
　　左酒證持　**좌**우를 물린 **주**연에서 **증**거를 남기**지** 않아야 할 때 필요하다.

7. 且唱尺　　**차창**을 통해 **척** 보니
　　聽推取　　**청**중은 **추**하고 **취**해 있구나
　　快態破　　**쾌태파**(괴테를 추종하는 사람들)는
　　閉品　　　**폐품**

8. 下恨海　　**하** 하고 **한해**를 보낸 이에 비해
　　賢號花　　**현**명해서 **호화**롭게 보낸 이는
　　患厚　　　**환**한 모습과 **후**한 마음이 틀린다.

4. 축소 그림

부수자

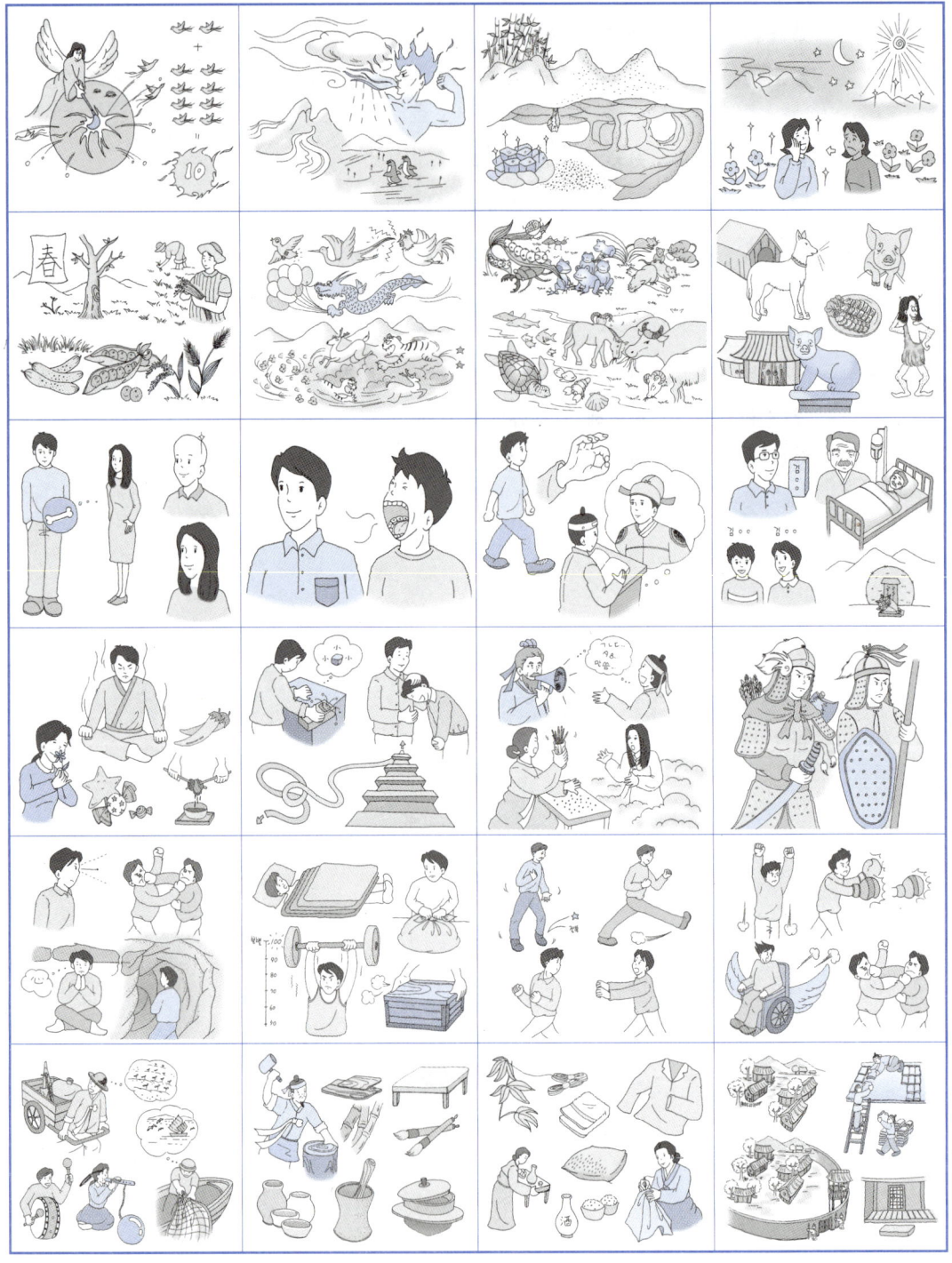

기초 한자(ㄱ~ㅅ)

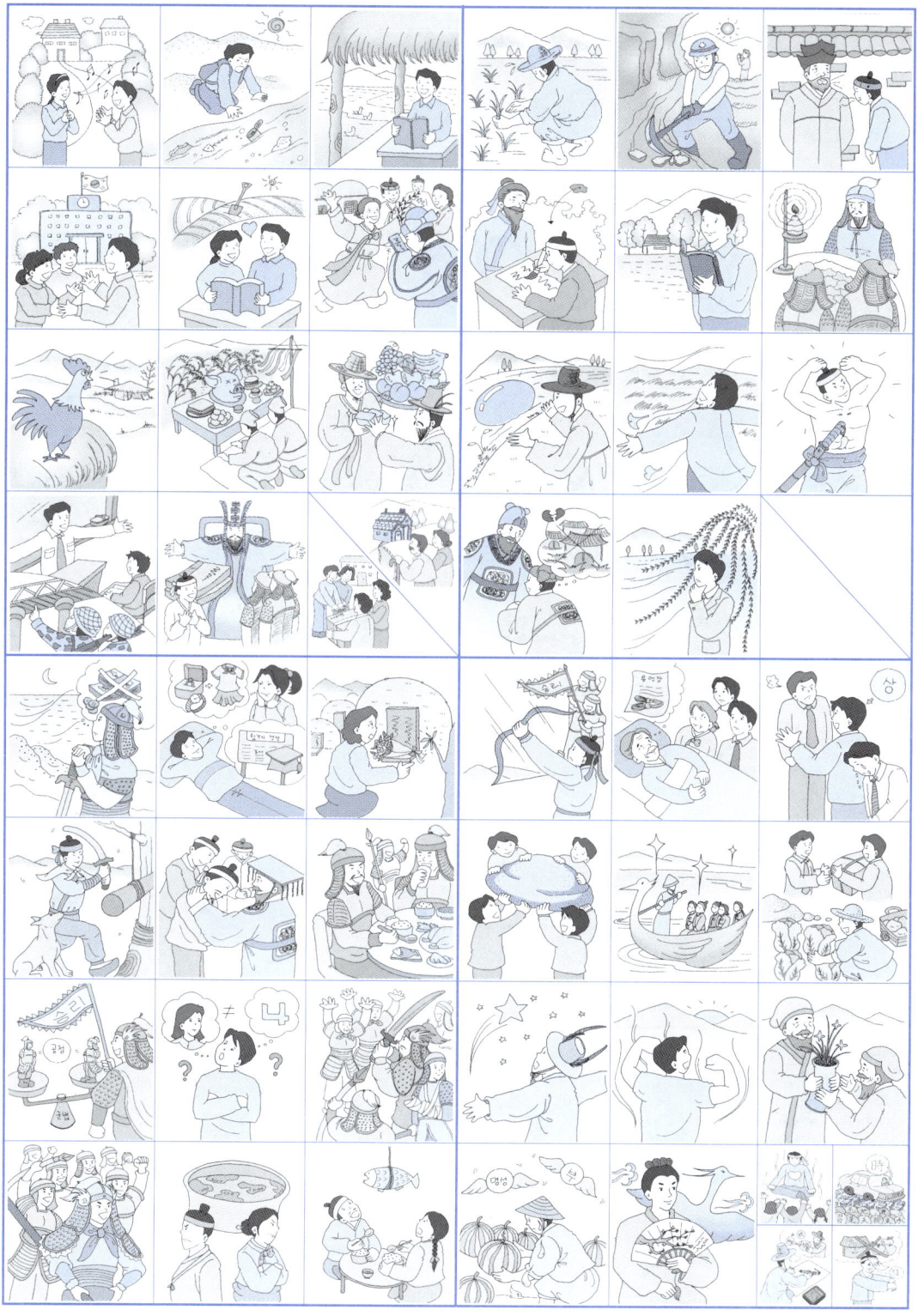

기초 한자(ㅇ~ㅎ)

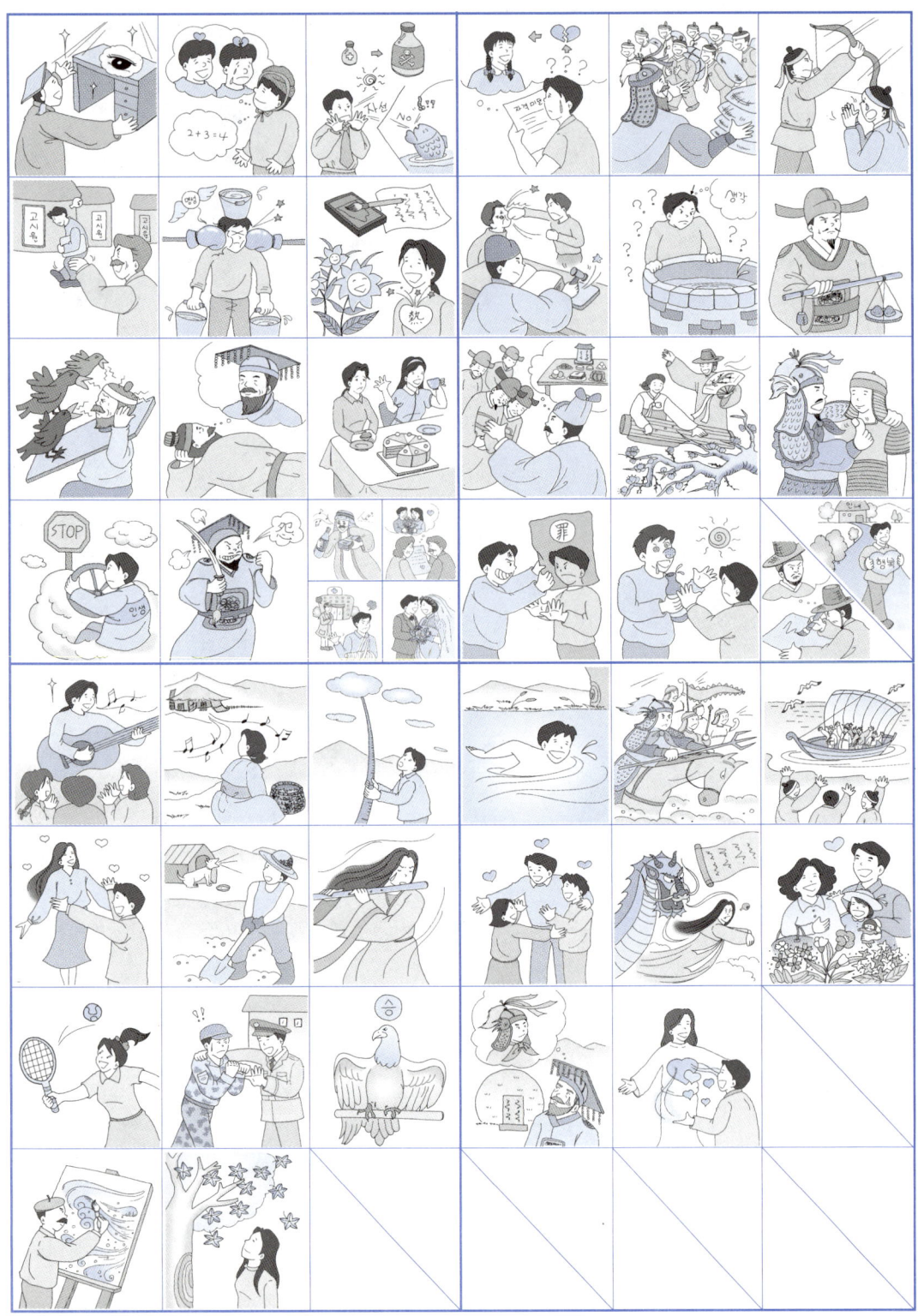

5. 총 字 일람표

제1장 부수자

1. 一丨丨、ノ乙 二八十　　風火气 雨水氵 山谷川
    竹阜 玄黃土厂 鹵金石　　日夕月辰 色 黑白青赤

2. 艹木中 禾麥黍豆 瓜韭　　羽隹鳥 酉龍 虍角鹿内
    虫黽鼠 牛馬羊 魚貝龜　　犬豕 血肉皮革韋 彑豸

3. 身骨己 人亠 毛頁彡首　　面 耳目口鼻 欠舌齒牙
    儿足疋尸 手寸爪 士臣　　父 子女氏 生屮广死尸

4. 厶非自齊 辛 甘又香而　　大方无小幺 隶艮 高長
    曰 文音言 鬼卜心凵爻　　刀匕斤 矢弓弋 干戈矛

5. 示見 力比毋 穴入　　　　冖兩勹 匚匸止 攴釆至
    尢 舛彳夊行 夂辵夂攵　　廾立 攴殳鬥 用彡飛走

6. 耒缶車田 网舟 玉龠鼓　　工 爿片几聿 鼎白皿鬲
    麻糸 巾衣襾 米斗食鬯　　里宀广 瓦户門 邑冂囗

제2장 기초 한자

1. ㄱ

1. 街佳家價　歌加可假　　2. 各脚間看　渴減感敢
3. 江降講强　開個皆客　　4. 更去巨居　擧建劍格
5. 堅決結潔　景耕輕經　　6. 慶競驚敬　溪季計界
7. 鷄古孤苦　故固考告　　8. 曲穀困坤　功空共公
9. 果課科過　官觀關光　　10. 廣交校敎　橋究救求
11. 久舊句國　君軍郡卷　　12. 權勸貴歸　均極近勤
13. 根今禁急　給及起記　　14. 其基期幾　氣技旣吉

2. ㄴ, ㄷ, ㄹ

1. 暖難男年　念怒農能
2. 多丹旦但　單短端斷
3. 達談答堂　當代待對
4. 德到度道　島徒都圖
5. 讀獨毒督　突洞童同
6. 冬動頭鈍　得等登燈
7. 落樂亂卵　浪郞來冷
8. 略良量兩　凉旅麗歷
9. 連練列烈　裂劣令領
10. 例禮勞路　露綠論料
11. 柳留流陸　倫律理利

3. ㅁ, ㅂ

1. 莫晚滿末　亡忙忘望
2. 妹每買賣　免勉眠名
3. 命明鳴母　暮妙苗墓
4. 茂武務無　舞默問聞
5. 勿物未味　美尾民密
6. 反飯半發　房防放訪
7. 拜背杯培　繁番伐罰
8. 犯凡法壁　變辨邊別
9. 病兵保步　報復福服
10. 伏本奉逢　夫扶富部
11. 婦否浮分　不佛拂朋
12. 悲備卑肥　費秘貧氷

4. ㅅ

1. 仕寺史使　舍射謝師
2. 死私思事　絲産散算
3. 殺尙常賞　商相霜想
4. 傷喪序書　暑昔惜席
5. 先仙線鮮　善船選雪
6. 說設姓性　成城誠盛
7. 省星聖聲　世洗稅細
8. 勢歲少所　消素笑俗
9. 速續孫松　送受授守
10. 收誰須雖　愁樹壽數
11. 修秀叔淑　宿肅孰熟
12. 瞬順純盾　旬巡術崇
13. 習拾乘承　勝市是時
14. 詩視施試　始式植識
15. 神信新失　室實甚深

5. ㅇ

1. 兒我惡安　案顔眼暗
2. 嚴仰愛哀　夜野弱若

3. 約藥洋養　揚陽讓魚　　4. 語億憶嚴　業余餘如
5. 汝與亦易　逆然煙研　　6. 硯熱悅炎　葉永英迎
7. 榮藝吾悟　午誤烏屋　　8. 溫臥完王　往外要欲
9. 浴勇容宇　右友憂尤　　10. 遇云雲運　雄元原願
11. 遠怨圓位　危爲偉威　　12. 由油猶唯　遊柔遺幼
13. 育恩銀吟　飮陰泣應　　14. 依義議醫　意已異移
15. 益引仁因　忍認印姻

6. ㅈ

1. 字者姉慈　作昨章場　　2. 將壯才材　財在栽再
3. 爭著低貯　的敵蹟賊　　4. 全典前展　戰電錢傳
5. 節絶店接　頂停井正　　6. 政定貞情　精靜淨庭
7. 弟第祭帝　除題諸製　　8. 條早造調　朝助祖族
9. 存尊卒宗　種鐘終從　　10. 左坐罪主　注住朱宙
11. 酒晝中重　衆卽曾增　　12. 證只枝知　地指志紙
13. 持直眞進　盡質集執

7. ㅊ, ㅋ, ㅌ, ㅍ

1. 且次此借　着察參昌　　2. 唱窓菜採　責册妻處
3. 尺天泉淺　鐵淸晴請　　4. 聽體初招　村最秋追
5. 推畜祝春　出充忠蟲　　6. 取吹就治　致則親針
7. 快他打脫　探貪太泰　　8. 態宅討通　統退投特
9. 破波判敗　便篇平評　　10. 閑廢布抱　浦暴表票
11. 品楓豊彼　避必匹筆

8. ㅎ

1. 下夏何賀　河學閑寒　　2. 恨限韓漢　割合恒害
3. 海解幸向　鄕虛許現　　4. 賢協兄形　刑惠呼好
5. 號湖或混　婚紅弘化　　6. 花貨和話　畵華歡丸
7. 患活皇回　會孝效後　　8. 厚訓休凶　胸興希喜

인쇄일	2001년 8월 20일 초판인쇄
발행일	2001년 8월 25일 초판발행
등록일	1989. 12. 20 등록번호 6-95
저　자	최 재 익
발행인	박 해 성
발행처	정진출판사
주　소	서울특별시 성북구 장위2동 66-6호
전　화	02)918-2789, 918-2790, 918-2730
팩　스	02)912-1461
인터넷	www.jeongjinpub.co.kr
e-mail	JJ1461@chollian.net
ISBN	89-85375-85-7

ⓒ 2001 崔在益

정가 10,000원

이야기 1편과 그림 1장으로 1800 한자 끝